ERFOLG DURCH SZENARIO-MANAGEMENT

Prinzip und Werkzeuge der strategischen Vorausschau

Die Marktumfelder verändern sich so dynamisch, dass ein Risikomanagement allein nicht mehr ausreicht, um künftige Gefahren erkennen zu können. Gleichwohl sollten Unternehmen wissen, was auf sie zukommen kann. Strategische Früherkennung ist daher wichtig. In *Erfolg durch Szenario-Management* beschreiben die Autoren, wie Sie unterschiedliche Marktsignale und Trends erfassen, um sie anschließend in Entscheidungsprozessen berücksichtigen zu können.

Dr. Alexander Fink, *Dr. Oliver Schlake* und *Dr. Andreas Siebe* sind Gründungsinitiatoren der *ScMI Scenario Management International AG*, eines Strategieberatungsunternehmens aus Paderborn, das sich auf Szenario-Management, strategische Planung sowie Trend- und Früherkennung spezialisiert hat.
Dr. Fink und *Dr. Siebe* sind Vorstände der ScMI AG, *Dr. Schlake* leitet deren Niederlassung in San Diego/Kalifornien.

Alexander Fink, Oliver Schlake, Andreas Siebe

ERFOLG DURCH SZENARIO-MANAGEMENT

Prinzip und Werkzeuge der strategischen Vorausschau

Campus Verlag
Frankfurt/New York

Die Deutsche Bibliothek – CIP-Einheitsaufnahme

Ein Titeldatensatz für diese Publikation ist bei
Der Deutschen Bibliothek erhältlich
ISBN 3-593-36714-9

Umschlaggestaltung: Init, Bielefeld
Satz: Satzspiegel, Nörten-Hardenberg
Druck und Bindung: Druckhaus »Thomas Müntzer«, Bad Langensalza
Gedruckt auf säurefreiem und chlorfrei gebleichtem Papier.
Printed in Germany

Inhalt

Vorwort *(Franz Tessun)* 7

Einführung: Grenzen überwinden – Zukünfte gestalten 11

Mit Szenario-Management die Grenzen überwinden *20* · Das Prinzip der strategischen Vorausschau *23* · Strategische Navigation – mit Szenarien zu neuen Geschäften, Geschäftsmodellen und Produkten *29*

1 Warum »Zukunft« gerade heute ein Thema ist . . 35

Ein Blick zurück: Die Geschichte der Zukunft *35* · Ein Blick zur Seite: Wie Unternehmen mit »Zukunft« umgehen *41* · Ein Blick voraus: Worüber wir uns (noch) nicht zu denken trauen *53*

2 Wie man mit Szenarien die Zukunft vorausdenkt 57

Von der Prognose zu Szenarien *59* · Szenario-Management als Rahmen für die Entwicklung und Nutzung von Szenarien *63* · So werden Szenarien systematisch entwickelt *74* · Szenarien zielgruppengerecht kommunizieren *93*

3 Szenarien in der Organisation – Organisation der Szenario-Entwicklung 105

Wie kann die Szenario-Entwicklung organisiert werden? *107* · Wie sollte ein Szenario-Team aussehen? *112*

4 Wie man mit Szenarien zukunftsrobuste Strategien entwickelt 121

Was Szenarien leisten: Die Verknüpfung von Zukunft und Strategie *123* · Strategische Analyse *125* · Entwicklung von Umfeldszenarien *136* · Optionsentwicklung *140* · Strategiefindung *151* · Strategieformulierung *162* · Vier typische Fehler bei der Strategieentwicklung *175*

5 Wie man mit strategischer Früherkennung »schwache Signale« auffängt und verarbeitet . . . 182

Früherkennung – die chaotische Schwester der Planung *184* · Vom zielgerichteten Umgang mit Zukunftsthemen *198* · Aufbau eines Früherkennungssystems *202* · Einrichtung eines Vorausschauteams *205*

6 Wie man mit Szenarien neue Marktchancen erkennt und nutzt 213

Business Development – Systematisch zu den Geschäftsmöglichkeiten von morgen *214* · Zukünftige Marktpotenziale erkennen *216* · Zukünftige Marktleistungspotenziale erkennen *225* · Geschäftsmöglichkeiten herausarbeiten *230*

7 Wie man mit szenariogestützten Geschäftsmodellen eine Organisation strategisch ausrichtet 234

Systematisch neue Geschäftsmodelle entwickeln *240* · Schärfung der strategischen Positionierung mit Geschäftssystemen *246*

8 Wie man Szenarien zur Planung von Produkten und Technologien einsetzt 251

Technologiemanagement *252* · Entwicklung von Produktstrategien *265*

9 Die Zukunft des Neuwagenvertriebs (Fallbeispiel) 276

Schlüsselfaktoren *277* · Zukunftsprojektionen *278* · Szenarien *291*

Glossar 297

Anmerkungen 299

Register 307

Vorwort

Es kommt nicht darauf an, die Zukunft zu wissen,
sondern auf die Zukunft vorbereitet zu sein.
(Perikles)

Der Wunsch zu wissen, wie die Zukunft aussieht, ist so alt wie die Menschheit selbst. Obwohl wir auf den Mond fliegen können oder uns in virtuellen Welten bewegen, gibt es immer noch kein Verfahren, welches in der Lage ist, eine exakte Zukunftsprognose zu liefern. Eine der vordringlichsten Managementaufgaben allerdings liegt in der Gestaltung der Zukunft. Wie ist dieses Dilemma zu lösen? Wie kann ein Unternehmen der zunehmenden Komplexität des Umfelds und den veränderten Marktverhältnissen in seinem Handeln gerecht werden?

Die Antwort lautet: Zukunft kann nicht gewusst werden und bleibt nicht vorhersagbar, was alle (falschen) Prognosen der letzten Jahre beweisen; aber sie ist heute und jetzt gestaltbar durch uns und unsere Visionen einer zukünftigen Welt.

Zugleich können und müssen wir durch vorbeugendes Nachdenken die Voraussetzung für vorbeugendes Handeln schaffen. Entscheidungen, die heute getroffen werden, orientieren sich immer an Erwartungen an die Zukunft. Das Problem ist nur, dass wir meist blind für mögliche Zukunftsbilder sind, da sie per definitionem unwahrscheinlich sind. Dies hat uns die jüngere Vergangenheit besonders deutlich vor Augen geführt. Man denke dabei nur an den »unwahrscheinlichen« Vorgang der Wiedervereinigung Deutschlands oder auch an die nicht vorhersehbaren Zusammenschlüsse oder auch »Nicht-Zusammenschlüsse« großer Firmen und Banken.

Die wesentlichen Fragen im Unternehmen sind: Mit welcher Dynamik ändert sich das Umfeld, das durch das Zusammenwirken vieler Einflussfaktoren gekennzeichnet ist, und wie schnell gelingt es, sich auf die veränderten Anforderungen einzustellen? Diese Zeitdifferenz ist der entscheidende Wettbewerbsfaktor für Unternehmen.

Zur Gestaltung der Zukunft bedarf es der Erarbeitung belastungsfähiger Entscheidungsgrundlagen. Die systematische Auseinandersetzung mit der Zukunft wird dabei zu einem zentralen Erfolgsfaktor der Unternehmensführung. Dazu muss diese das strategische Erfolgspotenzial des Unternehmens frühzeitig erkennen und rechtzeitig konsequent erschließen.[1]

»Nobody can drive to the future on cruise control.«

Es stellt sich zunächst die Frage nach einem geeigneten Denkmodell, das für die Abschätzung zukünftiger Entwicklungen eine erfolgversprechende Grundlage darstellt. Eine Methode, die die Komplexität und Dynamik der Entwicklungsprozesse sowie die Wechselwirkungen der darin wirkenden Faktoren von vornherein berücksichtigt, ist das Szenario-Management. Bereits vom Ansatz her wird bei dieser Methode eine willkürliche reduktionistische Betrachtungsweise vermieden, die in der Vergangenheit oft Ursache für eine Reihe von strategischen Fehlentscheidungen war.

Das Szenario-Management liefert ein geeignetes methodisches Leitbild für die interdisziplinäre und zukunftsorientierte Problembearbeitung. Komplexe Probleme können ganzheitlich und in interdisziplinär arbeitenden Teams gelöst werden. Ziel ist es, qualitativ neue Erkenntnisse hervorzubringen, die dem Unternehmen zur strategischen Orientierung dienen.

Die zunehmende Komplexität der Systeme stellt die Verantwortlichen vor immer schwieriger werdende Entscheidungsprozesse. Schon geringe Eingriffe können in so einem System weitreichende

Konsequenzen hervorrufen. Wir werden es uns folglich immer weniger leisten können, Denkfehler zu machen.

Ein Problem liegt darin, große Entwicklungslinien frühzeitig zu erkennen. Wir beschränken uns in der Regel auf Ausschnitte des relevanten Systems, brechen wichtige Beziehungen auf oder vergessen Interaktionen und Auswirkungen von Regelkreisen. So wird im Tagesgeschäft oftmals eine kurzfristige Entscheidung getroffen, die sich zwar auf das aktuell auftretende Problem bezieht, jedoch die Vernetzung im System außer Acht lässt.

Das Denken in vernetzten Systemen erfordert unter anderem die Erkenntnis, dass das Unternehmen selbst ein Subsystem in einem größeren Gesamtsystem ist und folglich in ein Netz komplexer Zusammenhänge eingebunden ist. Diese Zusammenhänge gilt es zu analysieren und festzustellen, welche Hauptantriebskräfte auf das Unternehmen wirken und wie diese im Sinne des Unternehmens genutzt werden können.

Mit dem vorliegenden Buch ist Alexander Fink, Oliver Schlake und Andreas Siebe ein systematischer und klar gegliederter Überblick über den Einsatz von Szenarien in der Unternehmensplanung gelungen. Sie zeigen in anschaulicher, klar gegliederter Form auf, wie unser begrenztes lineares Denken überwunden werden kann und wie Szenarien dazu beitragen können, Innovationen zu fördern und damit Zukunft zu gestalten.

Mit großer fachlicher Kompetenz und umfassendem Erfahrungswissen haben die Autoren die Szenariomethode und deren diverse Anwendungsmöglichkeiten verständlich und nachvollziehbar dargestellt. Für jeden Führungsverantwortlichen, für jeden Manager, für jeden, der sich mit Strategie-, Produkt- oder Technologieplanung befasst, sollte dieses Buch zur Pflichtlektüre werden.

München, im November 2000 Franz Tessun

European Aeronautics Defense and Space Company (EADS)
Corporate Business Academy
Director Knowledge & Scenario Management

Einführung: Grenzen überwinden – Zukünfte gestalten

Sicherlich haben Sie sich schon einmal gewünscht, die Zukunft voraussehen zu können. Wie verlockend wäre es, wenn Sie die Züge Ihrer Wettbewerber nur einige Wochen oder Monate im Voraus wüssten. Oder wenn Sie im Vorfeld einer großen Investitionsentscheidung nicht von der Ungewissheit geplagt würden, ob die zugrunde liegenden Annahmen richtig sind: Wird sich die neue Technologie wirklich durchsetzen? Werden wir auf neue Wettbewerber stoßen? Wird unser Unternehmen in seiner jetzigen Form Bestand haben? Dieses Buch wird Ihnen auf derlei Fragen keine Antworten geben. Warum sollten Sie dann trotzdem weiterlesen?

Der erste Teil der Antwort ist einfach: Weil es niemanden gibt, der Ihnen auf solche Fragen eine verlässliche Antwort geben kann. Dies kann kein Planer. Kein Marktforscher. Kein Unternehmensberater. Kein Trendforscher. Kein Guru. Absolut niemand. Die Zukunft lässt sich nicht vorhersagen. Trotzdem ist es noch immer der Wunsch nach einer exakten Prognose, der das Denken vieler Entscheider und damit auch die Planung ihrer Unternehmen prägt. Es ist so, als planten sie im Januar ein Sommerfest und suchten verzweifelt nach einem immer exakteren Wetterbericht für den August.

Der zweite Teil der Antwort ergibt sich aus dem Umgang vieler Unternehmen mit der Erkenntnis, dass sich ihre Umwelt eben nicht exakt voraussagen lässt. Während einige unbeirrt an der traditionellen Planung festhalten, sehen andere jetzt in eine offene Zukunft ohne jegliche Anhaltspunkte. Sich darauf einzustellen, erscheint ihnen aussichtslos. Eine starke Position in der Gegenwart – so lautet ihre Empfehlung – ist die beste Vorbereitung für das ungewisse Morgen.

Bei diesem Verhalten handelt es sich um ein unzulässig simplifizierendes Schwarzweißdenken. Zwischen der angeblichen Gewissheit auf der einen Seite und völliger Ungewissheit auf der anderen Seite gibt es einen *Bereich von begrenzter Ungewissheit*. Hier lässt sich die Zukunft zwar nicht voraussagen – wohl aber vorausdenken. Mehr als die Hälfte aller strategischen Entscheidungen sind von begrenzter Ungewissheit betroffen.[1]

Um erfolgreich in diesem Niemandsland zwischen angeblicher Gewissheit und völliger Ungewissheit zu agieren, müssen Unternehmen drei Grenzen überwinden. Sie müssen sich von der Vorstellung lösen, dass sie es mit nur *einer* exakt prognostizierbaren Zukunft zu tun haben. Sie müssen anerkennen, dass die alten Gesetze von Ursache und Wirkung in einer hoch komplexen Welt an Geltung verlieren. Und sie müssen erkennen, dass diejenigen, deren Handeln sich am gegenwärtigen Erfolg orientiert, in der Zukunft zu den Verlierern zählen werden.

Die erste Grenze: »Es gibt nur eine Zukunft!«

Heiligabend des Jahres 1999. Nach 16 Jahren erwachte Patricia White Bull aus dem Koma, in das sie bei der Geburt ihres zweiten Sohnes gefallen war. Entgegen vielen anderen Komapatienten waren bei der 42-jährigen Sioux-Indianerin sowohl Sprach- als auch Erinnerungsvermögen sofort wieder vorhanden.[2] Dafür hatten sie die Veränderungen in der Zeit von 1983 bis 1999 in einer neuen Welt erwachen lassen. Lächelnd lud sie die interessierte Öffentlichkeit dazu ein, in einem kleinen Gedankenexperiment die eigene Lebensuhr um 16 Jahre zurückzudrehen.

1983. Der kalte Krieg beherrscht die Gedanken der politischen Entscheidungsträger: Helmut Kohl setzt als neu gewählter Bundeskanzler die im NATO-Doppelbeschluss vorgesehene Stationierung neuer US-Atomwaffen in Westeuropa durch. Am 1. September 1983 schießen sowjetische Kampfflugzeuge über dem japanischen Meer ein südkoreanisches Verkehrsflugzeug ab.

Personal Computer und Faxgeräte sind eine seltene Ausnahme: Die Büros hallen wider vom Geklapper der Schreibmaschinen. Ein Taschenrechner mit Sinus- und Cosinus-Funktionalität kostet 1.500 Mark – genauso viel wie der durchschnittliche Monatslohn eines Industriearbeiters. Unter den 50 größten Unternehmen der Welt sind 23 Ölkonzerne. Zu den 50 größten deutschen Unternehmen zählen die Gutehoffnungshütte, AEG, Salzgitter, Flick, die Saarbergwerke und die Neue Heimat.

Und heute – fast 20 Jahre später? Den Ost-West-Konflikt finden wir in den Geschichtsbüchern. Schreibmaschinen haben ausgedient – die meisten Taschenrechner sind Werbegeschenke. Es gibt mehr Personal Computer als Autos – und von den 50 größten US-Unternehmen gehören noch gerade fünf zur Ölindustrie. Der größte Arbeitgeber der Welt ist das in Milwaukee beheimatete Zeitarbeitsunternehmen *Manpower Inc.* mit an die 400.000 Kunden und etwa 2,1 Millionen Mitarbeitern.

Ließen sich diese Entwicklungen vorhersagen? Nein. Aber ließen sie sich vorausdenken? Ja. So gab beispielsweise ein deutscher Konzern im Jahre 1984 eine Studie in Auftrag, in der mögliche Entwicklungen des Verteidigungsmarktes beschrieben werden sollten. Eine Variante beschrieb für das Jahr 2010 den Zusammenbruch des Ostblocks, eine Annäherung der beiden deutschen Staaten mit anschließender Wiedervereinigung sowie einen Einbruch der Märkte. »Viel zu brisant«, befand die Unternehmensführung und schickte die Studie in den Panzerschrank.

Leicht finden sich weitere Beispiele: So warnte die *New York Times* bereits am 25. September 1960 vor der Entstehung eines weltweiten Ölkartells und möglichen Begrenzungen der Ölproduktion. Einige Jahre später nahmen sich auch die Planer von *Royal Dutch/Shell* dieses Themas an und navigierten so ihren Konzern durch die Stromschnellen der heraufziehenden Ölkrise. Manchmal reiben wir uns auch verblüfft die Augen, wenn wir erkennen, wie frühzeitig manche Entwicklung erkennbar war. So beschrieb Jules Verne bereits 1863 in seinem Roman »Paris im 20. Jahrhundert« eine Welt, die der heutigen sehr nahe kommt:

»Das telegrafische Netz überzog also die gesamte Erdoberfläche sowie den Meeresgrund. Amerika war keine Sekunde von Europa entfernt, und in einem feierlichen Versuch, der 1903 in London durchgeführt worden war, korrespondierten zwei Experimentatoren miteinander, nachdem sie ihre Nachricht rund um die Erde gesandt hatten.«

Aber neben diesen positiven Beispielen gibt es eine unüberschaubare Menge von Fehlurteilen über die Zukunft. Buckminster Fuller – ein amerikanischer Erfinder, Architekt und Zukunftsforscher – blickte in den fünfziger Jahren auf die Zukunft des Jahres 1980 und sah Bergbau auf dem Mond, Flugzeuge für 10.000 Passagiere und Wohnungen für Wissenschaftler in Weltraumkapseln. Thomas J. Watson, Vorstandsvorsitzender der *IBM*, sah 1943 auf dem Weltmarkt gerade einmal Raum für fünf Computer. Und Ken Olsen, Vorstandsvorsitzender von *DEC*, konnte noch 1978 keinen Bedarf für Computer in privaten Haushalten erkennen.

Für uns ergibt sich daraus die Aufforderung, beim notwendigen Umgang mit der Zukunft mehrere Möglichkeiten vorauszudenken. Dabei sind wir uns der doppelten Gefahr bewusst, der alle Visionäre ausgesetzt sind: das erste Mal verkannt zu werden, wenn die Visionen als »abenteuerliche Spinnereien« abgetan werden; und das zweite Mal verkannt zu werden – sehr viel später –, wenn ihnen vorgeworfen wird, dass sie die Dinge nicht konsequent zu Ende gedacht hätten.

Die zweite Grenze: »Lineare Beziehungen prägen das Wirtschaftsleben.«

Eine Entscheidung fällt uns dann leicht, wenn ihre Folgen kalkulierbar sind. Mit der Zukunft ist es ähnlich: Es ist beruhigend, wenn sich zukünftige Ereignisse direkt aus bestimmten Entwicklungen ableiten lassen. So können wir uns auf eine Verknappung junger, innovativer und risikofreudiger Arbeitskräfte einstellen, wenn wir nur einen kurzen Blick auf die demografische Struktur der meisten westlichen Industriestaaten werfen. Oder?

Was wäre aber, wenn ein weiter zunehmendes Ungleichgewicht zwischen den Georegionen zu einer verstärkten Zuwanderung führte? Oder wenn wachsende Kommunikationsnetze das Angebot an Arbeitskräften drastisch erweitern? Oder wenn es gelänge, die schöpferischen Kräfte älterer Mitarbeiter durch berufsbegleitende Weiterbildung besser in den Innovationsprozess einzubringen, anstatt sie davon auszugrenzen?

Die Zeit einfacher Antworten ist vorbei. Je mehr Faktoren unser Handeln beeinflussen und je schneller sich diese Faktoren verändern – desto weniger sind wir in der Lage, die Zusammenhänge in diesen komplexen Entscheidungssituationen zu erfassen und uns entsprechend zu verhalten. Mit der Zunahme von Komplexität versagen viele traditionelle Führungsansätze, die auf einer räumlich und zeitlich nahen Verknüpfung von Ursachen und Wirkungen beruhen.

Lineares Denken in engen Ursache-Wirkungs-Zusammenhängen begrenzt nicht erst heute die Entscheidungsfähigkeit von Unternehmen. In einer Studie der Daimler Motoren Gesellschaft aus dem Jahre 1901 hieß es: »*Die weltweite Nachfrage nach Kraftfahrzeugen wird eine Million nicht überschreiten – allein schon aus Mangel an verfügbaren Chauffeuren.*« Begrenzt man seinen Blickwinkel tatsächlich auf das Angebot an ausgebildeten Fahrern, so lässt sich die Aussage noch heute nachvollziehen. Überwunden wird die Grenze des linearen Denkens erst dann, wenn der Betrachtungsbereich erweitert wird. Was wäre, wenn die Verbreitung von Fahrzeugen bei den Menschen die Sehnsucht nach größerer Mobilität weckt? Könnte dies den technologischen Fortschritt in eine neue Richtung lenken? Wären dann neue Fahrzeugkonzepte denkbar, bei denen auf einen Chauffeur verzichtet werden könnte? Die letztendliche Antwort auf diese Fragen gab Henry Ford 1937:[3]

»Wir haben mit so gut wie nichts angefangen. ... Wir nahmen einen so genannten Luxusartikel und machten ihn ohne jede Kniffe und Schliche zu einer Notwendigkeit. Als wir mit der Produktion unseres heutigen Wagens einsetzten, gab es hierzulande nur wenige gute Landstraßen; Benzin war schwer zu haben, und beim Publikum hatte sich die Idee eingebürgert, dass ein Automobil im besten Falle eines reichen Mannes Spielzeug sei. Unser einziger Vorteil war, dass es etwas Ähnliches vorher nicht gab.«

Eine wesentliche Hebelwirkung bei der Beeinflussung komplexer Systeme kommt demnach neuen Denkweisen zu, mit denen das herkömmliche, lineare Denken überwunden wird. Dazu benötigen wir allerdings neue Werkzeuge – man könnte auch von *Denkzeugen* sprechen. Die Anwendung dieses Instrumentariums wird als vernetztes Denken bezeichnet.

Die dritte Grenze: »Unternehmen, die sich am Erfolg orientieren, werden erfolgreich sein.«

Kennen Sie Piggly Wiggly? Oder Captain's Cove Seafood? Nein? Es sind beides Marken der *Fleming*-Gruppe aus Oklahoma City. Die kennen Sie auch nicht? *Fleming* ist Branchenführer bei Marketing und Vertrieb von Lebensmitteln in den USA. Mit ihren 15,1 Milliarden Dollar Umsatz nahm die *Fleming*-Gruppe 1999 Rang 101 in der Fortune-500-Liste ein. Damit lag sie genau 68 Plätze vor *Limited* – einem Hersteller von modischer Freizeitbekleidung. Allerdings erwirtschaftete *Limited* einen Gewinn von über 2 Milliarden US-Dollar, während *Fleming* über 500 Millionen US-Dollar Verlust einfuhr. Weitere 23 Plätze unter *Limited* findet sich *Cisco Systems*. Nach Umsatz und Gewinn liegt der Hersteller von Netzwerkequipment zur Internetnutzung deutlich hinter *Limited*. Ein Blick auf die Marktwerte zeigt allerdings ein anderes Bild. Während sich *Fleming* hier mit Rang 453 begnügen muss und *Limited* auf Rang 213 liegt, gehört *Cisco* zur Top Ten der wertvollsten Unternehmen in den Vereinigten Staaten.

Anhand dieser drei Unternehmen – *Fleming*, *Limited* und *Cisco* – lässt sich die Bedeutung der strategischen Unternehmensführung verdeutlichen: Ein Unternehmen ist zunächst ein komplexes System, das darauf ausgerichtet ist, seine Lebensfähigkeit durch ökonomisches Handeln zu erhalten. Kurzfristig benötigt es dazu Liquidität. Gemessen an dieser Steuergröße wäre *Fleming* das erfolgreichste Unternehmen. Die Veränderung der Liquidität erfolgt durch Gewinn oder Verlust. In vielen Unternehmen gilt Gewinn noch immer als zentrale Steuergröße. Orientiert man sich am Ziel der Gewinnmaximierung, so wäre *Limited* das erfolgreichste Unternehmen.

Angesichts des zunehmenden Wettbewerbs reicht es allerdings nicht mehr aus, lediglich den Gewinn der gegenwärtigen Planungsperiode zu betrachten. Langfristig erfolgreiche Unternehmen konzentrieren sich vielmehr auf die Schaffung und Erhaltung der Voraussetzungen für zukünftigen Erfolg. Wie gut oder wie schlecht sie dies machen, drückt sich nicht selten in der Börsenkapitalisierung aus – und danach liegt *Cisco Systems* an der Spitze. Diese dazugehörige Steuergröße wird als Erfolgspotenzial bezeichnet. Nur wenn es gelingt, Erfolgspotenziale bereits heute zu erkennen, zu beschreiben und die Unternehmensentwicklung darauf auszurichten, werden sich in der Zukunft Gewinne realisieren lassen.[4]

Abbildung 1: *Grundlegende Strategiekonzepte*

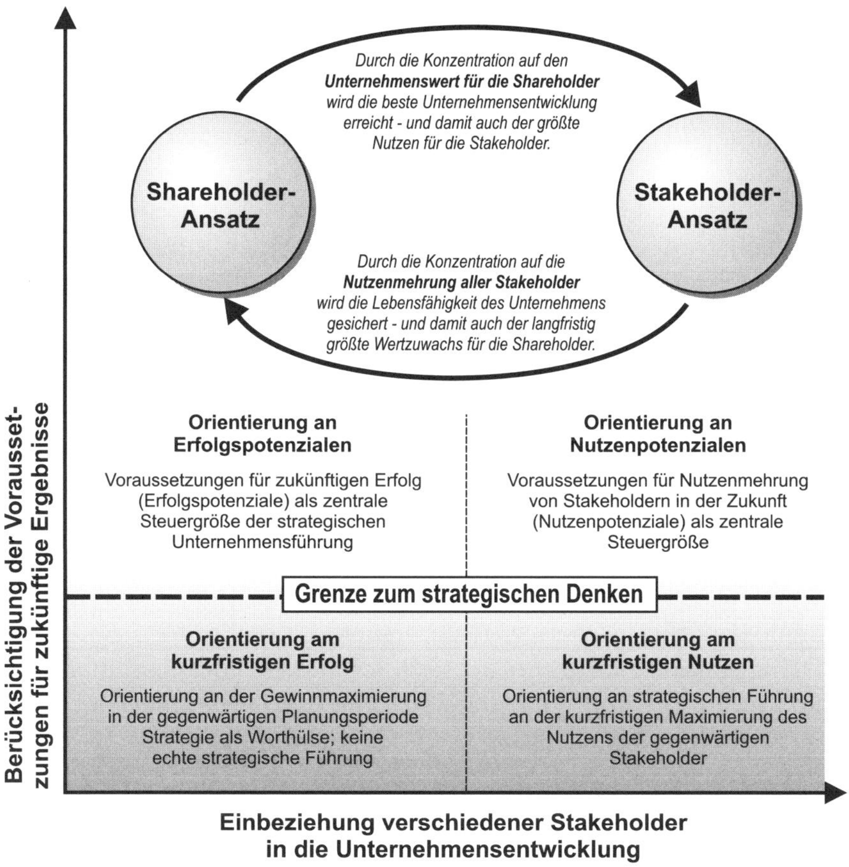

Neben der Überwindung der Orientierung an kurzfristigen Ergebnissen gewinnt ein weiterer Aspekt zunehmend an Bedeutung: Unternehmen müssen ihr Augenmerk heute mehr denn je auf ihr gesellschaftliches Umfeld richten und den Nutzen verschiedener Anspruchsgruppen – der so genannten Stakeholder – bei der Unternehmensentwicklung berücksichtigen.[5] So verdeutlicht Abbildung 1 anhand der Berücksichtigung zukünftiger Ergebnisse (Ordinate) und der Einbeziehung verschiedener Stakeholder (Abszisse) die vier grundlegenden Ansätze der Unternehmensführung.

- Unternehmen, die sich lediglich am kurzfristigen, monetären Erfolg (unten links) orientieren, führen zwar das Wort »Strategie« im Mund – sind aber weder in der Lage, sich von der Orientierung am gegenwärtigen Periodenergebnis zu lösen, noch die Vielzahl verschiedener Stakeholder in ihre Entscheidungsfindung einzubeziehen.
- Auch die Berücksichtigung des *kurzfristigen Nutzens verschiedener Stakeholder* (unten rechts) stellt in unseren Augen keinen wirklich strategischen Ansatz dar. Hier werden lediglich kurzfristige Interessen austariert. Dieser Ansatz führt häufig zu noch schlechteren Ergebnissen als der Ansatz der kurzfristigen Erfolgsmaximierung.

Die Grenze zum strategischen Denken wird erst mit den beiden folgenden Ansätzen überschritten:

- Die Orientierung an den *Erfolgspotenzialen* des Unternehmens (oben links) – das heißt den monetären Erfolgsaussichten in der Zukunft – wird auch als Shareholder-Ansatz bezeichnet.[6] Hier wird die Steigerung des Unternehmenswertes als zentrales Unternehmensziel hervorgehoben. Dieser Ansatz ist insbesondere im anglo-amerikanischen Wirtschaftsbereich verbreitet.[7]
- Demgegenüber konzentriert sich der Stakeholder-Ansatz auf die Identifikation und Erschließung von *Nutzenpotenzialen* (oben rechts). Diese Bezeichnung macht deutlich, dass es hier vor allem darum geht, Voraussetzungen für den zukünftigen Nutzen der Stakeholder eines Unternehmens zu schaffen. Dieser Ansatz findet sich vor allem in Kontinentaleuropa und in Japan.

Wichtig ist zunächst, dass sowohl der *Shareholder-Ansatz* als auch der *Stakeholder-Ansatz* bei konsequenter Anwendung einer Berücksichtigung zukünftiger Ergebnisse bedürfen. Weder Unternehmenswert noch Stakeholder-Nutzen lassen sich ohne Vorausschau langfristig steigern und optimieren. Folglich sind beide Ansätze mit dem Grundsatz des strategischen Denkens vereinbar.

Die Beziehung zwischen den beiden Ansätzen ist ambivalent. Zum einen kann der Shareholder-Ansatz als Ausgangspunkt des Unternehmensbegriffs gesehen werden. Hier ist ein Unternehmen langfristig als erfolgreich anzusehen, wenn es seinen Unternehmenswert zu steigern versteht. Damit ist dann auch langfristig der größte Nutzen für die verschiedenen Stakeholder verbunden. Der Stakeholder-Ansatz argumentiert genau andersherum. Hier definiert sich das Unternehmen nicht über seine Besitzverhältnisse, sondern über seine Einbindung in das gesellschaftliche Umfeld. Daher wird es als erfolgreich angesehen, wenn es die Interessen der verschiedenen Anspruchsgruppen langfristig auszugleichen versteht. Dabei bleibt der Nutzen der Kapitalgeber – gemessen als monetärer Erfolg – eine wichtige Größe. Parallel dazu werden aber auch andere Aspekte – für Arbeitnehmer der sichere Arbeitsplatz oder für engagierte Umweltgruppen die Umweltverträglichkeit der Produktion – in einem mehrdimensionalen Zielsystem berücksichtigt.

In der Praxis sind beide Ansätze des strategischen Denkens – sowohl die Orientierung an Erfolgspotenzialen als auch die Erweiterung des Fokus auf mehrere Stakeholder und deren Nutzenpotenziale – nicht selbstverständlich. Ihre Anwendung gelingt nur, wenn Unternehmen ihrem Handeln eine langfristige Vision zugrunde legen. So haben James C. Collins und Jerry I. Porras in einer Langzeitstudie nachgewiesen, dass es gerade die auf Erfolgs- und Nutzenpotenzialen basierenden »großen, verwegenen Ziele« sind, aus denen langfristiger Unternehmenserfolg erwächst.[8] Haben Sie oder Ihr Unternehmen große, verwegene Ziele?

Es ist daher notwendig, uns immer wieder von neuem zu verdeutlichen, dass kurzfristige Erfolgs- oder Nutzenorientierung eine unüberwindliche Grenze für unser Denken ist. Unternehmen, die sich primär am Erfolg orientieren, werden langfristig nicht unbedingt erfolgreich sein. Und Unternehmen, die sich primär an den kurzfristigen Interessen ihrer Stakeholder – zum Beispiel den Wünschen ihrer Kunden – orientieren, werden ihnen nicht unbedingt langfristigen Nutzen bringen.

Mit Szenario-Management die Grenzen überwinden

Wenn Sie diese Grenzen überschreiten, dann legen Sie sich mit drei mächtigen Gruppen an: Die traditionellen Planer, Marktforscher und Controller werden die Köpfe schütteln und Ihnen vorrechnen, dass sich aus mehreren Zukünften keine sinnvollen Konzepte entwerfen lassen. Die hemdsärmeligen Macher werden Ihnen vorhalten, dass vernetztes Denken eine intellektuelle Spielerei sei, die zu keinerlei konkreten Ergebnissen führe. Und die Erfolgreichen werden mit ihren Geldbeuteln und ihren Bilanzen winken. Lassen Sie

Abbildung 2: *Drei Grundlagen des Szenario-Managements*

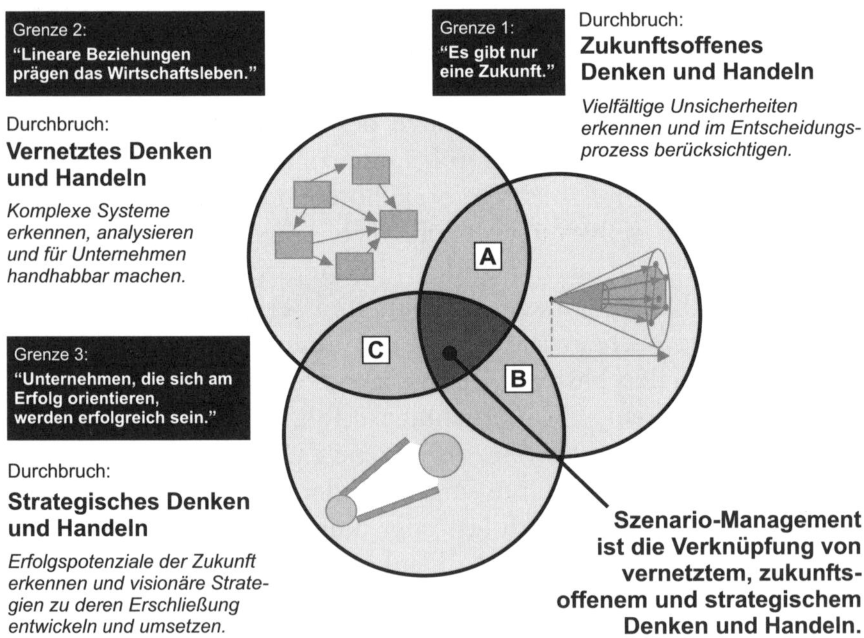

sich davon nicht abschrecken, denn Unternehmen werden um drei neue Ansätze nicht herumkommen:

- *Zukunftsoffenes Denken und Handeln*: Unternehmen müssen sich im strategischen Führungsprozess von den Vorstellungen einer prognostizierbaren Zukunft verabschieden und stattdessen alternative Entwicklungsmöglichkeiten von Einflussfaktoren ins Kalkül ziehen. Grundlage ist die Vorstellung einer »multiplen Zukunft«.
- *Vernetztes Denken und Handeln*: Unternehmen sind heute darauf angewiesen, in ihrer strategischen Planung ebenso wie in der anschließenden Umsetzung von Visionen und Strategien die Entwicklung und das Verhalten vernetzter und komplexer Systeme zu berücksichtigen.
- *Strategisches Denken und Handeln*: Langfristig erfolgreiche Unternehmen dürfen sich nicht allein auf den gegenwärtigen Erfolg konzentrieren, sondern sie müssen im Rahmen ihrer strategischen Ausrichtung die Schaffung und Erhaltung der Voraussetzungen für zukünftigen Erfolg in den Mittelpunkt rücken. Diese zentralen Steuergrößen der strategischen Unternehmensführung werden als Erfolgspotenziale bezeichnet.

Die Verbindung von zukunftsoffenem und vernetztem Denken führt zum Begriff »Szenario«. Darunter werden alternative Zukunftsbilder komplexer Systeme verstanden. Die systematische Entwicklung solcher Szenarien entstand in den fünfziger Jahren bei der *RAND Corporation*, einem vom amerikanischen Verteidigungsministerium gegründeten Institut für Zukunftsforschung. In den sechziger Jahren verfeinerten Herman Kahn und Anthony J. Wiener am kanadischen *Hudson-Institute* ihren Ansatz des »scenario writing«. Die Wahl des Begriffs »Szenario« für ihre Zukunftsbilder verbindet Kahn mit dem Ort ihrer Entstehung – dem kalifornischen Santa Monica:[9]

»Soweit ich es sagen kann, wurde der Begriff ›Szenario‹ in diesem Sinne erstmals in einer Gruppe verwendet, in der ich bei der RAND Corporation arbeitete. Wir wählten dieses Wort absichtlich, um unsere Zukunftsbilder zu entidealisieren. Beim Entwurf der Szenarien für verschiedene Situationen sagten wir immer: ›Denk dran, es ist nur ein Szenario.‹ Es ist also nicht mehr, als Hollywoods Drehbuchautoren auch verfassen – die Schreiberlinge wie die Genies.«

Die Integration solcher Szenarien in den Prozess der strategischen Unternehmensführung führt zum Begriff des *Szenario-Managements*. Es umfasst die systematische Anwendung von alternativen Zukunftsbildern komplexer Systeme zur Identifikation und Erschließung von Erfolgs- und Nutzenpotenzialen. Von den heute gebräuchlichen Planungsansätzen in diesem Feld grenzt sich das Szenario-Management wie folgt ab:

- *Szenario-Technik*: Die in Kontinentaleuropa gebräuchliche Szenario-Technik konzentriert sich auf die Entwicklung komplexer Zukunftsbilder. Hier beschreiben die Szenarien mehrere mögliche Zukunftsentwicklungen, die jeweils auf einem komplexen System von Faktoren, Trends und Projektionen beruhen. Das zentrale Problem dieses Szenario-Ansatzes ist die Vernachlässigung der Integration dieser komplexen Szenarien in den strategischen Führungsprozess. Viele Szenario-Projekte sind in den achtziger und frühen neunziger Jahren gerade daran gescheitert.
- *Scenario Planning*: Die im anglo-amerikanischen Sprachraum verbreiteten Varianten der Szenarienplanung konzentrieren sich dagegen auf die beschleunigte Entwicklung einfacher Zukunftsbilder. Sie lassen sich leicht in den strategischen Führungsprozess integrieren und werden vor allem zur Bewertung vorhandener Strategien eingesetzt. Dies erklärt den höheren Nutzungsgrad und die Popularität von Szenarien in US-Unternehmen. Zentrale Probleme der dortigen Anwender sind allerdings die fehlende Nachvollziehbarkeit der Szenario-Entwicklung sowie die geringe Eignung der Szenarien bei komplexen Fragestellungen.
- *System Dynamics*: Im Rahmen des System-Dynamics-Ansatzes werden komplexe Simulationsmodelle entwickelt und in den Strategieentwicklungsprozess integriert. Zentrale Probleme sind hier die Vernachlässigung des zukunftsoffenes Denkens und die

Notwendigkeit zur Quantifizierung der einzelnen Einflussgrößen. Diese »Denkprobleme« lassen sich nicht durch den Austausch einzelner Simulationsparameter lösen.

In diesem Sinne bildet Szenario-Management nicht nur den Schnittpunkt zwischen den drei methodischen Ansätzen des zukunftsoffenen, vernetzten und strategischen Denkens (siehe Abbildung 2, Mitte), sondern führt auch eine Reihe bekannter und angesehener Planungsmethoden so zusammen, dass sie sich in unsicheren und komplexen Entscheidungssituationen einsetzen lassen. Wesentlich ist dabei, dass Führungskräfte und Planer lernen, »in Szenarien zu denken«.

Das Prinzip der strategischen Vorausschau

Planung – so lautet eine weithin bekannte Definition – ist die Vorwegnahme zukünftiger Entwicklungen zum Zwecke der Entscheidungsfindung. Bis in die dreißiger Jahre war Planung daher eine relativ unbeachtete Vorphase des eigentlichen Entscheidungsprozesses, der von der jeweiligen Unternehmerpersönlichkeit dominiert wurde. Erst mit der Entwicklung großer Massenmärkte entstanden die frühen Planungssysteme. Darin wurde die Aufgabe der Vorausschau an Spezialisten – die so genannten »Backroom Boys« – delegiert. So konnten die pragmatischeren Entscheider mit dem »eigentlichen Geschäft« fortfahren, ohne dass sie sich Gedanken über mögliche Entwicklungen machen mussten. Unternehmensführung wurde aufgeteilt in diejenigen, die planen, und diejenigen, die etwas unternahmen.[10]

Diese Trennung von Planung und Entscheidung wurde in den sechziger Jahren perfektioniert. Im Rahmen einer *operativen Langfristplanung* wurden Entwicklungen aus der Vergangenheit in die Zukunft fortgeschrieben. So bastelte der Aachener Professor Joachim Fuchs aus den Faktoren Stahl, Energie und Bevölkerung ein Zukunftsmodell, nach dem China bereits 1980 die Führung in der Weltwirtschaft übernommen haben müsste. Auch in den Planungsabteilungen der Unternehmen wurden immer detailliertere und langfristigere Pläne entworfen. Mit der Zunahme unerwarteter Entwicklungen – so genannter »Strukturbrüche« – wurden die Grenzen der operativen Planung deutlich. Einige Marktforscher übersehen diese Erkenntnis noch heute.

In den siebziger und achtziger Jahren folgte daraus die Blütezeit der *strategischen Planung*. Sie sensibilisierte die Führungskräfte dafür, hinter den monetären Erfolg in der gegenwärtigen Planungsperiode zu sehen. Es entstand ein umfangreiches Instrumentarium, von dem die Planer und Entscheider regen Gebrauch machten. Und wieder entwarfen die Planer immer feinere Portfolios und immer detailliertere Strategien – und abermals trennte sich die Planung von der Entscheidung.

In den neunziger Jahren verwässerte der Gedanke der strategischen Planung vollends und alles galt als »strategisch«, was über den Rand des Terminkalenders herausragte. Langsam geriet die strategische Planung in Misskredit – nicht zuletzt weil viele auf Effizienz orientierte Konzeptionen wie *Lean Management*, *Reengineering* oder *Total Quality Management* erhebliche Erfolge vorzuweisen hatten. Erst seit einigen Jahren wird offensichtlich, dass selbst höchste Qualitätsansprüche die strategische Führung nicht ersetzen können. Wie aber sollen Unternehmen mit Visionen und Strategien umgehen, ohne dabei die gleichen Fehler ein drittes Mal zu machen?

Trennung der Planungsperioden von den Denkhorizonten

Der Schlüssel für eine erfolgreiche Unternehmensentwicklung liegt in der Erkenntnis, dass sich Planungsperioden und Denkhorizonte voneinander trennen. Zum einen verkürzen sich die Zeiträume, für die sich verlässliche Pläne oder Strategien beschreiben lassen. In einigen Branchen trennen sich erfolgreiche Unternehmen wie *Cisco Systems* ganz von der Vorstellung starrer Planungsperioden. Die Frage vieler Planer lautet daher heute: »Wie kann eine Strategie in Zeiten großer Unsicherheit gefunden, formuliert und kommuniziert sowie erfolgreich umgesetzt werden?«

Zum anderen reift die Erkenntnis, dass zukünftiger Erfolg nicht aus der Gegenwart heraus entsteht. Wer auch in der Zukunft erfolgreich sein möchte, der muss dem Wettbewerb möglichst nicht nur einen, sondern mehrere Züge voraus sein. Dazu ist es notwendig, relevante Entwicklungen als Erster zu erkennen und daraus die richtigen Konsequenzen abzuleiten. Dies bedeutet aber, dass Unternehmen immer weiter in die Zukunft vordringen – oder anders ausgedrückt: dass sich die Denkhorizonte erweitern. Hier stellt sich die Frage: »Wie können wir schwache Signale in unserem Umfeld vor anderen auffangen, zielgerichtet verarbeiten und gegebenenfalls umgehend und schnell reagieren?«

Durch die Trennung der Denkhorizonte von den Planungsperioden entsteht ein Bereich unscharfer Entscheidungssituationen, auf den sich Führungskräfte und Planer nur mithilfe einer *strategischen Vorausschau* einstellen können. Dazu sind neben der Fähigkeit zur systematischen Entwicklung von Zukunftsszenarien zwei weitere Grundlagen erforderlich: Zum einen müssen Unternehmen ihre Strategien im Lichte ungewisser Umfelder und alternativer Handlungsoptionen entwickeln und umsetzen; und zum anderen müssen sie auf der Basis »schwacher Signale« flexibel navigieren.

Strategische Planung – in ungewissen Umfeldern mit flexiblen Strategien agieren

Ausgangspunkt der strategischen Planung und häufig der Szenarioentwicklung vorgelagert ist in der Regel eine *strategische Analyse*, bei der die gegenwärtige Situation mithilfe geeigneter Methoden und Werkzeuge beschrieben wird. Dies ist wichtig, da sich zukunftsrobuste Strategien nicht allein aus Szenarien entwickeln lassen. Hier werden die bekannten Planungsinstrumente wie Portfolios, Erfolgsfaktoren oder Geschäftssegmentierungen eingesetzt.

Die Analyse der Ausgangssituation allein reicht zur Bewältigung der Zukunft nicht aus. Unternehmen müssen ihre strategische Planung zudem befähigen, mit unsicheren Situationen umzugehen. Dies umfasst die *Entwicklung von Szenarien*, mit denen sich solche »Zukünfte« beschreiben lassen. Durch eine systematische Vorgehensweise ist es möglich, auch komplexe und unsichere Entscheidungssituationen zu erfassen und für die folgende Strategieentwicklung handhabbar zu machen. Dabei bleibt der Szenario-Gedanke nicht auf externe Branchen- und Marktentwicklungen begrenzt. Auch die eigenen Aktionsmöglichkeiten lassen sich mithilfe alternativer Zukunftsbilder – beispielsweise alternativer Strategieoptionen oder Produktszenarien – ausleuchten und so in einen zukunftsoffenen Planungsprozess integrieren.

Der zentrale Schritt ist die anschließende *Strategiefindung*. Dabei gilt die Faustregel, die in den Szenarien ausgedrückte Vielfalt »so lange wie möglich im Spiel zu halten«, um auf diese Weise nicht in die Falle der traditionellen Prognostik zu geraten. Das Ziel ist hier die Erhaltung der Flexibilität. Gleichzeitig geht es darum, eine klar konturierte Strategie zu entwickeln – das heißt, sich nicht zu verzetteln. Dies entspricht dem Grundsatz der Konzentration der Kräfte. Unter Berücksichtigung dieser beiden Ansätze entsteht eine strategische Stoßrichtung, die abschließend in Form einer *Strategie ausformuliert* wird. Wiederkehrende Bausteine von Unternehmens- und Geschäftsstrategien sind Leitbilder, strategische Kompetenzen und Positionen sowie konkrete Maßnahmen und Programme. Der strategische Planungsprozess wird komplettiert durch die *Strategieumsetzung* und die *strategische Kontrolle.*

Strategische Früherkennung – mit »schwachen Signalen« zu neuen Gestaltungsspielräumen

Den meisten relevanten Umfeldentwicklungen gehen so genannte »schwache Signale« voraus. Im Zuge der Formalisierung des Planungsprozesses und des sich verschärfenden Wettbewerbs sind Unternehmen aber immer weniger in der Lage, diese Signale aufzufangen. Die meisten Unternehmenskrisen waren – im Nachhinein betrachtet – vorausdenkbar. Für die strategische Planung wurden sie aber erst dann relevant, wenn die Planer sie in ihren Systemen verarbeiten konnten.

Im Rahmen der strategischen Früherkennung entwickeln Unternehmen die Fähigkeit, schwache Signale wesentlich früher als üblich wahrzunehmen. Dazu müssen sie ihre Denkhorizonte erweitern – sozusagen ihre Antennen ausfahren. Mit dieser Verschiebung der Wahrnehmungsschwelle verändert sich auch der Zeitraum, der dem Unternehmen zur Entscheidungsfindung zur Verfügung steht. Damit sind gravierende Umstellungen verbunden:

- *Unscharfe Planungs- und Entscheidungssituationen*: Durch die Wahrnehmung »schwacher Signale« verlängert sich der zur Entscheidungsfindung zur Verfügung stehende Zeitraum. Damit müssen Unternehmen ihre Entscheidungen aber unter anderen Voraussetzungen treffen: Es liegen mehr qualitative und weniger quantitative Daten vor. Viele Informationen sind unvollständig und ihre zukünftige Entwicklung ist höchst ungewiss.
- *Größere Eingriffs- und Gestaltungsmöglichkeiten*: Durch eine schnelle Verarbeitung der wahrgenommenen Signale und eine darauf basierende Entscheidung können die eigenen Eingriffs- und Gestaltungsmöglichkeiten erheblich vergrößert werden. Überlegen Sie selbst, was Sie hätten unternehmen können, wenn Sie von der gravierendsten Veränderung in Ihrem Unternehmensumfeld nur einen Monat oder ein Jahr vorher gewusst hätten.
- *Aus Zeitdruck wird Navigationsfähigkeit*: Entscheidungen auf Basis relevanter Früherkennungsdaten müssen nicht mehr zwangsläufig unter Zeitdruck getroffen werden. Stattdessen können Unternehmen vielfach abwägen und bestimmte Entscheidungen teilweise oder ganz vertagen. Dabei handelt es sich keineswegs um ein »Aussitzen«, sondern um eine flexible Navigation im ungewissen Zukunftsraum.

Die strategische Früherkennung umfasst vier interne Prozesse: (1) Die Wahrnehmung schwacher Signale erfolgt durch ein ungerichtetes Abtasten des Unternehmensumfeldes. Dies führt zu Faktoren oder Trends, die einen Einfluss auf die Unternehmensentwicklung haben könnten. (2) Einmal identifizierte Signale werden anschließend daraufhin überprüft, wie relevant sie für die Unternehmensentwicklung sind. Dazu werden mithilfe der Methoden des vernetzten Denkens Systemzusammenhänge offen gelegt und Faktoren bewertet. (3) Besonders kritische Faktoren – beispielsweise Prämissen für bestehende Strategien oder Krisenindikatoren – werden systematisch beobachtet. (4) In der Vorausschau werden schließlich systematisch Projektionen, Trendlandschaften – und auch Szenarien – erarbeitet.

Aus dem Früherkennungsprozess ergeben sich fast immer neue Themen- und Handlungsfelder, die häufig außerhalb des bisherigen Unternehmensfokus liegen. Sie führen zu unternehmensrelevanten Gefahren, aber auch zu neuen Chancen. Insofern ist deren schnelle und gezielte Integration in den Planungsprozess ein wesentlicher Erfolgsfaktor.

Die Kunst der strategischen Vorausschau

Was ist Kunst? Eine mögliche Antwort lautet: »*Kunst ist, Visionen eine Form zu geben.*« Was sind dann Szenarien? Szenarien sind Kunstwerke, denn sie geben den unternehmerischen Visionen eine Form, in der sie sich erfassen, verarbeiten und kommunizieren lassen. Dabei sind Szenarien sowohl für die strategische Planung als auch für die Früherkennung notwendig:

- *Szenarien in der strategischen Planung:* Erst die Abbildung alternativer Umfelder und Handlungsoptionen in Form von Szenarien ermöglicht es den Führungskräften, komplexe Entscheidungssituationen zu erfassen und so zukunftsrobuste Strategien zu entwickeln und umzusetzen.
- *Szenarien in der Früherkennung:* Szenarien sind für eine strategische Früherkennung unerlässlich, weil sie darauf hinweisen, welche Umfeldfaktoren zu beobachten sind – und weil sie »schwache Signale« so verdichten können, dass sie von Entscheidungsträgern als relevant wahrgenommen werden.

In diesem Sinne bietet die strategische Vorausschau eine Verknüpfung des kontinuierlichen, aber tendenziell ungerichteten Prozesses der strategischen Früherkennung mit dem ergebnisorientierten Prozess der strategischen Planung.

Abbildung 3: *Strategische Vorausschau*

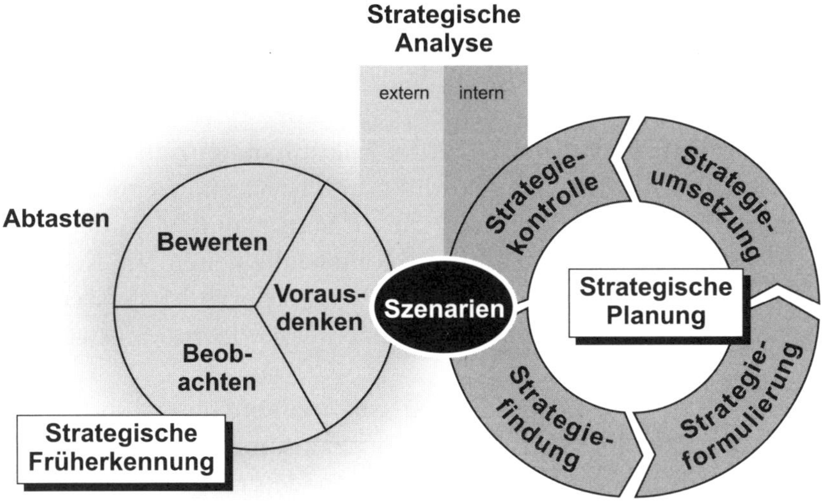

Strategische Navigation – mit Szenarien zu neuen Geschäften, Geschäftsmodellen und Produkten

Lange Zeit war es vor allem die strategische Unternehmensplanung, in der Szenarien eingesetzt oder strategische Früherkennung betrieben wurde. Die wenigen Zukunftsforscher, die überhaupt den Zugang zu unternehmerischen Fragestellungen fanden, liebäugelten fast ausschließlich mit den Hochflor-Bereichen der deutschen Vorstandsetagen. Dort fanden sie fast immer Problemstellungen, denen sie sich mit der klassischen Szenario-Technik oder anderen Prognoseinstrumenten nähern konnten.

Heute kann kein Leiter eines Geschäftsbereichs, kein mittelständischer Geschäftsführer und kein Unternehmensgründer ohne strategische Überlegungen agieren. Letztlich stecken auch Entwicklungsleiter und Produktlinienverantwortliche sowie Vertriebs-, Einkaufs- oder Produktionsleiter in komplexen Planungssituationen, können sich bezüglich zukünftiger Entwicklungen nicht mehr sicher sein und müssen trotzdem in diesem Umfeld strategische Entscheidungen treffen – und sie nachvollziehbar begründen können. Daher hat sich der Anwendungsbereich für systematisch entwickelte Szenarien deutlich erweitert:

Mit Szenarien zu neuen Geschäften: Ein wichtiges Anwendungsfeld der strategischen Vorausschau ist die Identifikation und Erschließung neuer Geschäftsfelder – oder kurz: das »Business Development«. Dabei geht es darum, die Zukunftspotenziale bestimmter Märkte abzuschätzen, neue Produkt- und Servicekonzepte zu entwickeln und aus der Verknüpfung dieser Markt- und Marktleistungspotenziale neue Geschäftsmöglichkeiten abzuleiten. In Kapitel 6 werden wir beschreiben, wie dieser Prozess durch Marktszenarien, systematisch entwickelte Marktsegmente sowie Produktszenarien unterstützt werden kann.

Mit Szenarien zu neuen Geschäftsmodellen: Die klassische Positionierung über Produkt-Markt-Kombinationen ist in den letzten Jahren – teilweise zu Unrecht – in Ungnade gefallen. Wesentlicher und nachvollziehbarer Kritikpunkt ist der Mangel strategischer Aussagen zur Frage, wie es der Organisation langfristig gelingt, die Produkte auf den Märkten zu platzieren. Antworten dazu liefert das Szenario-Management. In Kapitel 7 beschreiben wir, wie sich alternative Geschäftsmodelle entwickeln und zu Geschäftssystemen ausbauen lassen.

Mit Szenarien zu neuen Produkten: Aus einer Strategie sowie neuen Geschäftsfeldern oder Geschäftssystemen ergeben sich konkrete Produkte oder Dienstleistungen, die erfolgreich in den Markt eingeführt oder am Markt gehalten werden müssen. Dies ist Gegenstand von Produkt-, Service- oder Angebotsstrategien, auf die wir in Kapitel 8 eingehen.

Mit Szenarien das Technologiespektrum gestalten: Eng verknüpft mit der Produktplanung ist das Technologiemanagement. Daher gehen wir in Kapitel 8 zusätzlich darauf ein, wie neue Technologien und Fertigungskonzepte identifiziert und in Produktions- oder Technologiestrategien eingebettet werden.

Mit Szenarien zu neuen Logistikstrategien: Im Mittelpunkt der *Logistik* steht die strategische Gestaltung des Wertflusses über Beschaffung, Produktion und Vertrieb zum Kunden. Diese Aspekte werden in der klassischen Produkt-Markt-Sichtweise der strategischen Planung häufig vernachlässigt. Systematisch entwickelte Geschäftsmodelle enthalten bereits erste Anknüpfungspunkte, aus denen sich Beschaffungs-, Vertriebs- oder Logistikstrategien entwickeln lassen. Wir werden dies im neunten Kapitel anhand eines Fallbeispiels zur Zukunft des Automobilvertriebs verdeutlichen.

Strategische Navigation – ein Ansatz zur flexiblen Planung

Die Zeiten starrer Planungssysteme gehen zu Ende. Stattdessen müssen sich Führungskräfte parallel um Unternehmensstrategien, neue Geschäftsfelder und Geschäftsmodelle sowie die Planung von Produkten, Technologien und Prozessen kümmern. In allen Teilbereichen lassen sich Szenarien einsetzen. Alle Teilbereiche profitieren zudem von der frühzeitigen Identifikation von schwachen Signalen. Den Zusammenhang zwischen diesen Bereichen verdeutlicht Abbildung 4.

Abbildung 4: *Strategische Navigation*

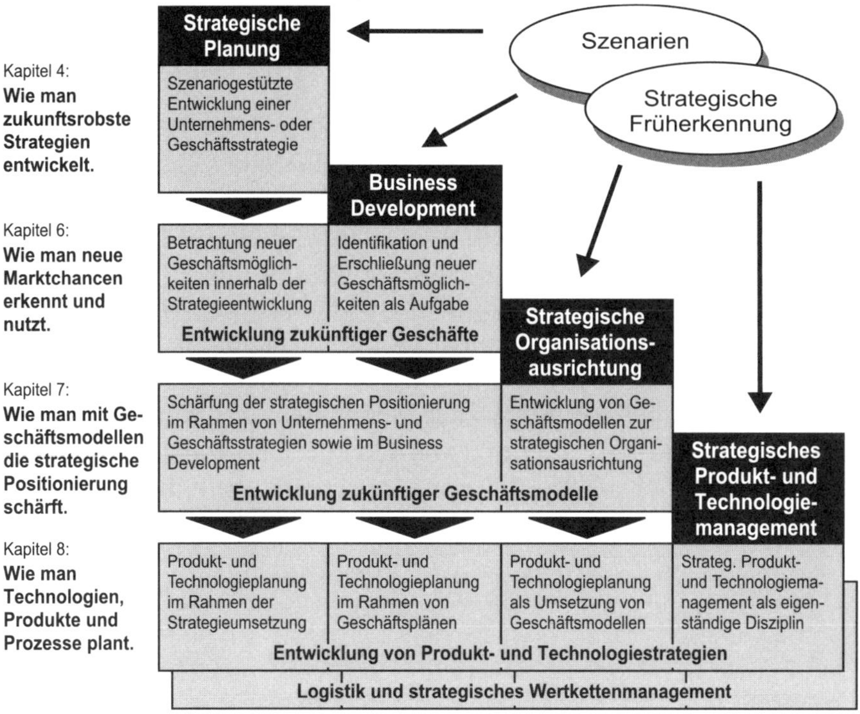

- Die erste Spalte beschreibt die *strategische Planung*. Sie umfasst die Entwicklung von Unternehmens- und Geschäftsstrategien und schließt dabei die Identifikation von neuen Geschäftsmöglichkeiten und -modellen ein.
- Die zweite Spalte beschreibt das *Business Development* als eigenständige unternehmerische Aufgabe. Diese kann über die Entwicklung von Produkt-Markt-Kombinationen hinausgehen und zukünftige Geschäftsmodelle einschließen.
- Die dritte Spalte beschreibt die *strategische Organisationsausrichtung* – das heißt die Entwicklung von Geschäftsmodellen und deren Nutzung zur strategischen Ausrichtung insbesondere von mittelständischen Unternehmen.
- Die untere Zeile umfasst weitere Anwendungsgebiete des Szenario-Managements wie die *Entwicklung von Produkt- und Technologiestrategien* sowie die *Logistik und das Wertkettenmanagement*. Diese Bereiche stellen eigenständige Aufgaben dar und können gleichzeitig zur Umsetzung von Unternehmens- und Geschäftsstrategien, zur Geschäftsentwicklung oder zur Organisationsausrichtung gehören.

Wir bezeichnen das Zusammenspiel von Strategieentwicklung, Business Development, Geschäftsmodellentwicklung sowie strategischem Produkt-, Technologie- und Prozessmanagement als *strategische Navigation*. Innerhalb dieser Navigation, für die jedes Unternehmen eine eigene Form finden muss, kommt Szenarien und strategischer Früherkennung eine Brückenfunktion zu. Schließlich werden durch deren Einsatz nicht bloß unternehmerische Entscheidungen in den oben genannten Bereichen unterstützt, sondern es entsteht auch übergreifendes Zukunftswissen, das in allen Feldern – und darüber hinaus – genutzt werden kann. So wirkt strategische Vorausschau auch als Katalysator für partizipative Führung im Unternehmen und strategisches Denken im Persönlichen.

Fazit

- Niemand kann die Zukunft voraussagen.
- Beim Umgang mit Zukunft müssen Unternehmen mehrere Möglichkeiten in Betracht ziehen und »in alternativen Zukünften« denken. Wir bezeichnen dies als zukunftsoffenes Denken.
- Viele Zusammenhänge innerhalb und außerhalb von Unternehmen sind so komplex geworden, dass sie sich nicht mehr durch einfache Wirkzusammenhänge beschreiben lassen. Notwendig ist vielmehr ein vernetztes Denken.
- Die Verbindung von zukunftsoffenem und vernetztem Denken führt zum Begriff »Szenario«. Darunter werden alternative Zukunftsbilder komplexer Systeme verstanden.
- Um langfristig zu überleben, müssen Unternehmen strategisch denken. Dies heißt, über die gegenwärtige Planungsperiode und über die monetären Ergebnisse hinauszublicken und sich auf Erfolgs- und Nutzenpotenziale zu konzentrieren. Szenario-Management umfasst die systematische Anwendung von Szenarien zur Identifikation und Erschließung solcher Zukunftspotenziale.
- Viele Entscheidungssituationen sind dadurch gekennzeichnet, dass Denkhorizonte und Planungsperioden auseinander driften. Unternehmen müssen einerseits langfristig in die Zukunft sehen und andererseits flexibel und kurzfristig planen können. Dazu bedarf es neben der Planung einer frühzeitigen Wahrnehmung von »schwachen Signalen« im Rahmen der strategischen Früherkennung.
- Strategische Vorausschau verknüpft den tendenziell ungerichteten Prozess der Früherkennung mit dem ergebnisorientierten Prozess der strategischen Planung.
- Szenarien und strategische Früherkennung lassen sich nicht mehr auf die Entwicklung von Unternehmensstrategien begrenzen. Neue Anwendungsfelder sind das Business Development, die Entwicklung von Geschäftsmodellen, das stra-

tegische Produkt- und Technologiemanagement sowie Logistik und Wertkettenmanagement. Die Verknüpfung dieser Anwendungsfelder auf der Basis von Szenarien und Früherkennung wird als strategische Navigation bezeichnet.

1 Warum »Zukunft« gerade heute ein Thema ist

In die Zukunft zu sehen scheint uns selbstverständlich – mögliche Entwicklungen zu antizipieren, die für die Planung relevanten auszuwählen und entsprechend dieser Vorgaben zu handeln. Dies war nicht immer so. Die Art, wie Menschen mit der Zukunft umgegangen sind, hat sich in den vergangenen Jahrhunderten immer wieder verändert. Für uns, die wir am Anfang des 21. Jahrhunderts in Unternehmen oder Organisationen Entscheidungen zu treffen haben, ist es hilfreich, zunächst einen Blick zurück zu werfen: in die *Geschichte der Zukunft.*

Ein Blick zurück: Die Geschichte der Zukunft

Die Art und Weise, wie Menschen mit ihrer Zukunft umgegangen sind – und wie sie heute mit ihr umgehen –, lässt sich anschaulich anhand der Begriffe Erfahrung und Erwartung beschreiben.[1] Unter *Erfahrung* verstehen wir positive und negative Ereignisse in der Vergangenheit, die unser heutiges Handeln beeinflussen. Es kann demnach von »gegenwärtiger Vergangenheit« gesprochen werden. Demgegenüber bringen die Menschen mit ihren *Erwartungen* in der Gegenwart zum Ausdruck, was in der Zukunft sein könnte, sein wird oder sein sollte. Insofern sind Erwartungen so etwas wie »vergegenwärtigte Zukunft«.

Antike und Mittelalter – einmal Zukunft und zurück

In den frühen *Agrargesellschaften* war das Verhältnis der Menschen zur Zukunft nur rudimentär ausgeprägt. Die Erwartungen wichen kaum von den alltäglichen Erfahrungen der Menschen ab. Dies veränderte sich mit den bahnbrechenden Erfindungen der frühen *Antike*. Materielle Güter gewannen an Bedeutung. Sie prägten die Gedanken der Menschen und förderten das Verlangen, ihre irdische Welt zu erforschen und zu erklären. Philosophie und Logik sowie Mathematik und Naturwissenschaften erlebten eine erste Blütezeit. Nicht mehr alle Ereignisse wurden auf das Wirken von Gottheiten bezogen und religiös erklärt. Bereits 585 v. Chr. sagte Thales auf der Grundlage astronomischer Berechnungen der Babylonier eine Sonnenfinsternis voraus.

Auch im Zusammenleben der Menschen konnte nicht mehr uneingeschränkt auf die traditionellen Erfahrungen zurückgegriffen werden. Es entstanden große Regionalstaaten, zu deren Führung es leistungsstarker Verwaltungen bedurfte. Gleichzeitig entwickelte sich ein reger Handel, der gleichermaßen den kulturellen Austausch zwischen den Regionen förderte. Überall wuchs der Drang, die eigene Welt und damit die eigene Zukunft bewusst zu gestalten.[2]

Die Bedeutung der Zukunft in der Antike zeigt sich auch in der Vielfalt von *Orakeln*. Darunter werden feste Standorte an bevorzugten Stätten verstanden, »wo sich das göttliche Wort mittels eines Inspirierten offenbart«.[3] Eine herausragende Stellung nahmen das Orakel des Zeus Ammon in der libyschen Wüste und das Apollon-Orakel in Delphi ein. Es besteht kein Zweifel: in der Antike hatte das Thema Zukunft zum ersten Male Konjunktur:[4]

> »In Griechenland wimmelte es von Orakeln, wahren Informationsagenturen, die im Hinblick auf die göttlichen Absichten miteinander wetteiferten. ... Die Griechen sind zweifellos das über die Zukunft am besten unterrichtete Volk des gesamten Altertums. Jedenfalls haben sie das effizienteste Informationsnetz, um die göttlichen Botschaften aufzufangen.«

Diese Entwicklung kehrte sich im Mittelalter um. Als erstrebenswert galt nicht mehr die Anhäufung materiellen Reichtums, sondern ein an der Religion orientiertes Leben. Die Freuden und Ausschweifungen der Antike wurden abgelöst durch neue Werte wie Frömmigkeit, Einfachheit oder Verzicht. Die Wissenschaftler verloren das Interesse an der Erforschung der materiellen Welt, und die Künstler wandten sich von den realistischen Formen ab. Gleichzeitig begrenzte die christliche Lehre das Denken. Die Menschen erwarteten nichts, was sie nicht bereits irgendwie erfahren hatten. Erwartungen, die mit eigenen Erfahrungen nicht zu erklären waren, richteten sich auf das so genannte »Jenseits«. Zukunftsentwürfe wie der Platons waren im Mittelalter »undenkbar« geworden.

Zudem war das Mittelalter eine Zeit technischer und sozialer Stagnation. Die meisten der zum alltäglichen Leben notwendigen Fertigkeiten wurden von Generation zu Generation weitergegeben. Die wenigen technischen Neuerungen setzten sich so langsam durch, dass sie den Alltag der Menschen kaum veränderten. So wurde ein Pferdehalfter, mit dessen Hilfe ein Tier ein Ackergerät ziehen konnte, ohne sich dabei zu würgen, in der westlichen Hemisphäre erst im späten 13. Jahrhundert eingeführt.

Neuzeit – die Wiederentdeckung der Zukunft

Mit dem Beginn der Neuzeit löste sich die geistige Elite Europas allmählich von der alten Ordnung des Mittelalters. Eingeleitet wurde dies durch den Übergang von den christlich geprägten Prophezeiungen zu einem Zeitalter der Astrologie. Jetzt lag die Zukunft in den Sternen – und je vehementer die Kirche gegen die Vorhersagen zu Felde zog, desto mehr Menschen glaubten an sie. Zusätzlich belebte die Renaissance das Ideal einer an der griechisch-römischen Antike orientierten Bildung. Der Mensch wurde wieder als frei denkendes und von kirchlichen Dogmen unabhängiges Individuum begriffen. Insbesondere die neuen Intellektuellen erwarteten, dass für erstrebenswert erachtete Zukunftsbilder auch erreichbar sein müssten. Thomas Morus, Tommaso Campanella und Francis Bacon formulierten solche utopischen Entwürfe eines besseren »Diesseits«.

Die Weitsicht dieser frühen Visionäre ist noch heute beeindruckend. In seiner 1624 verfassten Beschreibung eines vollkommenen

Staatswesens auf der platonischen Trauminsel »Neu-Atlantis« beschreibt Bacon nicht nur Flugzeuge und Unterseeboote – er schildert auch Genmanipulationen:[5]

»Wir machen auch die einen [Tiere] künstlich größer und länger, als sie von Natur aus sind, die anderen umgekehrt zwergenhaft klein und nehmen ihnen ihre natürliche Gestalt. Außerdem machen wir die einen fruchtbarer, die anderen umgekehrt zeugungsunfähiger. Auch in Farbe, Gestalt und Gemütsart verändern wir sie auf vielerlei Art und Weise. ... Auch bringen wir es durch künstliche Mittel zuwege, dass Früchte und Blüten früher oder auch später kommen, als es ihre Zeit ist, ebenso dass sie in rascherer Aufeinanderfolge ausschlagen, sprossen und Früchte tragen, als sie es ihrer Natur nach zu tun pflegen.«

Diese technologischen Visionen blieben nicht ohne Folge für die Wissenschaften, die – vom aufstrebenden Bürgertum gefördert und von den Kirchen heftig bekämpft – einen fulminanten Aufschwung erlebten. In diese Zeit fallen die Entwicklungen und Entdeckungen durch Nikolaus Kopernikus, Leonardo da Vinci und Galileo Galilei. Sie waren Vorboten für die Verknüpfung des Zukunftsbegriffs mit dem Begriff des *Fortschritts*. Darunter wird allgemein eine durch menschliche Entscheidungen und Aktionen vorangetriebene, kontinuierliche Verbesserung der Lebensbedingungen verstanden. In der *Aufklärung* wurde der Fortschrittsgedanke zu einer allgemeinen Leitidee im Umgang mit der Zukunft. Mit dem Beginn der *Industrialisierung* setzte seine Reduktion auf den wissenschaftlich-technischen Bereich ein. Die Technisierung und die Beherrschung der natürlichen Kräfte wurden – vor allem für die politischen und wirtschaftlichen Eliten – zum alleinigen Gradmesser für den Fortschritt.

Die Industrialisierung bedeutete gleichzeitig das Ende der Agrargesellschaft. Die Aussicht auf bessere Lebensverhältnisse zog immer mehr Menschen in die industriell geprägten Städte, wo nicht wenige – ihrer traditionellen Wurzeln beraubt – verarmten. Dieser *soziale Wandel* stellte jahrhundertealte Strukturen, Traditionen und »Erfahrungen« infrage und bereitete den Boden für moderne Utopien von einer besseren Welt. Jetzt war die Zukunft nicht mehr nur Gegenstand intellektueller Debatten des Bürgertums, sondern ein wichtiger Aspekt der politischen und gesellschaftlichen Auseinandersetzung.

Entwicklung der Zukunftsforschung

Im 19. Jahrhundert begannen viele Sparten der bis dahin generalistischen Gesellschaftswissenschaften, sich auf ein stets kleiner werdendes Gebiet zu spezialisieren. Die meiste Anerkennung erhielt, wer immer mehr über immer weniger wusste. So verzweigte die Nationalökonomie zunächst in die Volks- und Betriebswirtschaft, um später in eine Vielzahl spezieller Wirtschaftswissenschaften wie Marketing, Finanz- und Rechnungswesen oder Organisation zu zerfasern. Mit dieser *Spezialisierung* wurde auch der Blickwinkel immer enger, mit dem die Forscher in die Zukunft sahen.

Es gab aber auch erste Aktivitäten, die in eine andere Richtung wiesen. Bereits Mitte des 19. Jahrhunderts schlug der in die USA ausgewanderte schwäbische Nationalökonom Friedrich List vor, eine ganz neue Wissenschaft zu schaffen, »nämlich die *Wissenschaft der Zukunft*, die zum mindesten so großen Nutzen leisten dürfte als die Wissenschaft der Vergangenheit«.[6] Im Umfeld der großen Depression der zwanziger und dreißiger Jahre gewann diese Idee in den USA neue Schubkraft. Zwei von den Präsidenten Hoover und Roosevelt eingesetzte Kommissionen untersuchten die zukünftigen Entwicklungsmöglichkeiten im sozialen und technologischen Bereich.

Es war der heraufziehende kalte Krieg, der der Zukunftsforschung oder *Futurologie* schließlich zum Durchbruch verhalf.[7] Jetzt benötigte insbesondere der militärische Sektor der USA Vorstellungen davon, wie man sich in der Zukunft durchsetzen könnte. Innerhalb der 1948 im kalifornischen Santa Monica gegründeten *Rand Corporation* entstand eine Vielzahl neuer Methoden und Planungansätze, die sich von dort aus zunächst in der Wissenschaft und dann auch in den Unternehmen durchsetzten.

Im Zuge der gesellschaftlichen Reformbewegungen der sechziger Jahre geriet die mit der Zukunftsforschung einhergehende Fortschrittsgläubigkeit – der Gleichklang von Fortschritt und Wachstum – in die Kritik. Auf Initiative des *Club of Rome* – einer Vereinigung renommierter Wissenschaftler und Unternehmer aus 25 Ländern – hatte ein Team am *Massachusetts Institute of Technology* (MIT) in einer Simulation der ökonomischen und bevölkerungspolitischen Faktoren die Grenzen des Wachstums aufgezeigt. Insbesondere in Deutschland wurden die neuen Thesen von einer sowieso technik-, wirtschafts- und amerikaskeptischen Öffentlichkeit bereitwillig aufgenommen. Schnell verkehrte sich die Zukunftsoffenheit der Nachkriegsära in eine *»No-Future«-Mentalität.* Die Zukunftsvorstellungen wurden zu einer Aneinanderreihung von Umweltkatastrophen, Atomkriegen und entmenschlichter Technik. Matthias Horx beschreibt die Gründe und Folgen dieser Entwicklung:[8]

»Vielleicht lag es daran, dass unsere Väter zum Vatersein plötzlich nicht mehr taugten. Vielleicht daran, dass uns allen schwindelig geworden war bei den Verheißungen des Fortschritts. Jedenfalls ließen die Ersatzväter nicht lange auf sich warten. Jene imponierenden älteren Herren mit düsterem Blick und mahnenden Worten, deren Botschaft so einleuchtend wie biblisch war. Wir sind schuldig und verdorben. Denn wir versündigen uns: an der Schöpfung, dem Menschen, der Umwelt. Die düsteren Herren nahmen das Heft der Zukunft in die Hand. Ohne Umschweife nannten sie sich ›Zukunftsforscher‹, obwohl sie doch das Gegenteil waren: Diagnostiker der Unmöglichkeit einer Zukunft, Propheten des Unheils. Jedenfalls machten sie ihren Job in Deutschland sehr gut. Ihre Haltungen und Ängste sind heute Massengut geworden. Die Zukunft ist nach wie vor verbrannte Erde. Kaum jemand, der eine Vorstellung von ihr hat. Kaum jemand, der etwas Positives, Besseres, gar Utopisches mit ihr verbinden kann.«

Auch wenn diese Schilderung überzeichnet ist, so wirkt die beschriebene Entwicklung noch heute nach. Unternehmer in Deutschland sind noch immer meilenweit von dem entspannten Verhältnis entfernt, das ihre Kollegen in den USA, in Großbritannien oder in Skandinavien mit den dortigen Zukunftsdenkern pflegen. Gewährt die Bezeichnung »Corporate Futurist« in anderen Ländern Einlass zu den strategischen Diskussionen um das Allerheiligste eines Unternehmens, so haftet dem »Zukunftsforscher« im deutschen Sprachraum noch immer der Makel der Ideologie, der Spinnerei und vor allem der Wirtschaftsferne an.

Ein Blick zur Seite: Wie Unternehmen mit »Zukunft« umgehen

Der Begriff »Zukunft« hat auf uns alle – auf konsumwillige Bürger, auf wahlkämpfende Politiker oder erfolgssuchende Unternehmer – eine große Anziehungskraft. Etwa so wie die Begriffe »Fortschritt« in den sechziger Jahren oder »Umwelt« in den Neunzigern. Dies ist zum einen erfreulich, da sich immer mehr Menschen dieses Themas annehmen. Die vor einigen Jahren noch allgegenwärtige Zukunftsangst wird zurückgedrängt. Es ist aber zum anderen auch gefährlich, da der Begriff »Zukunft« häufig schablonenartig genutzt wird. Was ist heute nicht »zukunftsorientiert«? Daher ist es angebracht, die wichtigsten Fehler beim Umgang mit der Zukunft näher zu betrachten:

»Wir brauchen keine Vorausschau!«

Nicht wenige Unternehmen leben von den Erfolgen der Vergangenheit, andere bauen auf ihre gegenwärtigen Stärken – und wieder andere sind vollständig vom Tagesgeschäft getrieben. Vorausschau ist für diese Unternehmen kein Thema, weil die Handhabung der Gegenwart sie bereits bis an ihre Grenzen fordert. Ihre Führungskräfte haben häufig die Dynamik des Wandels noch nicht begriffen – die Vielfältigkeit der treibenden Kräfte ebenso wenig wie die Schnelligkeit, mit der viele Grundfesten zerbersten. Sie meinen, sich noch immer in einer weitgehend stabilen Unternehmensumwelt zu bewegen. Sie verhalten sich wie Autofahrer, die mit verklebter Frontscheibe und beschlagenen Seitenfenstern auf einer kurvenreichen Bergstraße fahren und dabei – den Rückspiegel fest im Visier – kontinuierlich die Geschwindigkeit erhöhen.

»Trial and error im Unternehmenscockpit!«

Angesichts sich verkürzender Planungshorizonte meiden viele Unternehmen die systematische Auseinandersetzung mit der Zukunft. Bei ihnen gehören Begriffe wie Planung, Vision und Führung der Vergangenheit an. Die Zukunft ist für sie ein offenes Spiel, auf das sich vorzubereiten wegen der Komplexität gar nicht sinnvoll ist. Im Mittelpunkt steht experimentelles Voraustasten – »Trial and error« im Unternehmenscockpit.

Dabei übersehen die Experimentatoren das Auseinanderfallen von Planungsperioden und Denkhorizonten. Starre Pläne gehören tatsächlich der Vergangenheit an. Wir sollten aber nicht aufhören zu denken, nur weil Nachdenken früher in solchen starren Plänen geendet ist. Zukunftsoffenes Denken ist heute überall gefragt – und zukunftsoffenes Handeln gewinnt insbesondere dort an Bedeutung, wo eindeutige Planungen der zunehmenden Ungewissheit nicht mehr gerecht werden.

»Die Zukunft ist wie die Gegenwart – nur größer!«

Wenn wir von heute aus in die Zukunft blicken, dann greifen wir vielfach auf bereits gemachte Erfahrungen zurück. So wird die Zukunft zu einer Fortschreibung der Vergangenheit – nicht selten nach dem Motto »größer, höher, schneller«. Solche Extrapolationen sind zwar einfach – führen aber immer häufiger zu fatalen Irrtümern: Geprägt von den Erfolgen der Raumfahrt erwarteten die Zukunftsforscher der sechziger und siebziger Jahre, dass wir heute unseren Urlaub auf dem Mond verbringen. Die achtziger Jahre waren von Umweltthemen geprägt – folglich dominierten Voraussagen über Umweltkatastrophen. Und heute?

Die menschenleere Fabrik: Zugegeben – dies war eine Vision der späten achtziger Jahre. Und ebenfalls zugegeben: sie ist in manchen Branchen zur Realität geworden. Moderne Automobilproduktionen wie beispielsweise das neue *Opel*-Werk in Eisenach kommen dieser Vision bereits sehr nahe. Parallel sind jedoch neue, andere Arbeitsplätze entstanden, die das Zerrbild der menschenleeren Fabrik ad absurdum geführt haben.

Das papierlose Büro: Dieses Zukunftsbild gibt es seit den Anfängen der Massencomputerisierung. Und es ist noch immer aktuell. Dennoch sind die Umsätze der Papierwirtschaft stetig gestiegen. Anstatt eine Nachricht in schriftlicher Form nur einmal zu haben, können die elektronischen Nachrichten kopiert, gefaxt und ausgedruckt werden.

Die vernetzte Wirtschaft: Angeregt von der derzeitigen Entwicklung des Internets erwarten wir revolutionäre Umwälzungen nahezu aller Geschäftsprozesse. Kaum eine Branche, die sich nicht selbst infrage stellt. Ist die elektronische Geschäftsabwicklung aber wirklich überall der entscheidende Veränderungsfaktor?

Zukünftige Entwicklungen werden immer wieder durch nicht geradlinige Trendbrüche – so genannte »Diskontinuitäten« – entscheidend beeinflusst. Die Konsequenz für uns lautet folglich: die Zukunft wird nicht zwingend *größer* als die Gegenwart – sie wird *anders* als die Gegenwart!

»Erst abwarten – und dann in die Röhre sehen!«

Die Zukunft ist unsicher – insbesondere dann, wenn sie in Form erster, schwacher Signale am Horizont erkennbar wird. Es ist mühsam, sich mit diesen ungenauen und häufig unbequemen Zukünften zu beschäftigen. Daher überlassen viele Entscheider dieses Feld den »Spinnern« und »Visionären«. Selbst wenn sich die Zeichen verdichten, bleiben sie noch skeptisch. Dies ist nicht selten der Moment, an dem wir hören »Lassen Sie's uns weiter beobachten!« oder »Wir sollten das Neue im kleinen Rahmen ausprobieren.« Mit anderen Worten: Lassen Sie uns nicht genug Mittel für die Visionsentwicklung und -umsetzung locker machen.[9]

Erst wenn die letzten Zweifel verflogen sind und sich die Anzeichen für einen Massentrend verdichtet haben, werden die Führungskräfte aktiv. Jetzt beginnt die große Aufholjagd – immer häufiger allerdings von aussichtsloser Startposition. Nicht wenige schlittern so in eine handfeste Krise und damit in eine Situation, in der die Zukunft wiederum auf der Strecke bleibt, weil jetzt operatives Troubleshooting angesagt ist.

Ein Beispiel dafür ist der Umgang von *General Motors* mit der ersten Ölkrise in den frühen Siebzigern.[10] Schon seit Jahren hielt die Unternehmensführung eine Energiekrise für unvermeidlich. Mehrfach hatte sie Arbeitsgruppen eingesetzt, die sich mit den möglichen Auswirkungen befassen sollten. Dies führte sogar zu zwei oder drei sparsamen Kleinwagen, die sich am Markt jedoch nicht durchsetzen konnten. Als die OPEC das Ölembargo verhängte, wurde *GM* getroffen, als hätte es diese Erkenntnisse und mögliche Maßnahmen gar nicht gegeben.

»Fragen wir einen Experten!«

Vorausschau gilt »als das zweitälteste Gewerbe der Welt«. Es hat die Menschen seit jeher interessiert, wie die Zukunft aussehen

Abbildung 5: *Fehlurteile renommierter Experten*

1897	***Lord Kelvin*** *Mathematiker und Erfinder*	**»Das Radio hat absolut keine Zukunft.«**	Heutiger Jahresumsetz von Capital City/ABS: 9 Mrd. Dollar.
1901	***Gottlieb Daimler*** *(aus einer Studie der Daimler Motoren Gesellschaft)*	**»Die weltweite Nachfrage nach Kraftfahrzeugen wird 1 Million nicht überschreiten – allein schon aus Mangel an verfügbaren Chauffeuren.«**	Der heutige Bestand von Kraftfahrzeugen wird auf etwa 600 Millionen geschätzt.
1901	***Wilbur Wright*** *Flugpionier*	**»Der Mensch wird es in den nächsten 50 Jahren nicht schaffen, sich mit einem Metallflugzeug in die Luft zu erheben.«**	Am 17. Dezember 1903 war Wilbur und Orville Wright der erste Motorflug gelungen.
1932	***Albert Einstein*** *Entdecker der Relativitätstheorie*	**»Es gibt nicht das geringste Anzeichen, dass wir jemals Atomenergie entwickeln können.«**	Bereits 13 Jahre später fiel die Atombombe auf Hiroshima.
1943	***Thomas J. Watson*** *Vorstandsvorsitzender von IBM*	**»Ich glaube, der Weltmarkt hat Raum für fünf Computer – nicht mehr.«**	Heute werden mehr Computer verkauft als Autos.
1965	***Battelle-Institut***	**»Die letzten Autobusse werden 1990 aus dem Stadtverkehr verschwinden.«**	Renaissance des öffentlichen Personenverkehrs seit Mitte der 80er Jahre.
1968	***Business Week***	**»Es wird der japanischen Automobil-Industrie nicht gelingen, einen nennenswerten Marktanteil in den USA zu erreichen.«**	Die drei größten Importeure von Autos in die USA heißen heute Honda, Toyota und Nissan.
1977	***Ken Olsen*** *Vorstandsvorsitzender von DEC*	**»Ich sehe keinen Grund, warum einzelne Individuen ihren eigenen Computer haben sollten.«**	1994 wurden weltweit 90 Millionen Personal Computer (PC) verkauft.
1988	***Jimmy Carter*** *US-Präsident*	**»Gorbatschow wird noch eine Reihe von Jahren, vielleicht sogar bis zur Jahrtausendwende, Generalsektretär der KPdSU bleiben.«**	1991 wurde die Sowjetunion aufgelöst und Gorbatschow verließ die politische Bühne.
1995	***Bill Gates*** *Gründer Microsoft*	**»Internet is just a hype.«**	Heute gilt das Internet als Schlüsseltechnologie.
1997	***Vereinte Nationen*** *Economic and Social Survey of Asia and the Pacific*	**»Die verfügbaren Projektionen zeigen ein gesundes Wachstum für die Länder Südostasiens bis ins 21. Jahrhundert hinein.«**	Die folgende Wirtschaftsentwicklung wird heute als »Asienkrise« bezeichnet.

könnte – und daher hat es seit jeher Menschen und Organisationen gegeben, die dieses Grundbedürfnis befriedigten: In der Antike waren es die Orakel, im späten Mittelalter die Hellseher und Astrologen – und heute sind es die Experten, allen voran die Trendforscher. Die Fehlprognosen selbst renommierter Experten ihrer Zeit sind unübersehbar.

Ebenso wenig zielführend ist die Befragung von Kunden, denn diese zeichnen sich oft durch einen notorischen Mangel an Weitblick und Fantasie aus. Die klassische Marktforschung ist längst im operativen Geschäft gefangen und bringt heute kaum noch neue erfolgreiche Produkte hervor.

Mit neuen Perspektiven zu vielfältiger Zukunftsoffenheit

Die erste Konsequenz aus den geschilderten Fehlern ist einfach: an einer systematischen Auseinandersetzung mit der Zukunft geht kein Weg vorbei! Wie aber sollte diese Beschäftigung mit der Zukunft aussehen? Zunächst sollten Unternehmen – entsprechend dem Ansatz des zukunftsoffenen Denkens – lernen, mit mehreren Alternativen umzugehen. Zum anderen müssen Unternehmen bei der Beschäftigung mit der Zukunft die Fähigkeit entwickeln, mit komplexen Entscheidungssituationen umzugehen.

Zukunftsoffenheit nach innen und außen

Nach unserer Überzeugung muss eine strategische Vorausschau nach außen wie nach innen neue Perspektiven eröffnen. Nach außen müssen Unternehmen die Unsicherheit bezüglich verschiedener Umfeldentwicklungen überwinden, und nach innen müssen sie mehrere Entwicklungsmöglichkeiten zulassen – sich also insofern auf vielseitige Art selbst entfalten.[11] Quinn Spitzer und Ron Evans fassen dies zusammen:[12]

»In mancherlei Hinsicht könnte man sagen, dass Menschen und Unternehmen, die sich wirksam auf die Zukunft vorbereiten, unterschiedliche Meinungen bezüglich der weiteren Entwicklung nicht nur zulassen, sondern aktiv

Abbildung 6: *Vielfältige Zukunftsoffenheit*

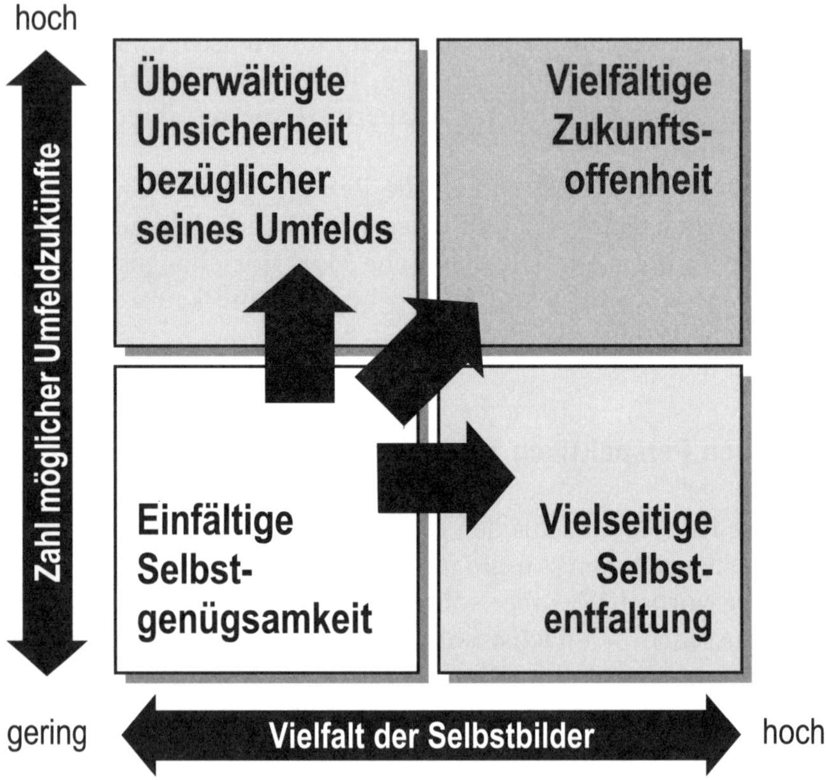

fördern. Sie stecken zwar einen gemeinsamen Rahmen für Zukunftsüberlegungen ab, vermeiden dabei aber doktrinäre Methoden, die Innovationen im Keim ersticken. ... Keine Eigenschaft zeigt diese Einstellung erfolgreicher Unternehmen gegenüber ambivalenten Alternativen wohl besser als der Wert, den sie der Beständigkeit beimessen. Diese Firmen wissen, dass Beständigkeit zwar im Umgang mit der Gegenwart wünschenswert sein mag, bei der Vorbereitung auf die Zukunft jedoch keine Tugend, sondern eher eine Last darstellt.«

Diese Perspektivenerweiterung muss der Kultur der Organisation entsprechen. Nicht wenige Szenario- oder Vorausschau-Prozesse scheitern daran, dass von den Protagonisten mit ehrlichem Missionseifer in die Zukunft geblickt wird – die Organisation aber längst nicht in der Lage ist, diese Veränderungsgeschwindigkeit mitzugehen. Folglich bedarf es eines flexiblen Instrumentariums, das Perspektivenerweiterungen in unterschiedlicher Geschwindigkeit, Tiefe und in verschiedenen Unternehmensbereichen ermöglicht.

Zukunftsbetrachtung als Komplexitätsbewältigung

Bis in die sechziger Jahre hinein konnten viele Unternehmen weitgehend unabhängig von ihren globalen Umfeldern handeln. Verglichen mit heute herrschte nur ein geringer Wettbewerbsdruck, sodass sich die Unternehmen vor allem auf sich selbst und die zu erschließenden Märkte konzentrierten. Mit der Entstehung von Käufermärkten und der stärkeren Fokussierung auf die Unternehmensumwelt verstärkte sich die Wirkung von zwei Trends, die bis heute anhalten:

Trend zur Vielfalt: Durch neue Produktions- und Kommunikationstechnologien, heterogenere Produktionsprogramme, zunehmende politische Regulierung sowie die gestiegenen Ansprüche von Gesellschaft, Kunden und Mitarbeitern erhöht sich die Anzahl der relevanten Einflussfaktoren ständig: die Entscheidungswelt wird komplizierter.

Trend zur Dynamik: Hinzu kommt, dass sich die Dynamik der Änderungsprozesse in der Unternehmensumwelt ebenfalls erhöht. Beispielsweise verkürzen sich die Lebenszyklen von Produkten und Branchen. Ferner wird diese Tendenz des zunehmenden Wandels durch das starke Anwachsen des Wissens unterstrichen.

Das Zusammentreffen von Vielfalt und Dynamik wird als Komplexität bezeichnet. Komplexe Zusammenhänge lassen sich nur durch neue Sichtweisen, Methoden und Werkzeuge handhaben. Grundlage dieser neuen Sichtweise des Unternehmens ist der Systemansatz. *Systemorientiertes Denken* wird vor allem durch vier Charakteristika bestimmt:

- *Ganzheitliches Denken in offenen Systemen*: Ganzheitliches Denken geht von größeren Zusammenhängen aus und berücksichtigt viele Einflussfaktoren aus verschiedenen Disziplinen. Dabei werden grundsätzlich offene Systeme betrachtet. Dies bewirkt, dass vielfältige Wechselwirkungen nicht nur zwischen den Elementen des Systems bestehen, sondern auch zwischen dem System und seiner Umwelt.

- *Kombination analytischen und synthetischen Denkens*: Hier wird davon ausgegangen, dass ein Gesamtsystem durch eine Systemhierarchie aus Über- und Untersystemen abgebildet wird. Darin kann durch Analyse auf eine niedrigere Systemebene und durch Synthese auf eine höhere Systemebene »umgeschaltet« werden.
- *Denken in kreisförmigen Prozessen*: Entsprechend den Grundlagen der Kybernetik ist das systemorientierte Denken nicht auf Ursache-Wirkungs-Prinzipien beschränkt, sondern bezieht zirkuläre Systeme mit Rückkopplungseffekten ein.
- *Bedeutung von Struktur und Information*: Innerhalb derselben Struktur neigen selbst sehr verschiedene Menschen dazu, qualitativ ähnliche Ergebnisse zu produzieren. Daher gilt es, die Strukturen zu erkennen, die das individuelle Handeln beeinflussen und bestimmte Ereignisformen begünstigen.

Für Unternehmen ergibt sich hier die Notwendigkeit, über einzelne Trends und Faktoren hinaus komplexe Systeme und deren Zukunftsentwicklungen zu betrachten.

Vier Ebenen der Unternehmensplanung

Viele Chancen und Gefahren, mit denen Unternehmen im täglichen Geschäft umgehen, beziehen sich auf konkrete Systeme: Sie reichen vom Computer als zunächst einmal technischem System bis zu neuen Ansätzen der Personalführung, das heißt der Gestaltung des sozialen Systems »Unternehmen«. Diese Systeme sind aber – vor allem im Zuge der technischen Entwicklung – immer komplexer geworden. Strategien, die sich ausschließlich auf die Gestaltung einzelner Systeme konzentrieren – seien es die CIM-Strategien der Vergangenheit oder die gegenwärtig aktuellen E-Commerce-Strategien –, scheitern häufig an der Wahl zu enger Systemgrenzen.

Komplexe Systeme werden durch eine Organisation im Rahmen

definierter Prozesse gestaltet. Nicht zuletzt daraus erklärt sich der unstrittige Erfolg des Business Process Reengineering in der ersten Hälfte der neunziger Jahre. Hier wurden erstmals die systemimmanenten Leistungspotenziale mit den Möglichkeiten der Organisation verknüpft. Gewachsenes wurde infrage gestellt und neue Prozessketten wurden entworfen.

Trotzdem wurde in den vergangenen Jahren deutlich, dass schlanke Prozesse allein die Zukunft eines Unternehmens nicht sichern. Für den nachhaltigen Erfolg bedarf es einer Vorstellung vom zukünftigen Geschäft – kurz gesagt: einer Vision – sowie einer wirkungsvollen Geschäftsstrategie zu deren Erreichung. Ständige Prozessoptimierung allein – das haben in den letzten Jahren vor allem die japanischen Automobilhersteller feststellen müssen – führt nicht zu nachhaltigem Erfolg. Wo stände *Microsoft* heute – so möchte man fragen –, wenn es seine traditionellen Produkte konsequent optimiert, im Bereich des Internets aber weiterhin Zurückhaltung geübt hätte?

Abbildung 7: *Vier Ebenen der Unternehmensplanung*

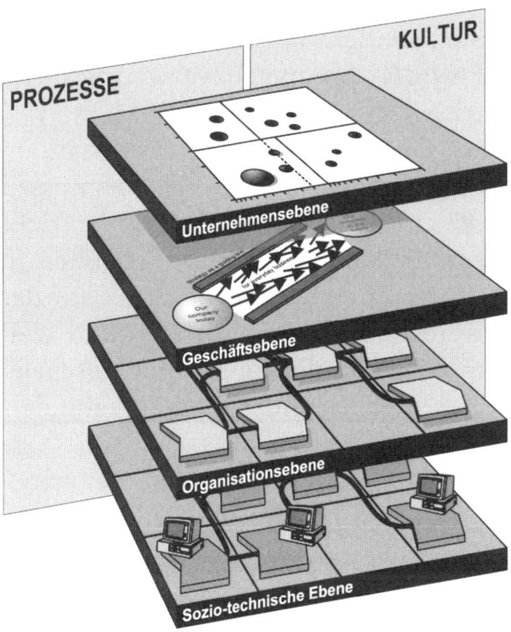

Führung eines Portfolios kompetenzverwandter Geschäftsfelder sowie Entwicklung und Pflege der unternehmerischen Vision.

Identifikation und Erschließung zukünftiger Marktchancen im Rahmen strategischer Geschäftsfelder.

Umsetzung der strategischen Geschäftsziele durch die Organisation im Rahmen optimierter Prozesse und einer strategiekonformen Kulturentwicklung.

Erschließung der systemimmanenten Erfolgspotenziale im operativen Geschäft (Technologiepotenziale, Potenziale der Mitarbeiter etc.).

Aber reicht heute eine erfolgversprechende Geschäftsstrategie aus? Hat *Microsoft* nicht eine funktionierende Geschäftsstrategie mit unzweifelhaften Erfolgen? Und trotzdem steht der Software-Gigant vor erheblichen Turbulenzen. War *Mannesmann* mit seinen Mobilfunk-Aktivitäten nicht ausgesprochen erfolgreich? Nach unserer Auffassung ist es notwendig, jede Geschäftsaktivität aus dem unternehmerischen Kontext heraus zu betrachten: Passt sie ins Portfolio des Unternehmens? Oder andersherum: Bietet das Unternehmen genügend Synergien für das Geschäft? Dazu bedarf es allerdings einer geschäftsübergreifenden Unternehmensstrategie.

Zusammenfassend ergeben sich vier eng miteinander verzahnte Planungsebenen, die wir uns im Folgenden näher ansehen: die Unternehmensebene, die Geschäftsebene, die Organisationsebene und die Systemebene.[13]

Unternehmensebene

Angesichts des dynamischen Wandels von Branchen und Geschäftsmodellen sowie der neuen Anforderungen der internationalen Kapitalmärkte dürfen sich Unternehmen kaum noch auf ein einzelnes Kerngeschäft verlassen, sondern müssen im Rahmen der *Unternehmensstrategie* ein *Portfolio* kompetenzverwandter Geschäftsfelder ausbalancieren.

Hinzu kommt die Erkenntnis, dass Unternehmen heute in ihrem gesellschaftlichen Umfeld gesehen werden müssen. Daher müssen sie ihr Augenmerk auf viele verschiedene Anspruchsgruppen richten, die so genannten *Stakeholder*. Deren Interessen kommen in einem mehrdimensionalen Zielsystem zum Ausdruck, das auf der Unternehmensebene zu beschreiben, zu kommunizieren und weiterzuentwickeln ist. Dabei wird – wie in der Einführung beschrieben – keine Priorisierung zwischen Shareholder- und Stakeholder-Ansatz vorgenommen.

Neben der strategischen Planung kommt auf der Unternehmensebene auch der Kultur eine nicht zu unterschätzende Bedeutung zu. In allen Geschäftsfeldern die Nummer eins oder die Nummer zwei sein zu wollen – wie es Jack Welch für *General Electric* formuliert hat – ist sicherlich zunächst Bestandteil der konkreten Unternehmensplanung. Ein solches Leitbild bleibt aber nicht ohne Auswirkung auf die Unternehmenskultur.

Geschäftsebene

Auf der zweiten Ebene geht es darum, die in den Prozessen und der Kultur des Unternehmens liegenden Potenziale so einzusetzen, dass Leistungen entstehen, für die Kunden bereit sind zu zahlen. Dabei dürfen sich die Unternehmen nicht nur auf das heutige Geschäft konzentrieren, sondern sie müssen die Erfolgspotenziale der Zukunft frühzeitig identifizieren und zeitgerecht erschließen. Die dazu notwendigen *Geschäftsstrategien* beinhalten in der Regel – ebenso wie eine Unternehmensstrategie – ein Leitbild, die zu seiner Erschließung notwendigen Kompetenzen, die Positionierung im Markt sowie konkrete Programme, Konsequenzen und Maßnahmen.

In vielen kleinen und mittelständischen Unternehmen sind Unternehmens- und Geschäftsebene eng miteinander verwoben – insbesondere dann, wenn *ein* Kerngeschäft die gesamte Unternehmensentwicklung dominiert. Gerade hier ist es aber notwendig, die enge Bindung von Unternehmenszweck und traditionellem Erfolg im Kerngeschäft in Frage zu stellen.

Auch auf der Geschäftsebene dürfen die weichen Faktoren nicht vernachlässigt werden. Dort herrscht vielfach ein technokratisches Verständnis von strategischer Planung, das nicht unwesentlich dazu beigetragen hat, diese in den neunziger Jahren in Misskredit zu bringen. Warum – so ist zu fragen – kommen kulturelle Aspekte in den meisten Systemen zur Planung von Geschäftsstrategien überhaupt nicht vor?

Organisationsebene

Die Umsetzung der identifizierten strategischen Ziele erfolgt durch eine *Organisation* – also in der Regel durch das gesamte Unternehmen oder eine geschäftsführende Einheit. Darüber hinaus lassen sich auf dieser Ebene auch verschiedene Formen von Kooperationen, Netzwerken oder virtuellen Unternehmen betrachten.

Auf der Organisationsebene sind die zwei Seiten der Planung besonders stark ausgeprägt: Auf der harten Seite stehen die *planbaren Prozesse* im Mittelpunkt. Dies beinhaltet die Identifikation, die Analyse und das Redesign der Ablauforganisation sowie die Implementierung optimierter und strategiekonformer Geschäftsprozesse. Auf der weichen Planungsseite steht die nur langfristig *gestaltbare Kultur*. Dies sind all die Aspekte, die man in einem Organigramm oder einem Prozessmodell vergebens sucht – die »soziale Dimension« der Organisation.

Sozio-technische Ebene

Auf Basis optimierter Prozesse und einer motivierten Organisation werden anschließend die sozio-technischen Systeme im Unternehmen ausgearbeitet. Diese Ebene beinhaltet die Entwicklung von Nutzungskonzepten für spezifische Technologien oder sozio-technische Systeme wie flexibler Automation. Hinzu kommt das Personalmanagement als konkrete Handhabung des sozialen Systems »Organisation«.

Vorausschau als zentrales Element auf allen vier Planungsebenen

In vielen Unternehmen beobachten wir die Tendenz, sich bei der Planung auf die Analyse vermeintlich »harter Fakten« und die zügige Ableitung klarer Strategien zu beschränken. Die systematische Vorausschau – in Form von Szenario-Entwicklung oder strategischer Früherkennung – gilt als Luxus oder Spielerei und wird umgangen oder zumindest in ihrem Umfang extrem von den zur Verfügung stehenden Ressourcen abhängig gemacht. Vielen Planern reicht es zur Behandlung ihres unguten Gefühls gegenüber so viel Zukunftsunsicherheit noch immer aus, die Gegenwart ein Stück weit in die Zukunft fortzuschreiben.

Selbst fortgeschrittene Planungssysteme siedeln die Vorausschau lediglich auf der Unternehmens- und Geschäftsebene an. Nicht selten hören wir, Szenarien seien »etwas für die da oben«. Dabei wird auf allen vier Ebenen geplant – und damit beinhalten alle vier Ebenen die Notwendigkeit, sich mit den zukünftigen Entwicklungsmöglichkeiten auseinander zu setzen:

Komplexe und unsichere Zukunftsentwicklungen beeinflussen den Erfolg auf allen vier Planungsebenen. Ein erfolgversprechendes Portfolio lässt sich nur aufbauen, wenn die einzelnen Geschäftsaktivitäten im Lichte möglicher Zukunftsentwicklungen bewertet werden. Eine Geschäftsstrategie wird nur dann der zunehmenden Unsicherheit gerecht, wenn sie alternative Markt- und Bedürfnisentwicklungen antizipiert. Die meisten Organisationen sehen heute anders aus als noch vor wenigen Jahren – und sie werden sich weiter verändern. Auch sozio-technische Systeme wie beispielsweise eine bestimmte Fertigungstechnologie sind nicht per se erfolgreich, sondern bedürfen der Überprüfung im Lichte möglicher technologischer Entwicklungen oder Produktkonzepte.

Ein Blick voraus: Worüber wir uns (noch) nicht zu denken trauen

Die Sichtweise auf die Zukunft – das haben der Blick in Vergangenheit und Gegenwart gezeigt – ist veränderlich. Das gilt auch für die Zukunft. Es wäre vermessen zu meinen, unser Blick auf die Zukunft wäre nicht mehr begrenzt. Noch immer stoßen wir an Denkgrenzen. Manchmal wenden wir uns verstört ab, manchmal ziehen wir gegen das »Undenkbare« zu Felde – und manchmal überspringen wir diese Grenzen und fragen uns, warum wir so lange damit gewartet haben. Dies *wird* sich (für einen Szenario-Planer eine gewagte Formulierung!) in der Zukunft kaum ändern. Daher sollten wir nach dem Rückblick und dem Seitblick nach vorne sehen und einige Denkgrenzen betrachten, denen wir heute gegenüberstehen. Einen ersten Eindruck vermitteln Watts Wacker, Jim Taylor und Howard Means, wenn sie den Blick auf das Jahr 2500 wagen:[14]

- Es werden weniger Menschen am Leben sein als heute. Das

Recht, Kinder zu haben, wird in Form einer Steuerquelle versteigert werden.

- Unterstützt durch Cyber-Komponenten, Bioenzyme und Gentechnik wird die durchschnittliche Lebensdauer des Menschen 800 Jahre betragen. Im Durchschnitt werden sich die Menschen im Alter von 75 Jahren erstmals verheiraten. Die Todesstrafe wird in einer künstlichen Alterungsbeschleunigung des Verurteilten bestehen.
- Die Antwort auf die Frage: »Woher kommst du?« wird lauten: »Von der Erde.«

Diese Punkte erscheinen Ihnen übertrieben? Dann lassen Sie uns drei weitere Fragen stellen – zu außerirdischem Leben, zu molekularen Lebenswelten und zu Zeitreisen:[15]

Kennen Sie SETI? Es steht für »Search for Extraterrestrial Intelligence«. Und das ist schon heute durchaus ernsthaft gemeint. Mithilfe von hochmodernen Radioteleskopen wird intensiv und systematisch nach Leben außerhalb der Erde gesucht. Im Wellenspektrum der Radiowellen wird nach Abnormalitäten oder Regelmäßigkeiten gesucht, die einen intelligenten Ursprung haben könnten. Auch wenn diese Projekte vielfach amüsiert belächelt werden, wäre ein Fund von Intelligenz jenseits unseres Lebensraums – wie auch immer sie sich darstellen mag – von umwälzender Bedeutung für die Menschheit. Die Frage war jedenfalls so relevant, dass selbst der Vatikan sich mit dieser Möglichkeit auseinander gesetzt hat.

Kennen Sie Nanniten? Die Nanotechnologie bewegt sich heute im Grenzbereich zwischen Forschung und Fiktion. Die Aussicht, Maschinen in Molekulargröße zu entwerfen und zu betreiben, lässt revolutionäre Veränderungen erahnen. Auch wenn die Vorstellung von Molekularmaschinen absurd erscheint, sie folgen den Gesetzmäßigkeiten der klassischen Physik. Der Nobelpreisträger Richard Feynmann stellte in seinem Essay »*There is plenty of room at the bottom*« fest, dass es in der klassischen Physik kein Gesetz gibt, das Molekularmaschinen ausschließt. Können wir also in der Zukunft innerhalb kurzer Zeit Abermilliarden der gleichen Produktionseinheiten gleichzeitig an die Arbeit schicken? Dann wäre ein Recyclingprozess möglich, in dem ein Automobil gänzlich in seine atomaren Bestandteile zerlegt würde und aus dem exakt gleichen Material unter Energiezufuhr ein neues Auto entsteht. Selbst wenn die Nanotechnologie bis heute nur dürftige Ergebnisse vorzuweisen hat, so ist dieser Zweig der Forschung keineswegs mit einer Pseudowissenschaft zu verwechseln. Auch Gentechnik musste sich in ihrer Anfangszeit mit dem Vorwurf der »Frankensteinisierung des Menschen« auseinander setzen.

Und was denken Sie von Zeitreisen? Albert Einstein schloss sie zu seinen Lebzeiten aus – aber später fanden Physiker so viele Lösungen auf Einsteins Fragen, dass man die Möglichkeit heute nicht mehr ganz ausschließt. Hand aufs Herz: Würden Sie in die Vergangenheit reisen oder in die Zukunft? Und wie weit würden Sie reisen? Bis zum Samstag, wenn die Lottozahlen bekanntgegeben werden, oder bis ins Jahr 3000?

Genug der Gedankenspiele – so faszinierend sie auch sein mögen. Unsere im Folgenden geschilderten »Zeitreisen« mithilfe von Szenarien sind ebenfalls faszinierend. Wir sollten aber nicht vergessen: Sie dienen dazu, *heute* die richtigen Entscheidungen zu treffen, um auch *morgen* noch erfolgreich zu sein.

Fazit

- Die Art, wie Menschen mit Zukunft umgegangen sind, hat sich in der Geschichte immer wieder verändert. Gleichzeitig war die Sichtweise auf die Zukunft entscheidend für die Weiterentwicklung der Gesellschaften.
- Unternehmen machen im Umgang mit der Zukunft immer wieder gravierende Fehler. Dazu zählen der Verzicht auf Vorausschau, die reine Fortschreibung der Vergangenheit, die zu späte Reaktion auf Zukunftssignale und blinder Expertenglaube.
- Zukunftsoffenes Denken bezieht sich auf das Umfeld (mehrere denkbare Randbedingungen) und den eigenen Handlungsraum (mehrere denkbare Optionen).
- Das Zusammentreffen von Vielfalt und Dynamik wird als Komplexität bezeichnet.. Systemisches Denken ermöglicht den Umgang mit komplexen Entscheidungssituationen. Dies ist eine wichtige Voraussetzung für eine erfolgreiche strategische Vorausschau.
- Die Unternehmensplanung erfolgt auf vier Ebenen: Auf der Unternehmensebene werden kompetenzverwandte Geschäfte geführt. Auf der Geschäftsebene werden zukünftige Marktchancen erschlossen. Auf der Organisationsebene werden Prozesse und Kultur gestaltet. Auf der sozio-technischen Ebene werden verschiedenartige Systeme gehandhabt.
- Die Planungsprozesse auf allen vier Ebenen enthalten die Notwendigkeit, sich mit zukünftigen Entwicklungsmöglichkeiten auseinander zu setzen.
- Noch heute unterliegen wir im Umgang mit der Zukunft verschiedenen Denkbarrieren. Nicht alle dieser Grenzen müssen wir zwingend überwinden – aber wir sollten uns ihrer Existenz bewusst sein.

2 Wie man mit Szenarien die Zukunft vorausdenkt

Jürgen E. Schrempp übernahm 1989 den Vorstandsvorsitz der aus *Dornier*, der *MTU Motoren- und Turbinen-Union*, zwei Bereichen der *AEG* sowie *Messerschmitt-Bölkow-Blohm* (MBB) entstandenen *Deutschen Aerospace AG* (DASA) zu einer für das Unternehmen ungünstigen Zeit. Im Zuge der Abrüstungsvereinbarungen, der Öffnung des ehemaligen Ostblocks und dem damit verbundenen Truppenabbau sowie der deutschen Wiedervereinigung war der über 40 Jahre weitgehend stabile Rüstungsmarkt in die Knie gegangen. Dabei waren die Ausgaben für Waffenbeschaffung überdurchschnittlich gesunken – allein in der NATO von 1987 bis 1993 um ein Drittel. Da das Rüstungsgeschäft Anfang der neunziger Jahre etwa die Hälfte der DASA-Umsätze ausmachte, beherrschte kurzfristiges Krisenmanagement die Situation. Auf den Fluren der Unternehmenszentrale in Ottobrunn hörte man nur allzu oft die Frage: »Wer konnte dies ahnen?« Insbesondere die Umwälzungen des Jahres 1989 schienen das Musterbeispiel einer »wild card« zu sein. Darunter werden Ereignisse verstanden, die sich nicht vorhersehen lassen oder deren Eintrittswahrscheinlichkeit so gering ist, dass sie im Entscheidungsprozess erst gar nicht berücksichtigt werden.

Ein Führungskräftetreffen der *DASA* im Frühjahr 1991 führte eine andere Wahrheit ans Licht. Bereits 1986 hatte ein Team der ehemaligen *MBB* über mögliche Entwicklungen des Rüstungsmarktes bis zum Jahre 2000 nachgedacht. Neben dem so lieb gewordenen »Business-as-usual«-Szenario hatten die Planer ihr Augenmerk auch auf Alternativen gerichtet. Was wäre, wenn dem Ostblock im ökonomischen Wettlauf die Luft ausginge? Wie weit könnte Gorbatschow mit seinen Reformen gehen? Welche Eigendynamik könnte eine Annäherung der beiden deutschen Staaten bekommen? Und wie würde sich dies alles auf den Rüstungsmarkt auswirken? Das Ergebnis erstaunte das dortige Szenario-Team zunächst selbst. Vor ihnen lag ein Szenario, von dem keiner ahnte, dass es bereits in knapp drei Jahren von der Realität eingeholt werden sollte.

Dieses Szenario – und mit ihm seine im Nachhinein weniger treffsicheren Alternativszenarien – fand den unmittelbaren Weg in den Reißwolf. Dem Vorstand der *MBB*, dem die Szenarien im Herbst 1987 vorgestellt wurden, gingen die Zukunftshypothesen viel zu weit. Ein wenig Marktwachstum mehr oder weniger hätten sie sicherlich toleriert, aber so etwas? Auflösung des Warschauer Paktes. Zusammenbruch des Rüstungsmarktes. Und dann noch die Wiedervereinigung. Wie hätten sie dagestanden, wenn diese Überlegungen in falsche Hände gekommen wären?

Wie konnte es zu einer solchen Fehlentscheidung kommen? Die Führung der *MBB* hatte den Unterschied zwischen traditioneller Prognose und alternativen Szenarien nicht verstanden. Sie war nicht in der Lage, »in Szenarien zu denken«. Und dieser Fehler machte am Beginn der Neunziger der Führung der *DASA* zu schaffen. Daher wundert es auch nicht, dass diese nach Ansicht eines vor dem MBB-Reißwolf bewahrten Szenarios der eigenen Unternehmensplanung grünes Licht gab, die Zukunft von Luft- und Raumfahrt sowie Wehrtechnik mithilfe von Szenarien systematisch zu beobachten. Heute gelten sowohl *DaimlerChrysler* als auch die in die *European Aeronautics Defense and Space Company (EADS)* integrierte *DASA* als federführend im Bereich der Szenarienplanung.

Eine Frage bleibt offen – wie viele Szenarien in den letzten Jahren ein ähnliches Schicksal ereilt hat. Es ist folglich an der Zeit, den Unterschied von Prognosen und Szenarien herauszuarbeiten und anschließend zu beschreiben, wie sich Szenarien in Unternehmen erfolgreich entwickeln lassen.

Von der Prognose zu Szenarien

Der Begriff »Szenario« wird auf das griechische Wort »skene« zurückgeführt, mit dem der Schauplatz einer Handlung, eine Szenenfolge in einem Bühnenstück beziehungsweise der Rohentwurf eines Dramas beschrieben wird. Beim Film beschreibt ein »Szenarium« eine Entwicklungsstufe zwischen Exposé und Drehbuch.

Die Szenarienplanung als wirtschafts- und sozialwissenschaftliches Instrument hat mehrere Väter. Sie geht einerseits auf das von Kahn und Wiener entwickelte *»scenario writing«* zurück. Ihre Szenarien waren primär militärische, hypothetische Folgen von Ereignissen, durch die zukünftige Entwicklungsmöglichkeiten sichtbar wurden. Die 1967 veröffentlichte Studie *The Year 2000. A Framework for Speculation on the next Thirty-Three Years* gilt als Geburtsstunde der Szenarienplanung. Parallel dazu entstand in Frankreich die *»prospective analysis«*. Sie wurde vor allem in der französischen Regionalplanung angewandt und erklärt den hohen Stellenwert, den die Szenarienplanung in Frankreich noch immer hat.

In den späten sechziger und frühen siebziger Jahren begannen einzelne Unternehmen, sich für die Szenarienplanung zu interessieren. Als erster industrieller Anwender kann *General Electric* angesehen werden. Als bekanntester Anwender und Wegbereiter der Szenarienplanung gilt *Royal Dutch/Shell*, deren Kompetenz bei der Entwicklung und Nutzung von Szenarien noch immer als Stärke angesehen wird. Insgesamt setzte sich die Szenarienplanung vor allem bei Unternehmen durch, die in einem instabilen politischen und sozialen Umfeld operierten und insofern über eine langfristige Planung verfügten. Daher kann davon ausgegangen werden, dass die Nutzung von Szenarien in der strategischen Planung seit Mitte der achtziger Jahre kontinuierlich zunimmt.

Wann der Einsatz von Szenarien besonders sinnvoll ist

Der Einsatz von Szenarien ist vor allem dann sinnvoll, wenn Unternehmen in turbulenten Märkten und Umfeldern agieren. Dies trifft heute auf nahezu alle unternehmerischen Aktivitäten zu. Unternehmen, die die folgenden Voraussetzungen erfüllen, ziehen darüber hinaus *besonderen* Nutzen aus Entwicklung und dem Einsatz von Szenarien:

- Wenn das Unternehmen zu gegenwartsbezogen agiert und daher sich abzeichnende Marktchancen »verschläft«. Ein Indikator dafür ist, dass es in der Vergangenheit zu viele und/oder extrem teure Überraschungen erlebt hat.
- Wenn die strategische Planung dem operativen Geschäft untergeordnet wird oder die strategische Planung zu routiniert und zu bürokratisiert ist beziehungsweise von einem zu kleinen Personenkreis getragen wird.
- Wenn die Branche und die Wettbewerbsstrukturen starke Veränderungen durchlaufen oder kurz vor einem entsprechenden Umbruch stehen. Ein Indikator hierfür ist, dass man durch das Agieren der Wettbewerber immer häufiger überrascht wird.
- Wenn sich die Umfeldentwicklungen beschleunigen und sich über das frühe Erkennen von Marktentwicklungen Wettbewerbsvorteile erringen lassen.
- Wenn die traditionellen Geschäftsmodelle zunehmend hinterfragt und durch neue konzeptionelle Ansätze bedroht werden.
- Wenn im Unternehmen zu wenig über zukünftige Entwicklungschancen gesprochen wird beziehungsweise die Führungskräfte keine gemeinsame Sprache finden, um mit den erkannten Veränderungen umzugehen.
- Wenn es im Unternehmen offene oder unterschwellige Meinungsunterschiede über den zukünftigen Kurs gibt. Voraussetzung ist hier die Bereitschaft der Führungskräfte, die Differenzen im Rahmen einer strategischen Diskussion zu erörtern.
- Wenn der Planungshorizont oder die Produktlebenszyklen im Unternehmen länger als fünf Jahre sind, so dass sich Abnehmerbedürfnisse nicht exakt voraussagen lassen.

Wann ist der Einsatz von Szenarien als problematisch anzusehen?

Es gibt einige Situationen, in denen der Einsatz von Szenarien unter erschwerten Bedingungen erfolgt. Hier sollte entweder auf Szenarien verzichtet werden oder ihr Einsatz mit anderen Instrumenten eng verzahnt werden:

- Wenn der Fokus der Führungskräfte auf kurzfristigen und/oder quantitativen Plandaten und Ergebnissen liegt.
- Wenn »Strategie« im Unternehmen keinen Stellenwert hat, sondern allein operative Exzellenz der Maßstab für Erfolg ist. Ein Indikator hierfür ist, dass »Denken« verpönt und nur »Handeln« gefragt ist.
- Wenn es für den Szenario-Einsatz keinen »Sponsor« im Kreis der Führungskräfte gibt. Grundsätzlich ist die aktive Einbindung der Führungskräfte in den Szenario-Prozess anzustreben. Darüber hinaus gibt es Möglichkeiten, das Top-Management als Mentoren punktuell in den Prozess einzubinden.
- Wenn im Unternehmen niemand bereit ist, sich auf eine unsichere Zukunft mit mehreren alternativen Entwicklungen einzulassen. Dies ist dann der Fall, wenn Führungskräfte nicht bereit sind, anderen Meinungen zuzuhören, sondern »bereits alles über die Zukunft wissen«.
- Wenn dem Unternehmen »das Wasser bis zum Hals steht«. Szenarien sind kein Element für kurzfristige Rettungsmaßnahmen.

Kontinentaleuropäische und anglo-amerikanische Szenarien

In Wissenschaft und Praxis hat sich eine Vielzahl von Unterscheidungskriterien für Szenarien – aber auch für deren Einzelelemente und Anwendungsfelder – herausgebildet.[1] Wir wollen an dieser Stelle die vier wichtigsten Unterscheidungsformen herausgreifen:

Ausgangspunkt der Szenarioentwicklung: In der Praxis werden Szenarien auf zwei Arten entwickelt. Bei der Entwicklung explorativer Szenarien wird von einem auf Analysen basierenden Ist-Zustand ausgegangen. Anschließend werden vorwärts gewandt mehrere Entwicklungsmöglichkeiten dargestellt. Alternativ dazu können mögliche Zukunftssituationen entwickelt werden, ohne dabei die Entwicklung aus der Gegenwart zu betrachten. Hier wird von antizipativen Szenarien gesprochen, weil anschließend rückwärts gewandt nach den Entwicklungsverläufen gefragt wird, die zu diesem Zustand führen könnten.

Richtung der Szenarioentwicklung: Im Rahmen der induktiven Szenarioentwicklung ergeben sich die Szenarien aus einer systematisch entwickelten Verknüpfung von möglichen Entwicklungen einzelner Schlüsselfaktoren. Demgegenüber wird am Beginn der deduktiven Szenarioentwicklung ein Rahmen für jedes Szenario (»framework«) abgesteckt. Zudem können Szenarien auch inkremental entwickelt werden. Als Ausgangspunkt dient dabei die »wahrscheinliche Zukunft«, von der aus verschiedene Varianten entwickelt werden.

Zielgerichtetheit der Szenarioentwicklung: Mit der Entwicklung von Szenarien verfolgt der Anwender ein bestimmtes Ziel. Das bedeutet aber nicht, dass sich diese Ziele automatisch in den Szenarien wiederfinden lassen. So können Szenarien unabhängig von den Zielvorstellungen der späteren Szenario-Anwender erstellt werden. Solche deskriptiven Szenarien basieren auf Kausalitätsbeziehungen (Ursache-Wirkungs-Beziehungen) und enthalten keine Werturteile des Anwenders. Fließen die Ziele des Anwenders an maßgeblicher Stelle in die Szenarioentwicklung ein, so wird von präskriptiven Szenarien gesprochen. Diese werden auf der Basis von Finalitätsbeziehungen (Mittel-Ziel-Beziehungen) erstellt.

Komplexität der Szenarioentwicklung: Bei der Szenarioentwicklung werden zwei grundsätzlich verschiedene, methodische Ansätze unterschieden. Im Rahmen der modellgestützten Szenarioentwicklung werden spezielle mathematische Algorithmen eingesetzt, um die komplexen Zukunftssituationen zu handhaben. Bei der intuitiven Szenarioentwicklung wird auf den Einsatz entsprechender Algorithmen verzichtet. Hier entstehen die Szenarien durch Bewertung einzelner Personen oder Gruppen.

Das Szenario-Management – und mit ihm die meisten kontinentaleuropäischen Ansätze – entwickelt Szenarien durch die systematische und modellgestützte Verknüpfung von Faktoren und Trends. Wesentliches Merkmal der Verknüpfung sind Ursache-Wirkungs-

Abbildung 8: *Vier Unterscheidungsformen von Szenarien*

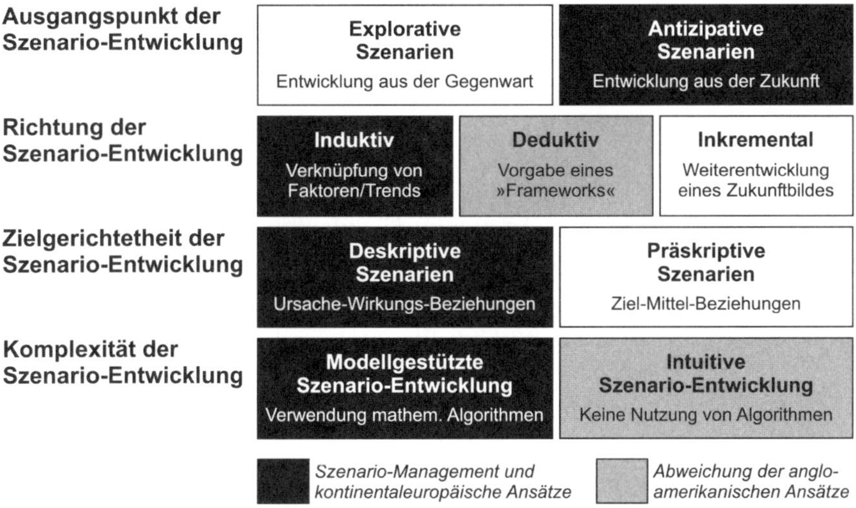

Zusammenhänge. Wesentliches Unterscheidungsmerkmal zu anderen Vorausschau-Instrumenten ist die antizipative Szenarioentwicklung – das heißt die Loslösung von der Gegenwart. In Abbildung 8 sind diese Elemente des Szenario-Managements zusammengefasst und den anglo-amerikanischen Ansätzen gegenübergestellt.

Szenario-Management als Rahmen für die Entwicklung und Nutzung von Szenarien

Aller Anfang ist schwer. Das gilt auch für die Szenarioentwicklung – *allerdings nur im Rückblick*. Zunächst sieht es nämlich kinderleicht aus. Sich mit der Zukunft zu beschäftigen liegt nicht nur in der Natur des Menschen – es macht den Mitgliedern eines Szenario-Teams in der Regel auch Spaß. Allzu starre Formalitäten scheinen die Kreativität im Umgang mit der Zukunft nur zu behindern. Mit großem Enthusiasmus werden Schlüsselfaktoren erarbeitet, Trends identifiziert und Projektionen zu Szenarien verknüpft. Dann allerdings geraten viele Anwender in die Fallstricke der Szenarienplanung. Das folgende Beispiel ist zwar frei erfunden, dürfte aber in dieser oder ähnlicher Form in vielen Unternehmen bekannt sein:

Teamleiter: *»... Das dritte Szenario trägt den Titel »Stagnation und Markteinbruch in Europa«. Hier geraten wir in einen bis zum Jahre 2015 anhaltenden Abschwung. Und schließlich sollten wir einen Blick auf das Szenario IV werfen. Es beschreibt eine Substitution unseres Kernproduktes durch neue, elektronische Medien.«*

Vertriebsleiter: *»Das klingt ja alles ganz nett – aber wollten wir nicht etwas über die Entwicklung unseres Kernmarktes erfahren? Ich habe keine genauen Zahlen erkannt, die wir für unsere Absatzplanung nutzen können! Und wen interessiert schon das Jahr 2015?«*

Strategieplaner: *»Das haben Sie aber gründlich missverstanden. Wir hatten am Anfang klar gesagt, dass es uns zunächst einmal darum geht, die zukünftigen Wettbewerbsbedingungen zu beleuchten, um so unsere Unternehmensstrategie zu überprüfen und gegebenenfalls eine Neuentwicklung zu unterstützen.«*

Vorstand: *»Richtig, Herr Stratege. Dennoch vermisse ich eine Aussage dazu, wie wir uns in den Szenarien verhalten. Das Ganze bleibt doch sehr akademisch.«*

Teamleiter: *»Moment mal. Über die Auswirkungen der Szenarien auf Ihr Unternehmen sprechen wir auf dem nächsten Workshop.«*

Vertriebsleiter: *»Jetzt bekomme ich aber ein Problem: Was nützen uns denn die Szenarien, wenn weder unser Kernmarkt noch wir selbst darin vorkommen? Da hätten wir unsere Zeit aber besser investieren können!«*

Was ist hier geschehen? Wie konnte es passieren, dass Teamleiter, Vertriebsleiter, Strategieplaner und Vorstand so gründlich aneinander vorbei arbeiten? Sie haben es versäumt, sich am Beginn der Szenarioentwicklung vier wesentliche Fragen zu stellen:

- *Was wollen wir mit dem Szenarioprozess erreichen?*
- *Welche Art von Szenarien benötigen wir dazu?*
- *Welchen Zeithorizont sollen unsere Szenarien haben?*
- *Welchen räumlichen Fokus sollen unsere Szenarien haben?*

Die Antwort auf diese Fragen liefert die Definition von *Gestaltungsfeld* und *Szenario-Feld* sowie die Festlegung eines *Zukunftshorizontes* und eines *regionalen Fokus*. Das klingt in den Augen eines in den Startlöchern stehenden Szenario-Teams sehr akademisch – hilft aber garantiert, die geschilderten Probleme zu vermeiden.

Die Entwicklung von Szenarien im Rahmen der strategischen Führung soll zur Lösung eines konkreten, unternehmerischen Problems beitragen. Viele strategische Prozesse scheitern allerdings bereits in den frühen Phasen der Problemlösung – der Wahrnehmung sowie der exakten Beschreibung eines Problems.[2] Um dies zu verhindern, ist der Szenarioentwicklung die Definition eines Gestaltungsfeldes vorgeschaltet: Jeder Problemlösungsprozess bezieht sich auf einen bestimmten Gegenstand – beispielsweise ein Unternehmen (»*In welche Geschäftsfelder sollen wir investieren?*«, eine Geschäftseinheit (»*Welche Strategie sollen wir in der Zukunft verfolgen?*«), ein Produkt (»*Wie soll unsere zukünftige Produktplattform aussehen?*«) oder eine Technologie (»*Sollen wir in diese Technologie investieren?*«). Dieser Gegenstand des strategischen Planungsprozesses wird als *Gestaltungsfeld* bezeichnet.

Das Gestaltungsfeld beschreibt »das, was mithilfe der Szenarien gestaltet werden soll«. Szenarien werden entwickelt, um bei dieser Gestaltung zukünftige Chancen und Gefahren ausreichend und differenziert zu berücksichtigen. Insofern sind Szenarien nur ein Instrument zur Unterstützung von strategischen Entscheidungen. Sie beschreiben in der Regel nicht die möglichen Zukünfte des Gestaltungsfeldes, sondern die Entwicklungsmöglichkeiten eines speziellen Betrachtungsbereiches, der als *Szenario-Feld* bezeichnet wird. Das Szenario-Feld beschreibt »das, was durch die erstellten Szenarien erklärt werden soll«.

Im beschriebenen Beispiel sind sowohl das Gestaltungsfeld als auch das Szenario-Feld nicht exakt definiert. Während Vorstand und Strategieplaner die Szenarien bei der Entwicklung einer neuen Unternehmensstrategie nutzen wollten, beabsichtigte der Vertriebsleiter, sie bei seiner Absatzplanung einzusetzen. Bezüglich des Szenariofeldes herrschte wiederum Uneinigkeit zwischen Vorstand und Strategieplaner: Während für den Vorstand das eigene Unternehmen Bestandteil des zu beschreibenden Szenario-Feldes war, ging der Strategieplaner davon aus, dass in den Szenarien lediglich mögliche Entwicklungen des Unternehmensumfeldes beschrieben werden, mit deren Hilfe dann die eigenen strategischen Ansätze auf ihre Zukunftstauglichkeit untersucht werden sollten.

Solche Diskussionen sind Alltag in vielen Unternehmen. Sie zehren nicht nur an den Nerven der Beteiligten – sie stehlen auch die für die inhaltliche Diskussion zukünftiger Chancen und Gefahren vorgesehene und dringend benötigte Zeit. Und nicht zuletzt führen sie dazu, dass viele Beteiligte die Freude an der Auseinandersetzung mit Zukunftsthemen verlieren. Daher ist es nach unserer Erfahrung unumgänglich, am Anfang einer Szenarioentwicklung das Gestaltungsfeld und das Szenariofeld sorgfältig zu definieren. Bedenkt man allein die später eingesparten Diskussionen, dann ist die darin investierte Zeit gut angelegt.

Verbunden mit der Definition von Gestaltungs- und Szenariofeld ist die Festlegung des *Zukunftshorizontes*. Er beschreibt den zukünftigen Zeitpunkt, an dem die zu beschreibenden Szenarien anzusiedeln sind. Grundsätzlich gilt, dass der Zukunftshorizont nicht unter fünf Jahre gewählt werden sollte, wenn auf der Basis der Szenarien strategische Entscheidungen zu treffen sind. Es kann zudem helfen, den Zukunftshorizont bewusst einige Jahre in die Zukunft zu schieben, um so die Loslösung der beteiligten Personen von der Gegenwart zu erleichtern.

Vor dem Beginn der Szenarioentwicklung sollte außerdem die Frage geklärt werden, welchen *räumlichen Fokus* die Szenarien haben sollten. Dabei können sich die Planer zwischen räumlich begrenzten Szenarien (beispielsweise »Private Haushalte in Deutschland«), räumlich fokussierten Szenarien (beispielsweise »Sportwagen-Markt mit Schwerpunkt Europa«) oder räumlich nicht eingegrenzten Szenarien (beispielsweise »E-Business-Unternehmen«) entscheiden.

Die sieben Phasen des Szenario-Managements

Die Nutzung von Szenarien im Rahmen der Unternehmensplanung umfasst sieben Phasen, von denen die Phasen zwei bis vier als *Szenario-Entwicklung* und die Phasen fünf bis sieben als *Szenario-Transfer* zusammengefasst werden. Wir vergleichen den Prozess mit einem Flug: Die erste Phase umfasst die Flugvorbereitung. Die

Abbildung 9: *Sieben Phasen des Szenario-Managements*

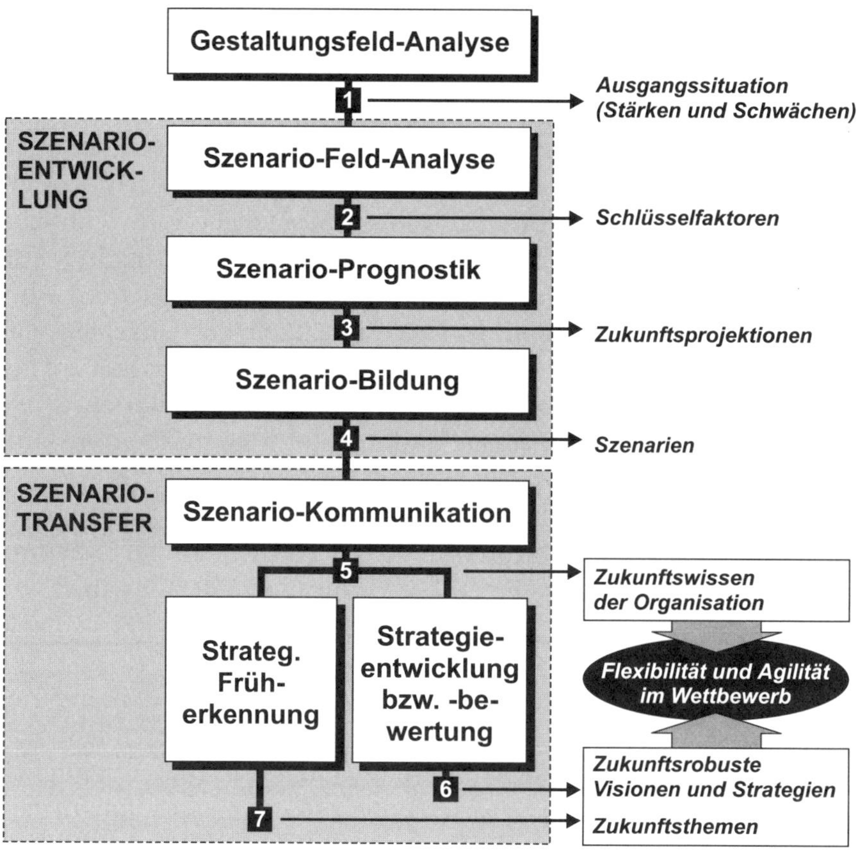

Szenario-Entwicklung stellt den eigentlichen Flug dar. Hier heben die Beteiligten aus der Gegenwart ab und blicken »von oben« auf die möglichen Zukünfte. Im Szenario-Transfer landet das Flugzeug »Unternehmen« wieder in der Gegenwart und trifft auf Basis der gemachten Erfahrungen zukunftsorientiert seine Entscheidungen.

Die Anwendung der Szenarien erfolgt nicht »im luftleeren Raum«, sondern beginnt mit einer Analyse des Gestaltungsfeldes. Hier werden die meisten traditionellen Instrumente der strategischen Analyse wie Portfolios, Segmentierungen oder Erfolgsfaktoren eingesetzt.

Die anschließende *Szenario-Entwicklung* beginnt mit der Analyse der Vernetzung im Szenario-Feld. Daraus ergeben sich *Schlüsselfaktoren.* Dies sind die Faktoren, die die zukünftigen Entwicklungsmöglichkeiten des Szenariofeldes signifikant beschreiben. Daher wird hier auch von *Szenario-Feld-Analyse* gesprochen. Anschließend erfolgt die eigentliche Vorausschau. Hier werden für jeden zuvor ermittelten Schlüsselfaktor mehrere alternative Entwicklungsmöglichkeiten beschrieben. Diese *Zukunftsprojektionen* sind in der Regel keine quantitativen Prognosen, sondern qualitative Beschreibungen, mit denen sich grundsätzliche Entwicklungsrichtungen verdeutlichen lassen. Wir sprechen hier trotzdem von *Szenario-Prognostik.* Die vierte Phase – die *Szenario-Bildung* – beginnt mit einer Bewertung der Verträglichkeit der einzelnen Zukunftsprojektionen. Auf der Basis dieser Konsistenzanalyse entstehen zwei bis acht alternative und in sich plausible Szenarien. Diese werden analysiert, interpretiert und in einer kommunikationsfähigen Form beschrieben.

An die Entwicklung der Szenarien schließt sich der so genannte *Szenario-Transfer* an. Darin werden die Aktivitäten zur Nutzung der Szenarien im Unternehmen beziehungsweise der Organisation zusammengefasst. Der Szenario-Transfer beinhaltet drei zentrale Phasen.

Zunächst geht es darum, das in den Szenarien enthaltene Zukunftswissen der Organisation – oder einer zu definierenden Zielgruppe innerhalb und/oder außerhalb Organisation – zugänglich zu machen. Dazu stehen unterschiedliche Kommunikationsformen zur Verfügung. Die *Szenario-Kommunikation* ist eng mit der Szenario-Bildung verknüpft. Sie bildet dennoch einen wesentlichen Aspekt des Szenario-Transfers, da dieser Punkt weitgehend unabhängig von den Inhalten der erstellten Szenarien behandelt werden kann.

Die sechste Phase umfasst das traditionelle Anwendungsfeld der Szenarienplanung – die Nutzung der alternativen Zukunftsbilder zur *Strategieentwicklung* beziehungsweise zur Bewertung bestehender Unternehmens-, Geschäfts- oder Produktstrategien. Innerhalb dieser Phase stehen verschiedene grundsätzliche Vorgehensweisen zur Verfügung.

Eine weitere Phase ist die Nutzung der Szenarien im Rahmen der *strategischen Früherkennung*. Dies umfasst beispielsweise das kontinuierliche Abtasten und systematische Beobachten der Früherkennungsbereiche, die Entwicklung von Szenario-Indikatoren oder die Integration von Früherkennungsinformationen in den unternehmerischen Entscheidungsprozess.

Was gibt es für Szenarien? Vier Möglichkeiten zum Umgang mit einer offenen Zukunft

Zwei wesentliche Fragen entscheiden über die Form der späteren Szenarien: Erstens ist zu klären, inwieweit wir selbst Einfluss auf das Eintreten der Szenarien nehmen können. Davon hängt ab, ob es sich lohnt, einzelne Szenarien bewusst anzustreben, ober ob wir alle Szenarien als externe Rahmenbedingungen betrachten müssen. Zweitens ist festzulegen, ob mehrere Szenarien nebeneinander vorkommen können ober ob es sich bei den zu erstellenden Zukunftsbildern um sich gegenseitig ausschließende Alternativen handelt.

Können wir die Szenarien beeinflussen?

Ein wesentliches Merkmal eines Szenarios ist seine *Lenkbarkeit*. Können wir das Eintreten des Szenarios beeinflussen? Oder müssen wir es als externe Rahmenbedingung verstehen? Vor diesem Hintergrund sind drei Arten von Szenarien zu unterschieden:

Umfeldszenarien. Ein Szenario kann ausschließlich externe, vom Szenario-Nutzer nicht lenkbare Umfeldgrößen enthalten. So könnte ein Unternehmen beabsichtigen, mit solchen Szenarien mögliche Randbedingungen der nächsten zehn Jahre vorauszudenken und aus diesen Szenarien Chancen, Gefahren – und schließlich eigene Optionen abzuleiten.

Lenkungsszenarien. Ein Szenario kann ausschließlich interne Lenkungsgrößen enthalten. Solche Größen können vom Unternehmen direkt beeinflusst werden – beispielsweise Produktmerkmale oder Elemente eines neuen Geschäftsmodells. Hier stellen die Szenarien selbst bereits Optionen dar, für die sich das Unternehmen aufgrund verschiedener Kriterien entscheiden könnte.

Systemszenarien. Diese Szenarien stellen eine Mischform aus Umfeld- und Lenkungsszenarien dar. Hier enthält das Szenario-Feld sowohl externe Umfeldgrößen als auch interne Lenkungsgrößen. In diesem Fall bildet das Szenario-Feld das gesamte System aus Gestaltungsfeld und Umfeld ab. Systemszenarien müssen besonders vorsichtig gehandhabt werden, weil sie gleichermaßen Rahmenbedingungen und Handlungsoptionen enthalten.

Bei der erstmaligen Anwendung von Szenarien besteht eine Tendenz dazu, *alle* zukunftsrelevanten Faktoren einzubeziehen und insofern automatisch Systemszenarien zu entwickeln. Sie sollten dieser Verlockung widerstehen! Es ist in der Regel einfacher *und* zielführender, die Umfeld- und Lenkungsbereiche getrennt voneinander zu betrachten.

Können mehrere Szenarien gemeinsam auftreten?

Ein weiteres wichtiges Merkmal eines Satzes von Szenarien ist das Verhältnis der Zukunftsbilder zueinander. Können mehrere Szenarien parallel eintreten? Oder handelt es sich um einander ausschließende Alternativen, von denen lediglich ein Zukunftsbild gleichzeitig eintreten kann? Auch hier lassen sich drei Arten von Szenarien unterscheiden:

Alternativszenarien. Es kann lediglich *eines* der entwickelten Szenarien – oder *eine* Zwischenform – in der Zukunft auftreten. Alternativszenarien werden insbesondere dann angewandt, wenn sich ein komplexes Szenario-Feld – beispielsweise ein Unternehmensumfeld – nur als Ganzes in die eine oder andere Richtung entwickeln kann.

Parallelszenarien. Hier können mehrere der erstellten Szenarien parallel in der Zukunft auftreten. Mögliche Fragestellungen sind: Auf welche Kundengruppen könnten wir stoßen? Welche Marktleistungen könnten wir anbieten? Die Entwicklung von Parallelszenarien ist insbesondere dann sinnvoll, wenn sich innerhalb des Szenario-Feldes gleichzeitig mehrere Entwicklungspfade ergeben können.

Komplexe Szenarien. Nicht immer lassen sich Alternativ- und Parallelszenarien exakt voneinander abgrenzen. Dann können einzelne Szenarien parallel zueinander eintreten, während andere Zukunftsbilder sich ausschließen. In diesem Fall ist – ähnlich wie bei den Systemszenarien – äußerste Vorsicht geboten, da das Verhältnis der Szenarien zueinander nicht eindeutig ist.

Vier Grundformen von Szenarien

Durch Kombination der nach ihrer Lenkbarkeit unterschiedenen Szenario-Formen (Umfeld-, Lenkungs- und Systemszenarien) mit den Alternativ-, Parallel- und komplexen Szenarien entstehen die in Abbildung 10 dargestellten Grundformen von Szenarien:

Umfeldalternativen stellen mehrere, einander ausschließende Entwicklungsmöglichkeiten eines nicht beeinflussbaren Szenario-Feldes dar. Ein Beispiel für Umfeldalternativen sind Szenarien, die mögliche Entwicklungen des Unternehmensumfeldes darstellen und anhand deren die Gültigkeit beziehungsweise Qualität einer bestehenden Unternehmensstrategie überprüft werden soll.

Handlungsalternativen stellen mehrere, einander ausschließende Modelle eines vollständig beeinflussbaren Szenario-Feldes dar. So kann ein Unternehmen mehrere denkbare Strategieoptionen entwickeln und sich anschließend unter Berücksichtigung der Marktchancen sowie der eigenen Ressourcen für eine dieser Optionen entscheiden.

Umfeldmöglichkeiten stellen denkbare Entwicklungen eines nicht beeinflussbaren Szenariofeldes dar, die in der Zukunft paral-

Abbildung 10: *Grundformen von Szenarien*

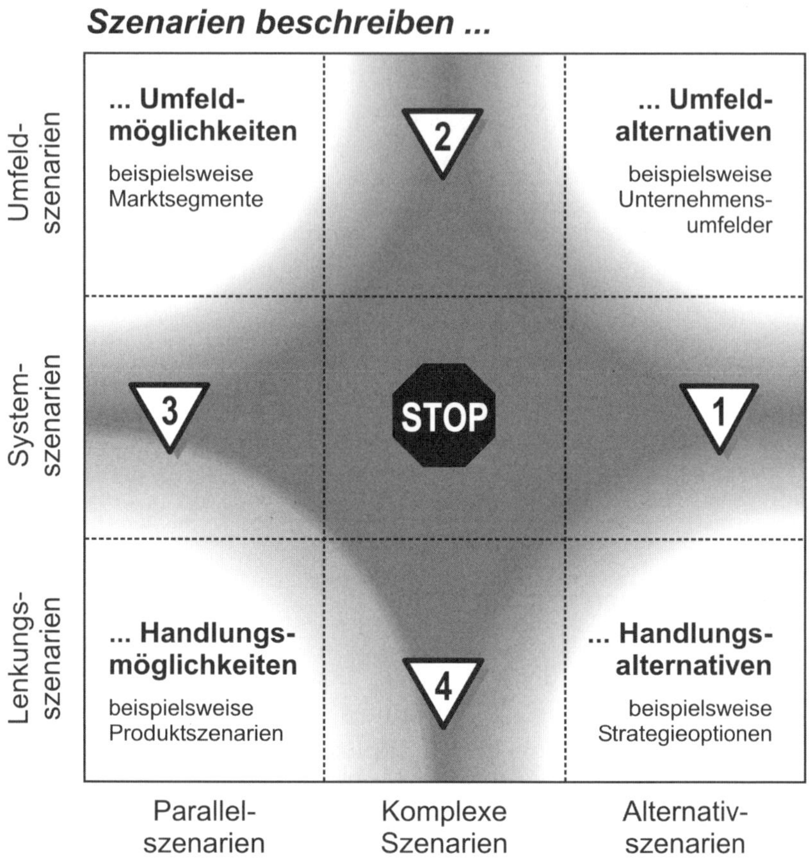

lel nebeneinander eintreten können. So kann mithilfe solcher Szenarien untersucht werden, wie ein Autokauf im Jahre 2010 aussehen könnte. Als Ergebnis erhalten die Szenario-Entwickler mehrere Umfeldvarianten, deren Intensität sich anschließend abschätzen lässt.

Handlungsmöglichkeiten stellen mögliche Entwicklungen eines vollständig beeinflussbaren Szenariofeldes dar, die in der Zukunft parallel aufgegriffen und umgesetzt werden könnten. Ein Beispiel dafür sind Produktszenarien. Sie beschreiben mögliche Marktleistungen, die dann in ein zukünftiges Produktprogramm aufgenommen werden können.

Vermeidung von diffusen Entscheidungssituationen

Zwischen diesen vier Grundformen von Szenarien gibt es einen diffusen Bereich weiterer Zukunftsbilder, den Planer und Strategen möglichst meiden sollten. Vier Fragen können auf die Spur dieser kritischen Bereiche führen:

Können wir das Eintreten der Alternativen beeinflussen? Basieren die Alternativszenarien auf lenkbaren und nicht lenkbaren Faktoren, so stellt sich im Szenario-Transfer die Frage der Beeinflussbarkeit der Zukunftsentwicklung. Während ein Teil des Szenario-Teams sich aufgrund der eigenen Lenkungsmöglichkeiten für ein wünschenswertes Szenario entscheidet und dieses mit aller Macht anstreben möchte, versucht ein anderer Teil des Szenario-Teams sich im Hinblick auf die nicht lenkbaren Szenario-Elemente robust auf mehrere Entwicklungen einzustellen. Eine nachvollziehbare Nutzung der Szenarien zur strategischen Planung ist nur schwer möglich, da deren Struktur nicht eindeutig ist. Der Ergebnis sind häufig »wachsweiche« Formulierungen oder Strategien, die sich direkt aus den gegenwärtigen Interessen der beteiligten Personen ergeben.

Können Umfeldszenarien parallel auftreten? Bei einer unscharfen Festlegung von Umfeldmöglichkeiten und -alternativen kommt es beinahe zwangsläufig zu einer Diskussion, ob die erstellten Szenarien einander ausschließen oder ob sie parallel zueinander auftreten können. Eine unklare Antwort auf diese Frage führt ebenfalls zu unscharfen Strategieansätzen.

Market Pull oder Product Push? Wir erleben es nicht selten, dass in Unternehmen die externe Marktsegmentierung auf Basis unterschiedlicher Kundenbedürfnisse nicht sauber von der internen Produktstrukturierung getrennt wird. Dies ist auch der Fall, wenn Parallelszenarien lenkbare und nicht lenkbare Größen enthalten. In diesem Fall ist das Wirkungsgefüge im Szenario-Feld sehr genau zu untersuchen, damit keine falschen Schlussfolgerungen für die eigenen Handlungmöglichkeiten gezogen werden.

Können wir die Szenarien kombinieren oder variieren? Hier ist nicht eindeutig festgelegt, ob einander ausschließende Handlungsalternativen oder kombinierbare Handlungsmöglichkeiten erstellt wurden. Dies führt in der Regel zu erheblichen Problemen im anschließenden Szenario-Transfer, weil es eine beliebige Manipulation der Ergebnisse ermöglicht.

Insgesamt wird deutlich, dass zur Handhabung der Zukunft komplexer Systeme die Lenkungs- und Kombinationsmöglichkeiten der Szenarien möglichst genau festzulegen sind. Daher helfen insbesondere komplexe Systemszenarien – also die in der Mitte von Abbildung 10 als STOP-Schild dargestellte Variante – nicht weiter. Es ist vielmehr sinnvoll, die gemäß der vier Grundformen erstellten Szenarien auf eine sinnvolle Art miteinander zu verknüpfen. Dabei sind grundsätzlich alle Kombinationen von Umfeld- und Lenkungsszenarien geeignet. So können Planer beispielsweise zunächst Umfeldalternativen entwickeln und daraus verschiedene Optionen ableiten. Deren Bündelung zu Handlungsalternativen kann dann wiederum im Rahmen der Strategiefindung genutzt werden. Wie die einzelnen Formen von Szenarien miteinander verbunden werden, ist Gegenstand der folgenden Kapitel.

So werden Szenarien systematisch entwickelt

Um das Szenario-Feld umfassend beschreiben zu können, werden im Rahmen der Szenario-Feld-Analyse die relevanten Schlüsselfaktoren ausgewählt. Anschließend werden für jeden dieser Faktoren mehrere denkbare Zukunftsentwicklungen aufgezeigt. Deren systematische Verknüpfung führt zu mehreren alternativen Zukunftsbildern – den Szenarien.[3]

Im Folgenden wird die Entwicklung aussagekräftiger Szenarien am Beispiel von Umfeldalternativen dargestellt. Grundsätzlich lässt sich dieses Vorgehen allerdings auch für Umfeldmöglichkeiten, Handlungsalternativen oder Handlungsmöglichkeiten anwenden.

Abbildung 11: *Drei Schritte der Szenarioentwicklung*

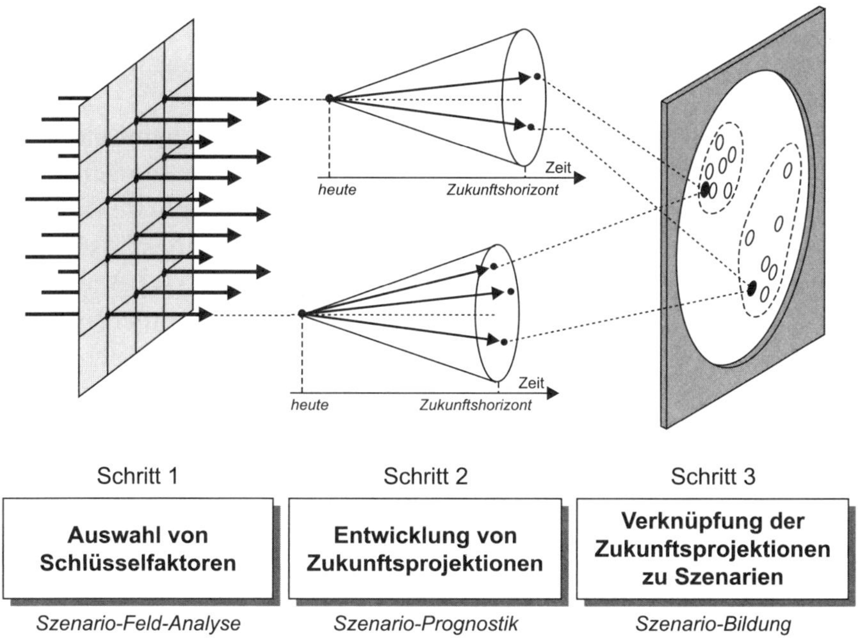

Auswahl von Schlüsselfaktoren (Schritt 1)

Am Anfang der Szenario-Entwicklung steht die Definition des Szenario-Feldes. Dies beschreibt den Bereich, dessen Zukunft in Form von Szenarien beschrieben werden soll. Die Definition eines Szenario-Feldes ist wichtig, damit alle Beteiligten den gleichen Bereich – eine Branche, einen Markt oder ein Umfeld – betrachten. Eine solche Definition lautet beispielsweise:

»Das Szenario-Feld umfasst das gesamte Umfeld des Gestaltungsfeldes ›Unternehmen‹. Ein Schwerpunkt des Szenario-Feldes ist der Aspekt ›Electronic Business‹, weil das Unternehmen in der Zukunft mit einem erheblichen Wandel in seinem Kerngeschäft rechnen muss.«

Für eine einfache Vorausschau sind die meisten Szenario-Felder zu komplex. Daher ist es notwendig, aus dem Szenario-Feld heraus einzelne Schlüsselfaktoren zu identifizieren, für die sich später mögliche Entwicklungen beschreiben lassen. Die Identifikation dieser Schlüsselfaktoren ist nicht einfach. Häufig gehen Unternehmen intuitiv davon aus, dass ihr Geschäft nur von wenigen Faktoren nachhaltig beeinflusst wird.

Für einen mittelständischen Zulieferer der petrochemischen Industrie schien eine Diskussion der Schlüsselfaktoren zunächst unwichtig zu sein. Hier drehte sich alles um *einen* »Schlüsselfaktor«. Mit Argusaugen beobachteten alle Planer und Führungspersönlichkeiten die Entwicklung des Ölpreises. Bereits ein erstes Brainstorming im Rahmen der Szenario-Entwicklung führte allerdings zu einem Katalog von etwas über 100 Faktoren, die einen mehr oder minder großen Einfluss auf das eigene Geschäft aufwiesen.

Wie soll man mit einer solchen Vielzahl von Faktoren umgehen? Zunächst ist darauf zu achten, dass Faktoren aus allen relevanten Bereichen des Szenario-Feldes ermittelt wurden. Im Rahmen eines ungeordneten Brainstormings besteht nämlich die Gefahr »schleichender Schwerpunktbildung«: Die Vertriebsleiter konzentrieren sich auf Marktgrößen, der Produktionsleiter hat vor allem neue Herstellverfahren im Hinterkopf, und externe Personen verweisen auf Umfeldgrößen wie Globalisierung oder Internet. Daher hat es sich als sinnvoll erwiesen, das Szenario-Feld zunächst durch Systemebenen und Einflussbereiche zu beschreiben. Systemebenen sind grundsätzliche Einflusssphären. Häufig lassen sich vier Systemebenen identifizieren:

Geschäft/Lenkungsbereich: Im Zentrum steht der Teil des Szenario-Feldes, den das Unternehmen direkt beeinflussen kann. Dies kann ein Produkt, ein Geschäftsfeld oder das gesamte Unternehmen sein. Bei vielen Umfeldszenarien steht dieser Lenkungsbereich, den wir vereinfachend auch als Geschäft bezeichnen, zwar ebenfalls im Zentrum, ist aber nicht Bestandteil des Szenario-Feldes.

Geschäftsumfeld: Das Geschäftsumfeld beinhaltet zusätzlich zum direkten Lenkungsbereich die Abnehmer (Märkte) sowie die direkten Wettbewerber (Branche) des Lenkungsbereiches. Er kann – wie in Kapitel 4 gezeigt werden wird – unterschiedlich gewichtet werden.

Spezifisches Umfeld: Eine Vielzahl weiterer Einflussfaktoren er-

Abbildung 12: *Modell der Systemebenen und Einflussbereiche*

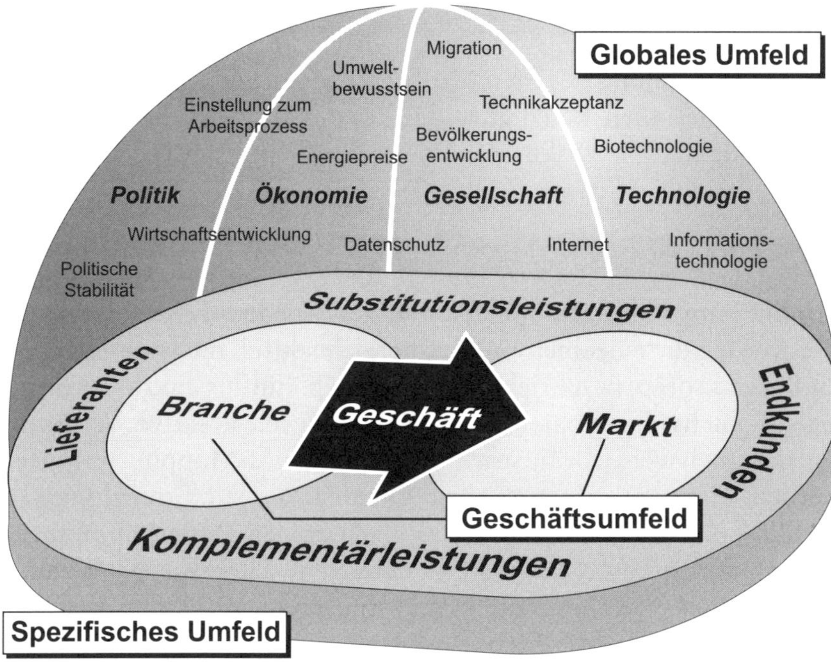

gibt sich aus dem spezifischen Umfeld. Dies enthält Faktoren, die die Struktur von Wettbewerb, Geschäft und/oder Markt direkt beeinflussen können.

Globales Umfeld: Zudem wird das Unternehmen durch globale Einflussfaktoren beeinflusst, die sich vor allem aus dem politischen, ökonomischen, gesellschaftlichen, technischen und ökologischen Umfeld ergeben.

Anschließend werden die einzelnen Systemebenen in *Einflussbereiche* zerlegt. Darunter verstehen wir Teilsysteme auf einer Systemebene, die für das Szenario-Feld von großer Bedeutung sind. So wird das spezifische Umfeld beispielsweise – je nach Gewichtung des Geschäftsumfeldes – durch die Einflussbereiche *Lieferanten*, *Endkunden*, *potenzielle Konkurrenten und Substitutionsprodukte*, *potenzielle Partner und Ergänzungsprodukte* sowie *spezifische Rahmenbedingungen* beschrieben.

Die Entwicklung sowie die visuelle Darstellung von Systemebenen und Einflussbereichen ist ein kreativer Prozess, der sich kaum standardisieren lässt. Nicht zuletzt deshalb wird er gerne übersprungen – was nach unserer Erfahrung ein großer Fehler ist. Gerade die visuelle Darstellung des Szenario-Feldes in Form eines *Systembildes* präzisiert bei allen Beteiligten die Vorstellung vom Szenario-Feld und ermöglicht die Diskussion unterschiedlicher Schwerpunkte.

Ermittlung von Einflussfaktoren

Um die Entwicklungsmöglichkeiten des Szenario-Feldes darzustellen, werden die einzelnen Einflussbereiche durch mehrere geeignete Einflussfaktoren beschrieben. So können Einflussfaktoren durch logisch nachvollziehbare Prozesse oder durch kreative Verfahren wie beispielsweise Brainstorming oder Mind-Mapping ermittelt werden. Hinzu kommen externe Quellen, die zur Ermittlung von Einflussfaktoren genutzt werden. Dazu zählen Datensammlungen oder Datenbanken, Checklisten oder eigene Literaturrecherchen.

Ein ideales Verfahren zur Ermittlung von Einflussfaktoren gibt es nicht. Im Verlauf der Szenario-Entwicklung kristallisiert sich fast immer eine Kombination mehrerer Verfahren heraus. Die identifizierten Einflussfaktoren erhalten anschließend eine prägnante und leicht verständliche Kurzbezeichnung. Außerdem wird eine ausführlichere Beschreibung verfasst, die den Einflussfaktor inhaltlich genauer beschreibt.

Kurzbezeichnung: Wirtschaftliche Entwicklung
Ausführliche Beschreibung: Der Faktor umfasst zunächst das quantitative Wirtschaftswachstum gemessen am Wachstum des Bruttosozialproduktes. Hinzu kommt die qualitative wirtschaftliche Entwicklung. Sie umfasst auch soziale und ökologische Aspekte der Lebensqualität und wird gemessen am »Index of Sustainable Economic Welfare«

Die prägnante Beschreibung des Einflussfaktors ist sehr wichtig, weil sie eine gemeinsame Grundlage für weitere Diskussionen sowie spätere Bewertungen und Zukunftsüberlegungen schafft. Abschließend wird die Verteilung der Einflussfaktoren auf die einzelnen Einflussbereiche überprüft.

Analyse der Vernetzungen im Szenario-Feld

Der Einflussfaktoren-Katalog enthält in der Regel eine große Anzahl von Einflussfaktoren – zwischen 40 und 90, in Einzelfällen sogar über 100 Faktoren. Da nicht alle Faktoren gleichermaßen relevant sind und sich eine zu hohe Anzahl in den folgenden Phasen nur schwer handhaben lässt, müssen jetzt die wesentlichen Einflussfaktoren identifiziert werden. Dabei hat sich ein Richtwert von 16 bis 20 Faktoren als sinnvoll erwiesen. Die Auswahl dieser Schlüsselfaktoren kann durch eine Einfluss- oder Vernetzungsanalyse unterstützt werden (siehe dazu Kapitel 5). Dadurch wird deutlich,

- welche Faktoren den größten Einfluss auf das Szenario-Feld haben,
- welche Faktoren von Veränderungen im Szenario-Feld am stärksten betroffen sind,
- welche Faktoren die Systemdynamik am stärksten abbilden und
- welche Faktoren einen besonders starken Einfluss auf ausgewählte Teile des Szenario-Feldes – zum Beispiel den inneren Gestaltungsbereich oder einen bestimmten Markt – haben.

Zusätzlich können mithilfe eines Software-Tools die in dem beschriebenen System enthaltenen indirekten Wirkzusammenhänge aufgedeckt und bei der Schlüsselfaktorenauswahl berücksichtigt werden. Dadurch werden *versteckte Systemtreiber* – so genannte »hidden driver« – identifiziert. Diese machen erfahrungsgemäß zwischen 10 und 20 Prozent der anschließend ausgewählten Schlüsselfaktoren aus. Es lohnt sich also, mithilfe einer indirekten Einflussanalyse sein Verständnis von dem betrachteten, komplexen System zu schärfen.

So wurde einem regionalen Verkehrsanbieter durch die indirekte Einflussanalyse klar, dass die Bequemlichkeit regionaler Mobilitätsleistungen eine zentrale Schlüsselgröße der Zukunft ist. Und einem Kreis von Hochschullehrern wurde so die Bedeutung des Faktors »Qualität der naturwissenschaftlichen Ausbildung an allgemeinbildenden Schulen« deutlich. Dieser Einflussfaktor war bei der direkten Analyse zunächst als weniger bedeutend eingeschätzt worden. Erst das Wirkungsgefüge aus unternehmerischen, technischen und gesellschaftlichen Faktoren führte dazu, dass dieser Faktor als versteckter Schlüsselfaktor erkannt wurde.

Auswahl von Schlüsselfaktoren

Bevor wir uns dem Prozess der Schlüsselfaktoren-Auswahl zuwenden, sollten wir kurz innehalten. An dieser Stelle haben wir das Szenario-Feld definiert, zerlegt und durch Einflussfaktoren und deren Vernetzung beschrieben. Natürlich wäre es wünschenswert, wenn wir jetzt nur noch auf den Knopf drücken müssten, und die für uns relevanten Schlüsselfaktoren liefen sorgfältig aufgelistet aus dem Drucker. So einfach ist es aber nicht. Wir sehen in der Einfluss- und Vernetzungsanalyse lediglich eine Unterstützung bei der Auswahl der Schlüsselfaktoren. Auswählen müssen die Beteiligten selbst – schließlich sind es ja auch »ihre« Schlüsselfaktoren.

Bei der Schlüsselfaktoren-Auswahl sollten zwei Kriterien besonders beachtet werden. Erstens sollten Schlüsselfaktoren einen großen Einfluss auf den relevanten Kern des Szenario-Feldes haben. Dazu können wir für jeden Faktor eine so genannte *Wirkungssumme* ermitteln. Zweitens sollten Schlüsselfaktoren eng miteinander vernetzt sein, um so zukünftige Entwicklungsoptionen auszudrücken und prägnante Szenarien zu ermöglichen. Dazu kann die *Systemdynamik* der einzelnen Faktoren betrachtet werden.

Wirkungsvolle Unterstützung bei der Schlüsselfaktoren-Auswahl bietet daher ein *Dynamik-Wirkungs-Grid*, wie er in Abbildung 13 dargestellt ist. Dabei wird auf der Abszisse die Rangziffer entsprechend der Systemdynamik und auf der Ordinate die Rangziffer entsprechend der Wirkungssumme aufgetragen. Anschließend werden beide Achsen bei der angestrebten Anzahl von Schlüsselfaktoren (hier: 16) und einem frei zu wählenden Karenzrang (hier: 24) unterteilt, so dass ein Grid aus neun Feldern entsteht.

Besonderes Augenmerk gilt zunächst dem oberen rechten Feld des Grids. Es enthält in dem gezeigten Beispiel neun Einflussfaktoren, die sowohl nach Dynamik-Index als auch nach Wirkungssumme zu den Top 16 gehören. Daher bezeichnen wir diese als *eindeu-*

Abbildung 13: *Auswahl von Schlüsselfaktoren*

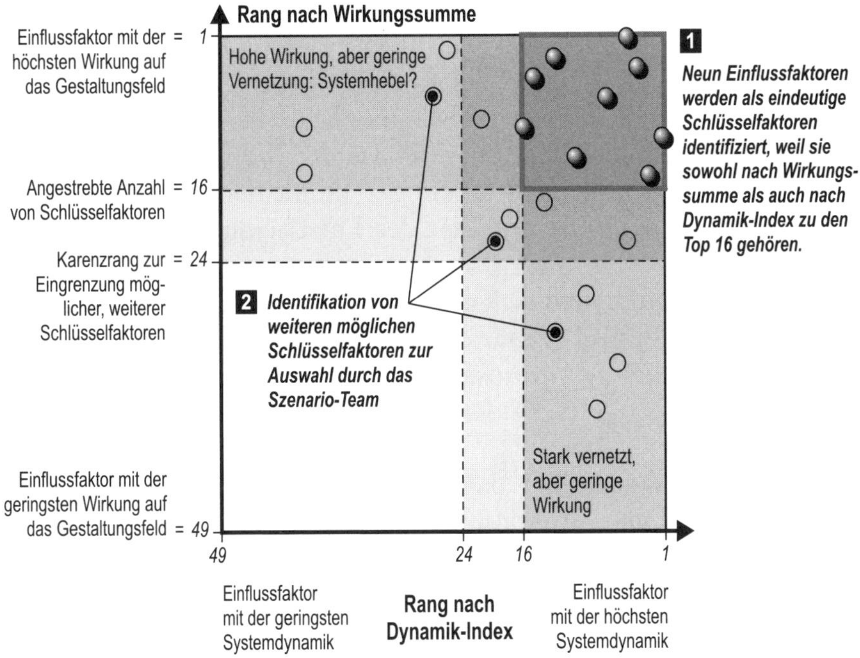

tige Schlüsselfaktoren. Zusätzlich sind jetzt sieben weitere Schlüsselfaktoren auszuwählen. Dazu kann unter Beachtung des Grids eine Vorauswahl weiterer *möglicher Schlüsselfaktoren* getroffen werden. Dabei können auch die Vorschläge der Teammitglieder – unabhängig von der Einflussanalyse – Berücksichtigung finden.

Anschließend erfolgt eine individuelle Bewertung dieser Faktoren, aus der sich dann die weiteren Schlüsselfaktoren ergeben. Spätestens hier wird deutlich, dass es sich bei der Auswahl der Schlüsselfaktoren immer um einen gruppendynamischen – ja sozusagen um einen gruppensubjektiven – Prozess handelt, der durch die vorgestellten Verfahren lediglich bestmöglich unterstützt wird. Letztlich entscheidend ist, dass das Szenario-Team mit dem entwickelten Schlüsselfaktoren-Katalog zufrieden ist.

Entwicklung von Zukunftsprojektionen (Schritt 2)

Nachdem eine handhabbare Zahl von Schlüsselfaktoren ausgewählt wurde, beginnt der »Blick in die Zukunft«. Für jeden Schlüsselfaktor werden jetzt systematisch mögliche, zukünftige Zustände ermittelt und beschrieben. Diese Phase der Szenario-Entwicklung ist besonders wichtig, weil davon der Inhalt der Szenarien – und damit letztlich auch die Qualität der Entscheidungsunterstützung – abhängt.

An diesem Punkt stellt sich auch die Königsfrage in der Gilde der Zukunftsforscher und Szenarienplaner: »Wie halten wir es mit der Wahrscheinlichkeit?« Grundsätzlich lassen sich drei Arten zukünftiger Situationen unterscheiden:

- Können Aussagen über das Eintreten oder das Nichteintreten einer zukünftigen Situation mit der Wahrscheinlichkeit »1« abgegeben werden, wird von *Sicherheit* gesprochen. Bei den Beschreibungen dieser sicheren Situation handelt es sich um *Prognosen.*
- Können den möglichen Zukunftssituationen zumindest subjektive Wahrscheinlichkeiten zugeordnet werden, wird von *Risiko* gesprochen. Daher handelt es sich bei den Beschreibungen dieser Zukunftssituationen um *Vorhersagen.*
- Können den möglichen Zukunftssituationen keine Eintrittswahrscheinlichkeiten zugeordnet werden – oder wird bewusst darauf verzichtet –, so wird von *Unsicherheit* gesprochen. Bei den Beschreibungen dieser Situationen handelt es sich um *Projektionen.*

Grundsätzlich kann es sich bei den im Rahmen der Szenario-Entwicklung verwendeten Zukunftsbildern um Prognosen, Vorhersagen oder Projektionen handeln. Prognosen werden allerdings nur dann verwendet, wenn für einzelne Schlüsselfaktoren eine eindeutige Entwicklungsrichtung vorliegt. Daher verwenden wir für die möglichen Entwicklungen der identifizierten Schlüsselfaktoren im Allgemeinen den Begriff *Zukunftsprojektionen* – und ordnen diesen Projektionen nur in begründeten Einzelfällen subjektive Wahrscheinlichkeiten zu.

Kategorien von Projektionen

Zunächst lassen sich Zukunftsprojektionen hinsichtlich ihres Inhalts unterscheiden. So werden mit *Extremprojektionen* eher unwahrscheinliche Entwicklungsmöglichkeiten dargestellt. Sie weisen in überzeichneter Form auf potenzielle Entwicklungen hin, um Überraschungen zu vermeiden. »Extrem« steht in diesem Zusammenhang für überbetont oder dramatisiert. *Trendprojektionen* stellen demgegenüber plausible Entwicklungen dar, deren Eintreten als durchaus wahrscheinlich erachtet wird. Trendprojektionen sind aus heutiger Sicht wesentlich leichter nachzuvollziehen und weisen einen stärkeren Gegenwartsbezug auf.

Die zweite und für die Szenario-Entwicklung häufig noch wichtigere Kategorie entspricht der zuvor bereits genannten Unterscheidung von Alternativ- und Parallelszenarien. Mit *Alternativprojektionen* werden Entwicklungsmöglichkeiten beschrieben, die nicht gemeinsam in der Zukunft auftreten können. Dies sind beispielsweise die Projektionen »steigender Benzinpreis« und »Sinkender Benzinpreis«. Demgegenüber können in der Zukunft mehrere *Parallelprojektionen* gleichzeitig vorkommen. Ein Beispiel hierfür sind die Projektionen »Verbrennungsmotor« und »alternative Antriebssysteme« im Rahmen der Entwicklung von zukünftigen Fahrzeugkonzepten.

Am Anfang steht eine Trendsammlung

Die Entwicklung von Zukunftsprojektionen verlangt mehr als das Zusammentragen einiger Trends. Dennoch steht am Anfang des Prozesses die Suche nach allem, was mit der Zukunft des Schlüsselfaktors zusammenhängt. Diese sehr unterschiedlichen Informationen werden als *Trends* bezeichnet. Für den Schlüsselfaktor »Wirtschaftliche Entwicklung« sind dies beispielsweise die Ausdünnung des Mittelstandes, Sustainable Development, ein kontinuierliches Wirtschaftswachstum (»the long boom«) in den kommenden 15 Jahren sowie eine Verbesserung der konjunkturellen Lage.

Mit Dimensionen zu konkreten Zukunftsprojektionen

Ein Sprichwort mahnt uns, nicht Äpfel mit Birnen zu vergleichen. Wenn wir uns den vorliegenden Trendkatalog allerdings ansehen, dann enthält er häufig nicht nur Äpfel und Birnen, sondern noch allerlei anderes Obst und Gemüse. Anders ausgedrückt: die Trends unterscheiden sich hinsichtlich ihres Zeithorizonts, ihres Betrachtungsbereichs, ihres regionalen Fokus, ihrer Gültigkeitsdauer et cetera. Um von dem ungeordneten Katalog von Trends zu einer handhabbaren Anzahl strukturell gleichwertiger Projektionen zu gelangen, müssen wir noch einmal von außen auf den einzelnen Schlüsselfaktor sehen und uns dabei die Frage stellen: Anhand welcher *Dimensionen* lässt sich die Entwicklung des Schlüsselfaktors am besten beschreiben?

Eindimensionale Schlüsselfaktoren lassen sich sehr einfach beschreiben. So kann der Benzinpreis in absoluten Werten, in prozentualen Zuwachsraten oder anhand qualitativer Urteile (Benzinpreise steigen, sinken et cetera) ausgedrückt werden. In allen Fällen wird er durch die eine Dimension »Geld« beschrieben. Aber Vorsicht: Bei eindimensionalen Schlüsselfaktoren besteht die Gefahr, vorschnell »Best-case«- und »Worst-case«-Projektionen zu beschreiben.

Mehrdimensionale Schlüsselfaktoren werden demgegenüber durch zwei oder mehr Dimensionen beschrieben. Ein Beispiel hierfür ist der Schlüsselfaktor »wirtschaftliche Entwicklung«, der sich durch die Dimensionen »quantitatives Wachstum« (Bruttosozialprodukt) und »qualitatives Wachstum« (Index of Sustainable Economic Welfare) beschreiben lässt. Die Visualisierung solcher Faktoren kann dann in einem Portfolio erfolgen, aus dem sich die Zukunftsprojektionen ablesen lassen. Für die wirtschaftliche Entwicklung ergeben sich so vier Zukunftsprojektionen (vgl. Kasten).

Ein entscheidender Vorteil von Szenarien im Gegensatz zu den meisten anderen Prognoseinstrumenten ist die Möglichkeit der Einbeziehung *qualitativer Projektionen*. Nicht jeder Schlüsselfaktor muss durch skalierbare Projektionen beschrieben werden. Was für Benzinpreise noch relativ einfach ist, kann bei Faktoren wie »Datenschutz« oder »Rechtsempfinden« schnell zu einem kaum lösbaren Problem werden.

Abbildung 14: *Projektionsentwicklung auf Basis von zwei Dimensionen*

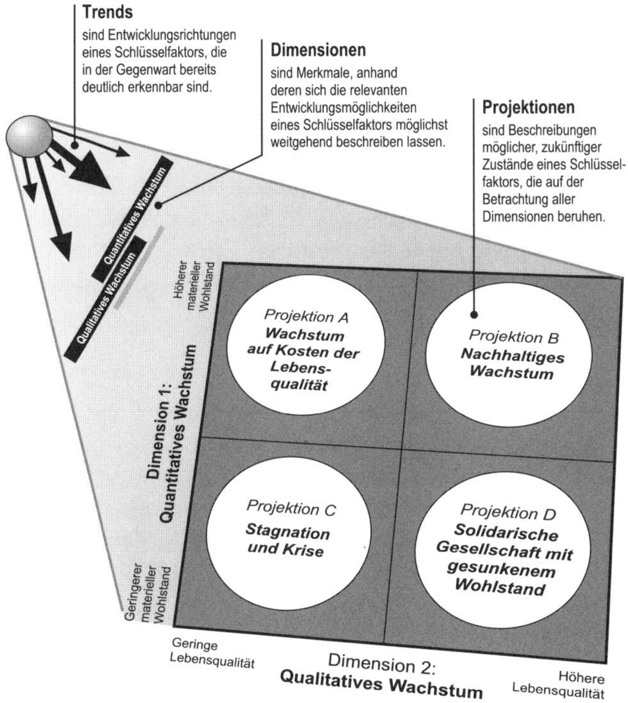

Die Projektions-Portfolios erinnern nicht von ungefähr an die Darstellung von Szenarien, die nach dem System der intuitiven Logik erstellt wurden. Letztlich handelt es sich bei den hier dargestellten Projektionen nach anglo-amerikanischer Lesart bereits um »kleine Szenarien«. Der Unterschied liegt allerdings darin, dass im Szenario-Management bis zu 20 solcher Projektionen zu *komplexen* Zukunftsbildern verknüpft werden.

Zuvor werden die Projektionen noch ausformuliert und begründet, sodass sie auch von Unbeteiligten leicht und schnell verstanden werden. Daher erhält eine Zukunftsprojektion neben der eigentlichen Beschreibung eine prägnante Überschrift. Sie ermöglicht zum einen die bessere Handhabbarkeit der Projektion in den folgenden Schritten, zum anderen weckt sie Interesse und ermöglicht einen schnellen Rücksprung bei einer späteren Überarbeitung.

Projektionen des Schlüsselfaktors »Wirtschaftliche Entwicklung«

Wirtschaftswachstum auf Kosten der Lebensqualität (Projektion A). Das Bruttosozialprodukt wächst jährlich um mehrere Prozent. Dieses quantitative Wachstum wird allerdings auf Kosten der Lebensqualität erreicht. Mögliche Gründe hierfür sind eine hohe Arbeitslosigkeit, eine ungleiche oder ungerechte Verteilung des Wohlstandes in der Gesellschaft sowie ein hoher Grad an Umweltzerstörung. Insgesamt nimmt das Maß für qualitatives Wachstum – der »Index of Sustainable Economic Welfare« – deutlich ab.

Nachhaltiges Wachstum (Projektion B). Das qualitative Wachstum steht im Mittelpunkt der Aktivitäten aller Entscheidungsträger im politisch-wirtschaftlichen Bereich. Dies führt sowohl zu einer nachhaltigen Steigerung des »Index of Sustainable Economic Welfare« – beispielsweise im Sinne einer geringeren Arbeitslosigkeit, einer gerechten Wohlstandsverteilung sowie einer Schonung der natürlichen Ressourcen. Gleichzeitig wird ein geringes quantitatives Wachstum erwirtschaftet, sodass von einer »ökologisch-dauerhaften Entwicklung« gesprochen werden kann.

Stagnation und Krise (Projektion C). Die ökonomische Entwicklung in den westlichen Industriestaaten stagniert. Daher verschärfen viele Staaten ihre Bemühungen zur Sicherung der Wettbewerbsfähigkeit. Dies geschieht zu großen Teilen auf Kosten der Lebensqualität: viele Umweltschutz- und Sozialstandards werden gelockert.

Solidarische Gesellschaft mit gesunkenem Wohlstand (Projektion D). Im Mittelpunkt der Aktivitäten aller Entscheidungsträger im politisch-wirtschaftlichen Bereich steht die Steigerung des »Index of Sustainable Economic Welfare«. Kernziele sind eine geringe Arbeitslosigkeit, eine gerechte Wohlstandsverteilung sowie die Schonung der natürlichen Ressourcen. Dies wird auf Kosten der ökonomischen Entwicklung durchgesetzt. Der damit verbundene Rückgang des BIP wird von einer Mehrheit der Menschen akzeptiert.

Zukunftsprojektionen zu Szenarien verknüpfen (Schritt 3)

Jetzt liegen für die ausgewählten Schlüsselfaktoren mehrere alternative Zukunftsprojektionen vor. Daraus werden Szenarien gebildet. Dies erfolgt in den nachfolgend dargestellten fünf Unterschritten.

Projektionen auf ihre Widerspruchsfreiheit überprüfen

Wenn Sie einen Roman lesen, der im 19. Jahrhundert spielt, dann würde es Sie stören, wenn der Held am Wochenanfang in Wien an einem höfischen Fest teilnimmt und am Donnerstag bereits in New York oder Boston wäre. Schließlich dauerte eine Atlantiküberquerung seinerzeit etwa zehn Tage. Der Autor dieser Geschichte aus

Abbildung 15: *Konsistenzbewertung*

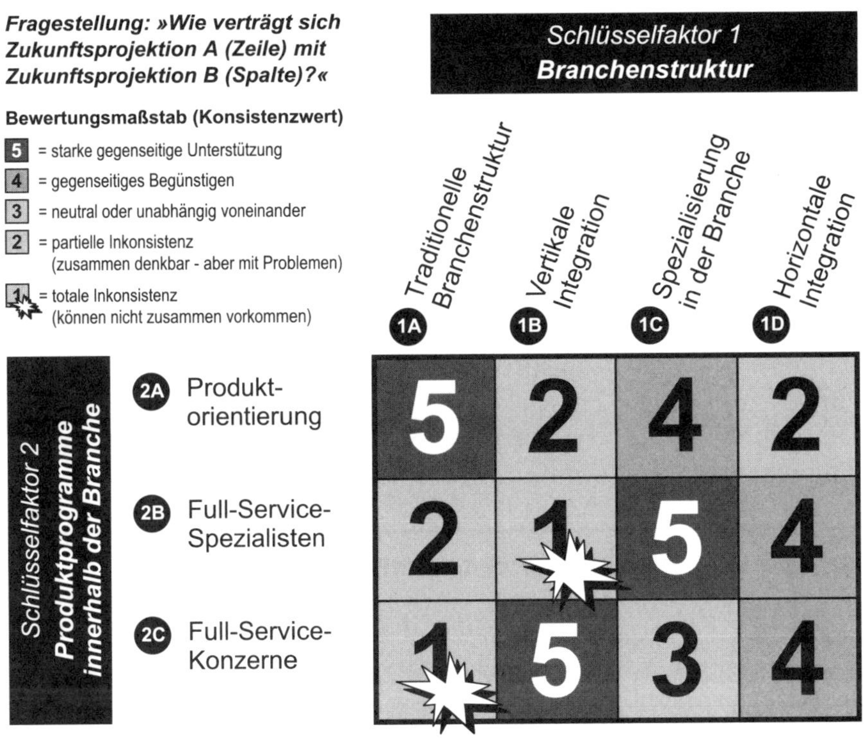

der Vergangenheit hat offensichtlich geschlampt – mit erheblichen Folgen: die Glaubwürdigkeit der Handlung ist erschüttert.

Szenarien sind Geschichten aus der Zukunft. Auch hier beruht die Glaubwürdigkeit darauf, dass die einzelnen Elemente – hier sind es die zuvor entwickelten Zukunftsprojektionen – zueinander passen. Diese Widerspruchsfreiheit wird als *Konsistenz* bezeichnet. Die besondere Schwierigkeit liegt darin, dass für die Konsistenz mehrerer Projektionen keine objektiven Maßstäbe vorliegen – schließlich liegen alle Projektionen in der Zukunft. Daher werden im Rahmen einer Konsistenzanalyse die einzelnen Projektionen paarweise miteinander verknüpft. So zeigt die Vergabe einer Fünf in Abbildung 15, dass die Entwicklung von Full-Service-Konzernen (2C) gut mit einer vertikalen Branchenintegration (1B) zusammenpasst, während Full-Service-Spezialisten (2B) eher mit einer spezialisierten Branchenstruktur (1C) zusammenfallen. Ausgeschlossen wird durch Vergabe einer »Eins« beispielsweise das Zusammenfallen von Full-Service-Spezialisten mit einer vertikalen Branchenstruktur. Die Zusammenführung der einzelnen paarweisen Konsistenzbewertungen erfolgt dann in einer *Konsistenzmatrix*.

Im Rahmen dieser Konsistenzbetrachtung diskutieren die beteiligten Personen besonders intensiv über zukünftige Entwicklungen. Dabei wird deutlich, dass die Szenario-Entwicklung kein mechanistischer oder objektiver Prozess ist, sondern eine geführte Diskussion zukunftsrelevanter Zusammenhänge. Dieser Diskussionsprozess kann allerdings durch Hilfsmittel unterstützt werden. So erlaubt der Vergleich mehrerer parallel ausgefüllter Konsistenzmatrizen Rückschlüsse auf Verständnisprobleme oder unterschiedliche Einschätzungen zukünftiger Entwicklungen. Die Diskussionen, die mit einer Überarbeitung der verschiedenen Matrizen verbunden sind, stellen eine erhebliche Wertschöpfung des Szenario-Prozesses dar.

Alle Kombinationsmöglichkeiten durchspielen

Nach der Konsistenzbewertung der einzelnen Projektionspaare werden alle möglichen Gesamtkombinationen hinsichtlich ihrer Widerspruchsfreiheit überprüft: Wie gut passen die einzelnen Projektionen zusammen? Gibt es totale Inkonsistenzen, die diese Kombination ab absurdum führen? Als sinnvolle Kombination gilt dabei, wenn sie zu jedem Schlüsselfaktor genau eine Zukunftsprojektion enthält. Eine solche Kombination wird auch als *Projektionsbündel* bezeichnet.

Bei der Analyse der Projektionsbündel handelt es sich um ein kombinatorisches Problem, das für eine große Anzahl von Schlüsselfaktoren mit erheblichem Aufwand verbunden ist. Daher ist hier der Einsatz eines Software-Tools unumgänglich, das zu einer Liste der widerspruchsfreien Projektionsbündel führt, mit denen sich der Zukunftsraum am weitestgehenden beschreiben lässt. Diese Liste wird als *Projektionsbündelkatalog* bezeichnet.

Eine sinnvolle Anzahl von Rohszenarien entwerfen

Projektionsbündel sind noch keine Szenarien. Diese ergeben sich erst aus Gruppen von ähnlichen Projektionsbündeln, die wir als *Rohszenarien* bezeichnen. Die Zusammenfassung der einzelnen Projektionsbündel erfolgt im Rahmen einer *Clusteranalyse*. Dabei wird angestrebt, dass die einzelnen »Bündel-Gruppen« in sich möglichst homogen und untereinander möglichst heterogen sind. Konkret bedeutet dies, dass die Projektionsbündel innerhalb eines Rohszenarios möglichst ähnlich und die Rohszenarien selbst beziehungsweise die Projektionsbündel unterschiedlicher Rohszenarien möglichst verschieden sein sollen.

Die Anzahl von Szenarien ist nicht von vorneherein festgelegt, sondern ergibt sich aus der Clusteranalyse. Dabei ist sie das Ergebnis des folgenden Kompromisses: Einerseits ermöglicht eine *höhere Anzahl von Szenarien* einen detaillierteren Einblick in den Zukunftsraum – andererseits sind die Planer (und vor allem die späteren Entscheider) an einer möglichst *geringen Anzahl von Szenarien* interessiert. Dies reduziert den Aufwand der anschließenden Weiterverarbeitung der Szenarien und erleichtert deren Kommunikation.

Was aber ist die geeignete Anzahl von Szenarien? Hier hilft die Betrachtung des mit jeder denkbaren Anzahl von Szenarien verbundenen Informationsverlustes. In Betracht kommen jetzt vor allem die möglichen Szenarienmengen, bei denen

- durch die *Betrachtung eines zusätzlichen Szenarios* (also beispielsweise fünf statt vier Szenarien) kein wesentlicher Informationsgewinn zu verzeichnen ist und
- gleichzeitig durch die *Zusammenfassung von zwei Szenarien* (also beispielsweise die Betrachtung von drei statt vier Szenarien) ein erheblicher zusätzlicher Informationsverlust zu verzeichnen wäre.

Durch die Festlegung der Szenarienanzahl werden auch die Umrisse der einzelnen Rohszenarien erkennbar: Wie viele Projektionsbündel enthält ein Rohszenario? Wie häufig kommen die einzelnen Zukunftsprojektionen in den Projektionsbündeln eines Rohszenarios vor? Gibt es Projektionen, die in allen Rohszenarien dominieren? Gibt es Projektionen, die lediglich Randerscheinungen darstellen?

Ein Verständnis von den einzelnen Rohszenarien entwickeln

Ein aus der Clusteranalyse gewonnenes Rohszenario trägt den Kern des späteren Szenarios bereits in sich – es ist allerdings noch nicht für die spätere Anwendung aufbereitet. Jetzt ist es notwendig, dass die Szenarioentwickler ein Verständnis der durch die einzelnen Rohszenarien charakterisierten Zukünfte gewinnen. Dazu identifizieren sie für jedes Szenario die darin relevanten Projektionen. Diese Projektionen bezeichnen wir auch als *Ausprägungen des Szenarios*. Die Relevanz einer Zukunftsprojektion für ein bestimmtes Szenario ergibt sich daraus, wie oft die entsprechende Projektion in den dem Szenario zugrunde liegenden Projektionsbündeln vorkommt. Zukunftsprojektionen, die in mindestens drei Viertel aller Projektionsbündel des Rohszenarios vorkommen, werden als *eindeutige Ausprägungen* bezeichnet. Kommt eine Projektion immerhin in mehr als einem Viertel der Bündel eines Szenarios vor, so sprechen wir von einer *alternativen Ausprägung*.

Sind die Ausprägungen der einzelnen Szenarien identifiziert, betrachten die Szenario-Entwickler noch einmal nacheinander alle Projektionen. Liegen Projektionen nur in einem einzigen Szenario vor, so sprechen wir von *charakteristischen Ausprägungen* dieses

Abbildung 16: *Ausprägungslisten von vier Szenarien*

Schlüsselfaktor		Projektion	Szen. I	Szen. II	Szen. III	Szen. IV
SF 1: *Branchen-struktur*	A	Traditionelle Struktur	8	0	5	0
	B	Vertikale Integration	71	91	0	0
	C	Spezialisierung	0	0	95	50
	C	Horizontale Integration	21	9	0	50
SF 2: *Produkt-programme*	A	Produktorientierung	55	0	0	85
	B	Full-Serv.-Spezialisten	0	0	100	15
	C	Full-Service-Konzerne	45	100	0	0
SF 3: *Markt-entwicklung*	A	Strukturelles Wachstum	100	62	0	0
	B	Mengenwachstum	0	38	43	0
	C	Substitutionsmarkt	0	0	0	100
	C	Marktrückgang	0	0	57	0
SF 20: *Wirtschaftliche Entwicklung*	A	Quantitativ. Wachstum	27	72	13	0
	B	Nachhaltiges Wachst.	73	23	0	66
	C	Stagnation und Krise	0	5	87	0
	C	Ökologischer Umbau	0	0	0	34

Eindeutige Ausprägung eines Szenarios · *Alternative Ausprägung eines Szenarios* · *Dominante Ausprägung eines Szenarios* · *Projektion wird im Szenario vernachlässigt*

Szenarios. Die Diskussion und Verknüpfung der zentralen Elemente eines Szenarios – also vor allem der charakteristischen und eindeutigen Ausprägungen – vermittelt einen Eindruck von dessen Inhalt und seiner Abgrenzung zu anderen Zukunftsbildern. Durch weitere Analysen kann das Verständnis der Szenarien noch erhöht werden:

Vernetzung der Szenarien: Szenarien beruhen auf miteinander vernetzten Schlüsselfaktoren und Projektionen. Daher können die Wirkungen innerhalb eines Szenarios durch Instrumente des vernetzten Denkens analysiert und als Netzwerk dargestellt werden. So werden das *zentrale Szenario-Thema*, dominante Regelkreise sowie Szenario-Treiber und Szenario-Indikatoren sichtbar.

Quantifizierung von Szenarien: Häufig wird von Seiten der Entscheidungsträger gefordert, aus den Szenarien planungsrelevante

Daten wie beispielsweise Marktpotenziale oder Kostenentwicklungen abzulesen oder abzuleiten. Dazu ist es möglich, bereits parallel zur Entwicklung von Zukunftsprojektionen *quantitative Entwicklungsräume* für die einzelnen Schlüsselfaktoren zu beschreiben. Jetzt werden den einzelnen Szenarien aus dem Kontext des Rohszenarios heraus Werte zugeordnet, die anschließend mit den Entwicklungsräumen abzugleichen sind.

Sensitivitätsanalyse: Bei der Anwendung von Szenarien kann es von Interesse sein festzustellen, wie sich die Szenarien bei bestimmten Vorgaben verhalten beziehungsweise verändern könnten. Dies führt zum Begriff der *sensitiven Häufigkeiten*. Sie beschreiben, wie oft eine Projektion in einem Szenario vorkommen *könnte*. Dieser Ansatz kommt beispielsweise bei Produktszenarien zum Einsatz, wenn zu überprüfen ist, ob neben der im Szenario enthaltenen eindeutigen Ausprägung noch weitere Möglichkeiten denkbar sind.

Verknüpfung der Szenarien grafisch darstellen

Zusätzlich zur Betrachtung der einzelnen Szenarien ist es hilfreich, die Zusammenhänge zwischen den verschiedenen Zukunftsbildern zu visualisieren. Dazu werden im Rahmen eines *Szenario-Mappings* die verschiedenen Projektionsbündel in einer Ebene so dargestellt, dass ähnliche Bündel möglichst dicht beieinander und unähnliche Bündel möglichst weit voneinander entfernt liegen (Abbildung 17). Dazu wird eine *Multidimensionale Skalierung (MDS)* eingesetzt. Innerhalb des Szenario-Mappings zeigen sich die einzelnen Rohszenarien als »Haufen«. Nach unserer Erfahrung sollte ein Szenario-Team unbedingt eine solche grafische Darstellung nutzen, weil es sonst Gefahr läuft, die Zusammenhänge zwischen den Szenarien nicht richtig zu erfassen und so einseitige Interpretationen zu erstellen.

Abbildung 17: *Szenario-Mapping*

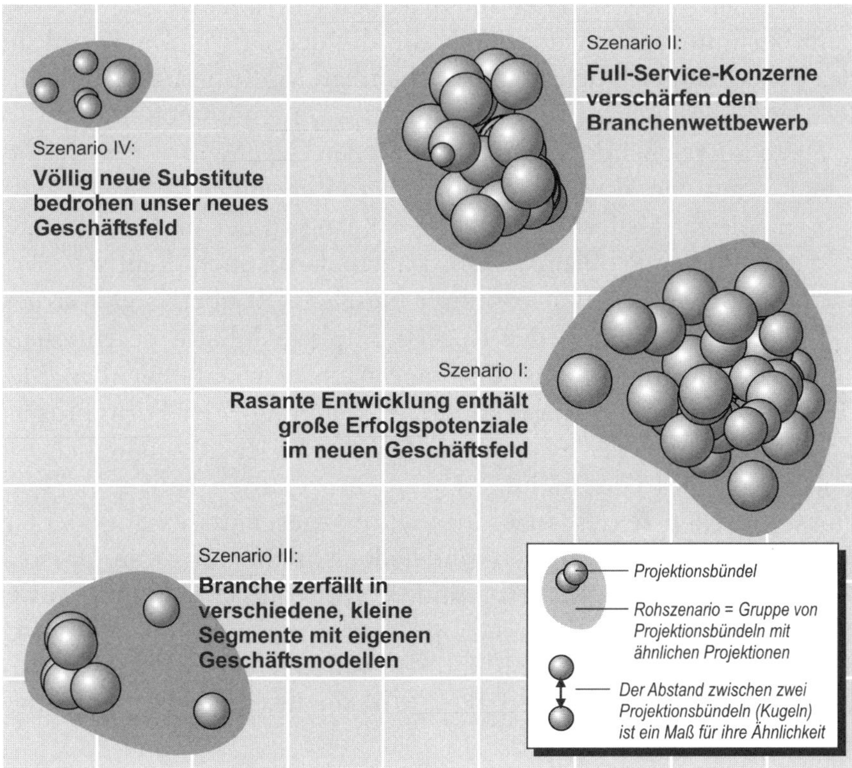

Szenarien zielgruppengerecht kommunizieren

Mit den Ausprägungslisten der einzelnen Szenarien und dem Szenario-Mapping verfügen wir über eine fundierte Grundlage zur Beschreibung der denkbaren Zukünfte. Da die Adressaten der Szenario-Inhalte nicht immer Mitglieder des Szenario-Teams sind, ist darauf zu achten, dass die Zielgruppe den Inhalt der Szenarien und ihre implizierten Schlussfolgerungen leicht aufnehmen kann.

Von den Szenarien muss eine visionäre Kraft ausgehen, die Veränderungen provozieren kann und die Auswirkungen dieser Veränderungen in der Zukunft darstellt. Sie sollten ein ausreichendes Moment an Neuem und Überraschendem beinhalten; und zwar in der Richtung, in der die Denkstrukturen des Unternehmens erweitert werden müssen. Dies muss jedoch gut abgewogen werden, denn zu innovative Szenarien – die die derzeitigen Denkstruktur des Unternehmens nicht in ausreichendem Maße berücksichtigen – werden häufig nicht oder sogar falsch wahrgenommen.

Diese ausreichende Verankerung in der Gegenwart ist auch notwendig, um den aktuellen Problembezug erkennen zu lassen. Szenarien sollten insofern eine direkten Bezug zu der im Gestaltungsfeld enthaltenen Problemstellung haben, damit auch skeptische Anwender oder Adressaten von ihrer Nützlichkeit überzeugt werden.

Da die Szenarien in der Regel komplexe Inhalte beschreiben, stellt sich darüber hinaus die Frage nach dem darstellenden Medium. Die wichtigste Regel lautet: Sie sollten in einer Form präsentiert werden, die der anvisierten Zielgruppe leicht zugänglich ist. Innerhalb eines Unternehmens werden Szenarien häufig in Form eines formellen Textes, sozusagen wie ein Geschäftsbericht oder ein Memo abgefasst. Szenarien sind jedoch nicht auf diese Darstellungsform beschränkt. Insbesondere für komplexe Kommunikationsprobleme gibt es Szenariopräsentationen, die die Aufmerksamkeit und das Verständnis der Adressaten nochmals deutlich verbessern. Einige dieser Darstellungsvarianten werden im Folgenden ebenfalls vorgestellt.[4]

Die formelle Beschreibung einer denkbaren Zukunft

Die formelle Beschreibung ist die häufigste Form der Szenario-Präsentation. Für die meisten Beteiligten bietet diese Form der Kommunikation wenig Schwierigkeiten. Hier soll ein Szenario den folgenden Aufbau haben:

1. *Treffende Überschrift*, die die gesamte Entwicklungsrichtung des Szenarios beschreibt und gleichzeitig Interesse für dessen Inhalt erzeugt.
2. *Kurzüberblick*, der die wesentlichen Aussagen zusammenfasst und es der Zielgruppe ermöglicht, das Szenario schnell von den anderen Zukunftsbildern zu unterscheiden.

3. *Hauptteil* mit wesentlichen Aussagen und der Beschreibung der jeweiligen eindeutigen Zukunftsentwicklungen.
4. *Anhang* mit den Kennwerten der Ausprägungsliste.

Für das Szenario-Team bieten sich unabhängig von der Präsentationsform eine Reihe von stilistischen Möglichkeiten an, um gute Szenarien zu formulieren: Dazu zählt die Verwendung von *Metaphern*, um eine Vergleichbarkeit mit vorhandenen Vorgängen im Unternehmen zu erreichen. Ein weiteres Stilmittel sind *Wiederholungen* wesentlicher Unterscheidungsmerkmale bei mehreren Szenarien. Auch eine farbliche Kodierung der Szenarien erleichtert dem Leser die Aufnahme und die Verankerung der Information.

Teilweise werden die formellen Beschreibungen um eine Quantifizierung der Szenarien ergänzt. Dies geschieht durch die Angabe von Korridoren, in denen sich strategisch relevante Kennwerte wie beispielsweise Marktanteile, Inflationsraten oder Devisenkurse in den Szenarien bewegen können.

Storytelling – die »Geschichten aus der Zukunft«

Insbesondere bei Marktszenarien lassen sich aus den fachlichen Inhalten der entwickelten Zukunftsbilder auch »Geschichten aus der Zukunft« verfassen. Diese stellen beispielsweise dar, was einem Kunden im Jahre 2010 passiert, wenn er die auf dem entsprechenden Markt angebotene Leistung abfragt. Viele solche Szenarien beschreiben einen Tag in der Zukunft und beginnen folglich mit einem klingelnden Wecker – falls es einen Wecker dann überhaupt noch gibt.

Angewandt wurde dieses »Storytelling« beispielsweise von den *Berliner Verkehrsbetrieben* (BVG), die im Großraum Berlin als Anstalt des öffentlichen Rechts die wesentlichen Systeme des öffentlichen Personennahverkehrs – U-Bahn, Straßenbahn und Bus – betreiben. Vor dem Hintergrund der zunehmenden Privatisierung des Nahverkehrs stellte sich den dortigen Planern immer wieder die Frage, wie die regionalen Mobilitätsmärkte in der Zukunft aussehen könnten. Die Antwort darauf lieferte ein Szenario-Projekt, an dem ein sehr heterogenes Team – vom Vorstandsassistenten bis zum Straßenbahnfahrer – teilnahm.

Als Zukunftshorizont wählte die Unternehmensplanung der *BVG* das Jahr 2015. Die Begründung dafür liegt auf der Hand: Derzeit durchläuft Deutschlands zweitgrößter regionaler Mobilitätsanbieter ein ambitiöses Programm, das die *BVG* bis zum Jahre 2008 für den freien Markt fit machen soll. Eine zu starke zeitliche Nähe zu den darin anvisierten Leistungszielen hätte die Mitglieder des Szenario-Teams bei der Entwicklung der Marktszenarien zu stark eingeschränkt.

Um die Szenarien im Unternehmen besser kommunizieren zu können, entschied sich das Szenario-Team dafür, neben den fachlich formulierten Szenarien zur Zukunft der regionalen Mobilitätsmärkte auch »Geschichten aus der Zukunft« zu formulieren. Nachfolgend sind zwei dieser Szenario-Geschichten dargestellt.

Szenario I: Wer zu spät aufs Land kommt, den bestraft der Individualverkehr

6. Januar 2015: Durch ein leises Summen signalisiert der Kommunikator: es ist 6.15 Uhr. Heute muss Vincent Schmidt pünktlich im Büro sein. Jeden Montagmorgen findet eine große Teamsitzung statt. Eigentlich würde er lieber die Woche in seinem Heimbüro beginnen.
Nachdem er seinen Kaffee getrunken hat, wirft Vincent einen kurzen Blick in die Zeitung. Eine fette Schlagzeile im Wirtschaftsteil lässt ihn aufhorchen: »Vorstandsvorsitzender der Eurostädter Verkehrsbetriebe entlassen«. Schon lange hatte er mit seiner Frau Svenja diskutiert, ob öffentlicher Personenverkehr noch zeitgemäß ist. Als sie noch in der Nähe der Innenstadt wohnten, war auch er häufiger mit dem Bus gefahren. »Da siehst du es«, wendet er sich jetzt an seine Frau, »Die hatten tatsächlich gedacht, dass sie ihre auf die Innenstädte zugeschnittenen Konzepte nicht verändern bräuchten. Dabei haben sie gar nicht gemerkt, dass immer mehr Menschen von den Innenstädten in weiter entfernte Randzonen gezogen sind.« Auch die Schmidts waren vor fünf Jahren nach Straberg – eine dieser aufstrebenden Städte im entfernteren Umland – gezogen. Für sie hatte das viele Vorteile – bezahlbare Wohnungen, bessere Schulen und nicht zuletzt eine persönliche Bindung zu ihrem neuen Wohnort.

Dafür sind sie jetzt viel stärker auf das Auto angewiesen – was sie wegen der leicht sinkenden Benzinpreise wenig stört. Auch an diesem Morgen meldet sich Vincents Kommunikator und fragt, ob er zum Büro möchte. Da er das bejaht, macht sich das Auto auf den Weg. Er ist froh, an dem Pilotprojekt »Steuerfreies Fahren« teilnehmen zu können. So kann er in Ruhe die Sportseite lesen. Wie an vielen Tagen steht er zwar zwischendurch im Stau, aber wenigstens sitzt er dabei im eigenen Auto, das sich eigenständig einen Weg durch den Verkehrsdschungel bahnt. Als er ankommt, hat er den Sportteil geschafft und ist sogar »auf die Minute« pünktlich.

Auch Svenja Schmidt lässt sich diesen Morgen ein wenig Zeit. Sie arbeitet halbtags in einem Callcenter im Nachbarort. Obwohl sie eigentlich gerne mit dem Bus fährt, nimmt sie wie an den meisten Tagen den Zweitwagen. Früher konnte man wenigstens stündlich mit dem Bus fahren – aber heute? Die Stadt Straberg hält zwar mit dreizehn anderen Umlandgemeinden eine Busverbindung aufrecht, aber die ist so umständlich, dass sie sie nur im Notfall nutzt. »Warum«, denkt sie, »können sie es nicht machen wie in Hirschau?« Diese Kleinstadt in Sachsen war seit Jahren eines der wenigen Musterbeispiele dafür, dass agile Regionalanbieter tatsächlich attraktive Angebot machen können.

Nach der Arbeit holt sie Sophie von der Schule ab, damit sie gemeinsam zu Mittag essen können. Das macht Svenja gern, zumal der Schulbus auf die Dauer ganz schön teuer wurde. Der Schulausschuss hatte im letzten Jahr die Bezuschussung für den Schulbus deutlich gesenkt.

Am frühen Nachmittag kommt Vincent nach Hause und ohne Verschnaufpause machen sie sich auf den Weg ins Factory-Outlet-Center »BUY & JOY«, das vor einiger Zeit in Kranssing eröffnet hat. Hier gibt es eine größere Auswahl und der Feinkostladen hat noch keine Filiale in Straberg. Vor dem BUY&JOY-Center bekommen sie auf Anhieb keinen Parkplatz. Mindestens acht andere Autos suchen ebenfalls. »Wahrscheinlich«, so denkt Vincent, »haben deren Fahrzeuge alle die gleiche Software in ihrem Navigationssystem und wollen alle auf die gleichen Plätze.« Er ist verärgert, denn erst nach über zehn Minuten findet sich ein Parkplatz, von dem aus die Familie noch ein gehöriges Stück laufen muss. Der Einkaufsbummel entschädigt dann allerdings für den Ärger.

Kurz vor dem Einschlafen lässt Vincent den Tag noch einmal Revue passieren. Diese unbequeme Anfahrt hat ihn doch mehr geärgert, als er zugeben will. Er dreht sich zu Svenja und schwärmt: »Am Wochenende sollten wir einmal ins Autocenter fahren. Dieser neue Multifunktionswagen, den VW zusammen mit Siemens und diesem ehemaligen Verkehrsbetrieb baut, hat ein ganz neues Navigationssystem. Damit stechen wir bald die anderen Parkplatzsucher aus!«

Szenario III: Intelligente Mobilität

2. April 2015: Andrea Faust hat heute verschlafen. Da sie dennoch pünktlich im Büro sein will, verzichtet sie auf die Sportseiten ihrer persönlichen Ausgabe der Zeitung. Schon während sie im Bad war, hat ein elektronischer Agent nach den günstigsten Verbindungen zum Arbeitsplatz gesucht. Sämtliche Alternativen kann sie jetzt auf ihrem Kommunikator nachlesen. »Wow! Mit dem Schnellexpress brauche ich nur 30 Minuten«, denkt sie sich. Ein guter Grund, den neuen Express der Regio-4 AG einmal zu testen. Schließlich hat auch ihr Nachbar von deren Bordservice geschwärmt. Manchmal denkt sie etwas spöttisch an die Zeit zurück, als der große Alleinanbieter sie noch zum Umstieg in seine muffigen Busse bewegen wollte. »Die Kleinen sind doch viel besser!«, grinst sie und trinkt noch hastig einen Schluck Kaffee. Dann rollt sie die Zeitung zusammen und in ein paar Minuten ist sie zur Haltestelle gelaufen.

Dort lässt sie sich einen frischen Orangensaft auspressen, während ihr Kommunikator die Abrechnung mit dem Automaten klärt. »Die Säfte in der Wartezone sind jedenfalls klasse«, denkt sie und trinkt hastig aus, denn im nächsten Augenblick kommt bereits ihr Express.

Andrea lässt sich in die weichen Polster fallen und wirft einen Blick in die Zeitung. Dort findet sie einen Artikel, der sie stutzig macht: »Deutsche Mobilitäts AG verkauft ihre Anteile an Regio-4«. Sie hatte die Regio-4 immer für einen Regionalanbieter gehalten – schließlich kennt sie einen der Prokuristen aus dem Aktien-Club. »Was macht's«, denkt sie, »Hauptsache, der Wettbewerb hält die Mobilitätsanbieter auf Trab.« Endlich wendet sie sich dem Sportteil zu, den sie sich nachträglich hat zuschicken lassen. Ein Schmunzeln geht über Andreas Gesicht. Ihre Mannschaft hat am Wochenende wieder gewonnen. Zwischendurch lässt sie ihren Blick aus dem Fenster schweifen. Überall sieht sie neue Gebäude und viele Baustellen. Die 3,5 Prozent Wachstum jedes Jahr kann man schon sehen.

Der Arbeitstag hält für Andrea einige Auswärtstermine bereit, die sich nur schwer kalkulieren lassen. Deshalb nimmt sie für die letzten Meter bis zum Büro nicht das Unternehmensshuttle, sondern bucht sich schon in der Wechselzone für ein Büroauto ein. Von ihrem mobilen Arbeitsplatz aus kontrolliert sie noch einmal ihre Termine und schickt sie ihrem Auto, damit dieses schon mal die Routen berechnen kann.

Heiner Faust war gemeinsam mit seiner Frau aufgestanden. Nachdem er ihre Tochter Gretchen geweckt hat, holt er schon mal den Wagen aus dem Carpool. Er hat sich für den flotten Zweisitzer entschieden. Die ergeben ja eine besonders hohe Gutschrift auf dem Steuerkonto. Gestern kam im

Fernsehen wieder so ein Bericht über die Umweltverschmutzungen und sein schlechtes Gewissen trieb ihn dann zusätzlich zu dem Kleinen.
Die Fausts wohnen idyllisch in einer Altbauwohnung mitten im Zentrum. Da Gretchens Schule an einem Ende und Heiners Arbeitsplatz im Technologiezentrum genau am anderen Ende liegen, fahren sie nur das erste Stück zusammen. Gretchen steigt nach der Hälfte in eine moderne Express-Straßenbahn um. Nach der Arbeit fährt Heiner zu einem Mega-Foodstore ins Stadtzentrum, da er vom Frische-Online-Dienst bereits mehrmals enttäuscht worden ist. Erst als sein Einkaufswagen überquillt, erkennt er, dass der Zweisitzer jetzt nicht mehr ausreicht. Ruhig tippt er einige Zeilen in seinen Kommunikator und schiebt anschließend die Einkäufe zu einem Carpool-Kombi, in den auch noch die zusätzlichen Getränkekisten passen.
Zu Hause warten bereits Gretchen und Andrea. Heute lösen die Fausts ihr Geburtstagsgeschenk für Gretchen ein – eine Fahrt ins Freizeitzentrum MEGALAND mit anschließendem Diskobesuch. Nach kurzer Fahrt zum Schnellbahnhof nehmen sie einen weiteren Expresszug, denn für die 300 Kilometer Anfahrt ist dies eindeutig der schnellste Weg. Andrea fällt nochmals in die Polster und rechnet für sich zusammen: »Ich glaube«, sagt sie zu Heiner, »wenn wir heute nacht wieder zu Hause sind, dann bin ich wieder über 1000 Kilometer unterwegs gewesen.« Und dabei lacht sie, denn anstrengend ist das nicht.

Die Zeitung von morgen

Die Zeitung als faktenbasiertes Medium mit hoher Verbreitung genießt auch in den Zeiten eher flüchtiger elektronischer Medien einen hohen Stellenwert. Das auf Papier gedruckte Wort steht für Seriosität und Authentizität der Berichterstattung und flößt dem Leser Vertrauen ein. Dieses »quasi-faktische« Medium kann ebenfalls als »Hülle« für die Präsentation von Szenarien genutzt werden. Dabei sollte die Aufmachung – also Titeldesign, Layout und Typografie – einer konkreten Zeitung oder Zeitschrift entsprechen und wenn möglich deren Sprachstil und Format übernehmen.

In einer Art Retrospektive des Jahrtausends hat im Februar 1999 die Tageszeitung *Die Welt* eine Serie über die wesentlichen Ereignisse des vergangenen Jahrtausends im Stile der täglichen Berichterstattung verfasst. Der Tod Barbarossas erweckte als Titelgeschichte unmittelbare Authentizität. Gleiches gilt für die in den

Szenarien enthaltenen Informationen aus der Zukunft. Aus der unternehmerischen Perspektive lassen sich beispielsweise »Titelgeschichten« über den möglichen Börsengang des Unternehmens, einen gelungenen Messeauftritt mit einer neuen Produktidee, die erfolgte Übernahme eines ernsthaften Wettbewerbers oder über die Konsequenzen einer ökologischen Steuerreform für das Unternehmen verfassen.

Die gleichen Effekte wie beim Zeitungsartikel werden auch durch ein fiktives Interview erreicht. Durch ein wechselseitiges »Frage-Antwort-Spiel« kann den Szenarien der Anschein von Authentizität gegeben werden. Zum anderen erfährt die Darstellung durch die Integration fiktiver oder sogar existierender Personen einen emotionalen Mehrwert. Fiktive Interviews – insbesondere unter Beteiligung nicht-fiktiver Personen – müssen jedoch als solche deutlich gekennzeichnet sein, um nicht als Falschmeldungen ihren Wert zu verlieren. Für die Mitglieder des Szenario-Teams besteht zusätzlich die Möglichkeit, als Interviewer oder Interviewpartner in die Präsentation der Szenarien einzugreifen.

Die Landkarte der Zukunft

Landkarten und Atlanten haben für viele Menschen etwas Faszinierendes. Sie enthalten »die Welt im Kleinen« – sie verschaffen die Übersicht über einen Bereich, der in der Realität viel zu groß und komplex ist, um auf so kleinem Raum dargestellt zu werden. Sie geben Orientierung. Wir nutzen die bekannte Form der Landkarte, um die Zusammenhänge im Zukunftsraum darzustellen.

Filme aus der Zukunft und hypermediale Präsentationen

Eine Videopräsentation von Szenarien oder Visionen besitzt durch die Ansprache der akustischen und optischen Sinne ebenfalls eine nachhaltige Wirkung beim Betrachter. Durch die quasi-reale Darstellung fiktiver zukünftiger Situationen wird die Relevanz und die Realitätsnähe der Szenarien nochmals unterstrichen.

Eine weitere Form stellen moderne Informationssysteme dar, die als Hypertextsysteme aufgebaut sind. Dadurch können unterschiedliche Informationen intelligent und benutzerfreundlich verknüpft werden. Zusätzlich zu den traditionellen Texten können auch Bild- und Tondokumente integriert werden. Dadurch entstehen multimediale Präsentationen, deren wesentlicher Vorteil darin zu sehen ist, dass sich die Informationsvermittlung an das individuelle Lerntempo des Adressaten anpasst. Mit dem *Internet* als Kommunikationsplattform steht zudem ein verbreitetes Hypertext-System zur Verfügung, das die Information ohne Qualitätsverlust weltweit verbreiten kann. Unternehmensintern eignen sich *Intranets* zur leichten Verbreitung der Information.

Der persönliche Vortrag

Ein Vortrag ist die persönlichste Form der Szenario-Präsentation. Hier präsentiert ein Vortragender ein zuvor erarbeitetes Zukunftsbild. Für den Zuhörer bietet sich die Gelegenheit, eine unmittelbare Verknüpfung des Gesagten mit dem Vortragenden aufzubauen. Durch diesen emotionalen Mehrwert wird die Wirkung der Vortragsinhalte verstärkt. Wir stellen immer wieder fest, dass sich über einen solchen Vortrag auch komplexe Zusammenhänge transportieren lassen.

Für den Vortragenden besteht zudem die Möglichkeit, zum Gesagten Stellung zu beziehen und gegebenenfalls auch eine persönliche Wertung einfließen zu lassen. Die im Anschluss an Vorträge stattfindende Diskussion bietet den Zuhörern die Gelegenheit, Fragen zu stellen und offene Punkte umgehend auszuräumen. Nachteilig ist die Präsentation alternativer Szenarien durch nur eine Person. Daher sollte ein Szenario-Team unterschiedliche Mitglieder auswählen, um die verschiedenen Szenarien zu präsentieren.

Szenische Darstellung

Kleinere Inszenierungen von Szenario-Inhalten haben den Vorteil einer größeren Informationsdichte bei gleichzeitig erleichterter Informationsaufnahme. Alle Beteiligten – Darsteller und Zuschauer –

sind durch die Liveatmosphäre gleichermaßen angeregt und zur Informationsaufnahme bereit.

Für ein Szenario-Team bietet die szenische Darstellung die Chance, dass sich viele Mitglieder durch die Präsentation der Szenarien noch stärker mit den gemeinsamen Zukunftsbildern identifizieren. Auf einem Treffen von Führungskräften der *Audi AG* wurden 1998 beispielsweise alternative Szenarien der Automobilwelt von morgen durch ein Schauspieler-Ensemble dargestellt. Auch der britische Gesundheitsdienst NHS hat solche szenischen Darstellungen erfolgreich eingesetzt.

Der Nachteil der szenischen Darstellung – ob im großen oder kleinen Kreis – ist die Flüchtigkeit der Inhalte, wenn die Vorstellung nicht in Bild und Ton dokumentiert wird. Eine Betrachtung außerhalb einer Liveatmosphäre – beispielsweise von Personen, die nicht anwesend sein konnten – verliert sehr stark an Wirkung.

Eine wirkungsvolle Erweiterung der szenischen Darstellung ist die Integration der Zuschauer beziehungsweise Adressaten in die Vorstellung. Sie werden aufgefordert, die unterschiedlichen Szenarien aufzunehmen und mit ihrer eigenen Interpretation darzustellen. Aus Betroffenen werden so Beteiligte und aus Teilnehmern werden Teilhaber. So können Veränderungsprozesse in Organisationen nachhaltig unterstützt werden.

Fazit

- Die Szenarienplanung wird seit den siebziger Jahren in Unternehmen eingesetzt. Seither nimmt ihre Nutzung kontinuierlich zu.
- Szenarien lassen sich systematisch nach dem kontinentaleuropäischen Ansatz – beispielsweise im Szenario-Management – sowie nach dem einfacheren anglo-amerikanischen Ansatz entwickeln.
- Zu Beginn einer Szenario-Entwicklung sollten vier Fragen gestellt werden: Was wollen wir mit dem Szenario-Prozess erreichen? Welche Art von Szenarien benötigen wir dazu? Welchen Zeithorizont sollen unsere Szenarien haben? Welchen räumlichen Fokus sollen unsere Szenarien haben?
- Das Szenario-Management besteht aus sieben Phasen. In der ersten Phase wird das Gestaltungsfeld analysiert. Die Phasen 2 bis 4 umfassen die Szenario-Entwicklung. Die Phasen 5 bis 7 werden als Szenario-Transfer bezeichnet.
- Szenarien werden nach ihrer Lenkbarkeit (Umfeld-, Lenkungs- oder Systemszenarien) sowie ihrer Beziehung (Alternativ-, Parallel- oder komplexe Szenarien) unterschieden. Daraus lassen sich vier Grundformen von Szenarien ableiten: Umfeldalternativen, Handlungsalternativen, Umfeldmöglichkeiten und Handlungsmöglichkeiten.
- Der erste Schritt einer Szenario-Entwicklung ist die Auswahl von Schlüsselfaktoren. Dazu wird das Szenario-Feld systematisch zerlegt und durch Einflussfaktoren beschrieben. Die Auswahl der relevanten Faktoren erfolgt dann unter Nutzung einer Einflussanalyse.
- Der zweite Schritt ist die Entwicklung von Zukunftsprojektionen. Darunter werden alternative oder parallele Entwicklungsmöglichkeiten der Schlüsselfaktoren verstanden.
- Der dritte Schritt ist die Verknüpfung der Projektionen zu Szenarien. Dazu wird in einer Konsistenzanalyse die Verträglichkeit der einzelnen Zukunftsprojektionen untersucht.

- Ein wesentlicher Vorteil des Szenario-Management ist, dass die Szenario-Anzahl nicht vorgegeben wird, sondern sich aus der Sicht des Szenario-Teams auf den komplexen Zukunftsraum ergibt. Dieser Zukunftsraum kann zudem durch ein Szenario-Mapping visualisiert werden.
- An die inhaltliche Szenario-Entwicklung schließt sich die zielgruppengerechte Kommunikation der Zukunftsbilder an. Dies erfolgt zunächst in Form einer formellen Beschreibung der Szenarien. Darüber hinaus können aber auch Geschichten erzählt, Zeitungen von morgen erzeugt, fiktive Interviews geführt, Bilder gemalt oder Hypermedien und Videos eingesetzt werden.

3 Szenarien in der Organisation – Organisation der Szenario-Entwicklung

Anfang 1999 ergriff die *Lufthansa* die Initiative. Gemeinsam mit dem *Flughafen Frankfurt*, der *Deutschen Flugsicherung* und der *DaimlerChrysler Aerospace (DASA)* wurde das »Zukunftsforum Luftverkehr« ins Leben gerufen. Ziel dieser strategischen Arbeitsgemeinschaft war es, gemeinsam Szenarien zum Thema »Mobilität und Fliegen« zu entwickeln. Im Mittelpunkt standen dabei gemeinsam gestellte Fragen nach den Mobilitätsbedürfnissen im Jahr 2020, der Rolle des Luftverkehrs, den Optionen der deutschen Luftverkehrsindustrie im globalen Wettbewerb sowie der möglichen Nutzung von Synergien.

Schnell fand die Idee auch über den Kreis der vier Unternehmen hinaus Anklang. So stieß zusätzlich die Arbeitsgruppe Luftverkehr im *Deutschen Verkehrsforum* dazu. Im März 1999 fand ein zweitägiger Szenario-Workshop statt, der von der Unternehmensplanung der *DASA* vorbereitet und moderiert wurde. Teilnehmer waren neben Fachleuten der vier Unternehmen auch externe Experten aus verschiedenen Instituten und anderen Flughäfen. Ergänzt wurde der Workshop zudem durch eine abendliche Diskussionsrunde, auf der die Zwischenergebnisse den Vorständen vorgestellt und gemeinsam aktuelle Branchentrends diskutiert wurden. Im Anschluss machten sich die Mitglieder des Szenario-Teams daran, die Ergebnisse auszufeilen und in einer Broschüre aufzubereiten. Darin dokumentierten sie die Zukunftsbilder im Luftverkehr, daraus resultierende Chancen und Gefahren, robuste und szenariospezifische Handlungsoptionen sowie Stellgrößen und Wechselwirkungen im System.

Kaum waren allerdings die ersten dieser Broschüren im Umlauf, bekamen einige Auftraggeber Angst vor den in den Szenarien dokumentierten Gedanken. Plötzlich sahen der *Flughafen Frankfurt*, die *DLS* und die *Lufthansa* einen Zusammenhang zum laufenden »Mediationsverfahren« am Flughafen Frankfurt. Dabei geht es darum, die Notwendigkeit einer Erweiterung des Flughafens mit verschiedenen Betroffenen zu diskutieren und abzustimmen. In hektischen Briefwechseln vereinbarten sie, die Broschüre nicht mehr zu verteilen. Vom vormals gesteckten Anspruch, den Teilnehmern einen Raum für freies Denken und Meinungsaustausch untereinander zu schaffen, blieb kaum noch etwas übrig.

Allein die *DASA* stand weiterhin zu dem Projekt und seinen Ergebnissen. Die anderen Unternehmen befürchteten, die entwickelten Szenarien könnten Argumente gegen den Ausbau des Frankfurter Flughafens liefern. Dies ist umso verwunderlicher, da in dem Papier der Flughafenausbau überhaupt nicht vorkommt. Das Fazit lautet lediglich: »Durch Zusammenarbeit können neue Technologien, die im Moment noch nicht wirtschaftlich einsetzbar sind, durch Realisierung und Umsetzung von Synergien vorangetrieben werden.« Ein gemeinsames, überregionales Konzept sei langfristig von größerer Bedeutung als eine kurzfristige Kapazitätserweiterung einzelner Flughäfen.[1]

Diese Aussagen des Zukunftsforums – wohlgemerkt nur für einzelne Szenarien – sorgten zunächst bei der *Deutschen Flugsicherung* für Unruhe. In einem internen Schreiben verkündete die *DLR* den Beschluss, »diese Broschüre nicht zu verteilen«. Deutlicher wurde anschließend der für externe Kommunikation zuständige Vorstandsbeauftragte des *Flughafens Frankfurt*: Eine Veröffentlichung könne »zum jetzigen Zeitpunkt zu falschen Bewertungen führen«. Der Grund findet sich in einem weiteren Schreiben der *Flughafen AG*: Mit dem Verteilungsverbot unterstütze man die Bemühungen »in Sachen Ausbau«. Als auch die *Lufthansa* von den Ergebnissen des Projektes abrückte, war die für den 24. Januar 2000 in München geplante Vorstellung der Ergebnisse geplatzt. Die Pressekonferenz wurde abgesagt.

Pikant wurde es für die betroffenen Unternehmen noch einmal, da sie selbst einen Vertreter des Mediationsverfahrens zur Teilnahme am Szenario-Workshop eingeladen hatten. Als er den ihm zugesagten Ergebnisbericht beim *Flughafen Frankfurt* einforderte, verweigerte dieser die Herausgabe des Berichts. Dadurch fühlten sich wiederum einige Vertreter des Mediationsverfahrens brüskiert und erzwangen über eine Stadträtin die Einsichtnahme in das mittlerweile in den Panzerschrank gewanderte Dokument.

Die Erfahrungen aus dem missglückten Versuch einer gemeinsamen Betrachtung des Luftverkehrs lassen sich mit dem Zitat von Victor Hugo zusammenfassen: »*Nichts auf der Welt ist so mächtig wie eine Idee, deren Zeit gekommen ist.*« Dies gilt im Besonderen für Szenarien. Auch und gerade, weil sie nichts anderes sind als Denkhilfen, ist ihre Entwicklung, Kommunikation und Nutzung ist sorgfältig zu planen.

Wie kann die Szenario-Entwicklung organisiert werden?

Für die Szenario-Entwicklung gibt es mehrere organisatorische Ansätze. Die beiden am häufigsten angewandten Formate sind *Szenario-Projekte* und *Szenario-Konferenzen*:

Szenario-Projekte dauern je nach Komplexität und Arbeitsintensität zwischen einigen Wochen und mehreren Monaten. Dabei hat sich eine zweiteilige Arbeitsorganisation bewährt, in der ein *Kernteam* aus Unternehmensrepräsentanten und Moderatoren das Projekt schwerpunktmäßig bearbeitet. Eine zentrale Aufgabe dieses Kernteams ist die Vor- und Nachbereitung von fünf bis acht eintägigen Workshops, die im Verlauf des Projektes mit dem eigentlichen *Szenario-Team* durchgeführt werden. Das Szenario-Team hat hier die Aufgabe, im Rahmen der Workshops und zusätzlicher Interviews die wesentlichen Meilenstein-Ergebnisse zu erarbeiten und anschließend den Transformationsprozess der Szenarien in die Organisation zu gestalten. Außerdem stehen die Mitglieder des Szenario-Teams dem Kernteam als Interviewpartner oder »Türöffner« zur Verfügung.

In Szenario-Konferenzen werden die Szenarien in einer zwei- bis dreitägigen Veranstaltung von einer Gruppe von etwa 16 Führungskräften entwickelt. Denkbar sind in diesem Format allerdings auch größere Gruppen. Bei der Szenario-Konferenz gilt der Grundsatz, dass das gesamte zur Erstellung der Szenarien notwendige Wissen im Kreis der beteiligten Personen vorhanden sein sollte. Dabei wechseln Arbeitsphasen in moderierten Kleingruppen mit Diskussionen im Plenum des Szenario-Teams. Am Ende des zweiten Tages liegen mit einer Konsistenzmatrix die Grundlagen für die Berechnung der Rohszenarien vor, die dann von den Moderatoren durchgeführt wird. Beim Abschluss der Szenario-Konferenz liegen die Szenarien sowie – je nach Absprache – erste Elemente des Transfers wie Chancen und Gefahren, Optionen oder eine strategische Ausrichtung vor.

Eine Szenario-Konferenz ermöglicht es den teilnehmenden Führungskräften, alternative Konzepte in einer kreativen Atmosphäre vorauszudenken und in kurzer Zeit gezielt eine gemeinsame Vorstellung von der Zukunft zu entwickeln. Ein wesentliches Ziel ist häufig die Initiierung von Veränderungsprozessen im Unternehmen. Für die Wahl einer Szenario-Konferenz spricht,

- dass Ergebnisse schnell vorliegen müssen;
- dass es für die Mitglieder des Szenario-Teams einfacher ist, einmal für drei Tage zusammenzutreffen, als mehrfach für einen Tag;
- dass die Szenario-Konferenz genutzt werden soll, um einen Veränderungsprozess im Unternehmen anzustoßen bezeihungsweise zu verstärken;
- dass eine größere Gruppe beteiligt und zu einer Veränderungskoalition zusammengeschweißt werden soll.

In Abgrenzung dazu spricht für die Wahl eines Szenario-Projektes,

- dass im Rahmen einzelner Schritte (zum Beispiel Projektionsbildung oder Konsistenzanalyse) genug Zeit für intensive Diskussion zwischen den beteiligten Personen bestehen sollte. Hier können einzelne Prozessschritte auch mehrfach durchlaufen werden;

- dass die Ergebnisse durch Experteninterviews untermauert werden können;
- dass es sich um ein komplexes Szenario-Feld handelt, das in mehrere Teilaspekte zerlegt werden sollte oder bei dessen Betrachtung zusätzliche Expertise vonnöten ist;
- dass strategische Analyse und entwickelte Szenarien direkt und unmittelbar Bestandteil einer strategischen Ausrichtung des Unternehmens sind.

Neben Szenario-Projekten und Szenario-Konferenzen gibt es weitere Möglichkeiten, wie Szenarien entwickelt werden können. Diese beinhalten zwei wesentliche Erweiterungen des Konzeptes:

- Szenario-Entwicklungen können von mehreren Unternehmen oder organisatorischen Einheiten gemeinsam durchgeführt werden. Wir sprechen hier von Multi-Client-Aktivitäten.
- Szenarioentwicklungen müssen nicht unbedingt nur *kompakt an einem Ort* (wie bei der Szenario-Konferenz) oder *phasenverteilt an mehreren Orten* (Szenario-Projekt) erfolgen. Hier ermöglichen Groupware-Systeme und Future-Rooms neue Mischformen der Szenario-Entwicklung.

Multi-Client-Projekte oder Multi-Client-Konferenzen

In den zuvor beschriebenen Szenario-Projekten und Szenario-Konferenzen stammen die Teilnehmer aus dem gleichen Unternehmen oder der gleichen Geschäftseinheit. Sie haben also ein gemeinsames Gestaltungsfeld. Zwischen ihnen ist ein offener Informationsaustausch ohne formelle Beschränkungen möglich. Aber werden so wirklich alle Quellen für zukunftsorientiertes Wissen erschlossen? Nicht zuletzt angesichts der Auflösung vieler Unternehmensgrenzen geraten zunehmend zwei neue Ansätze ins Blickfeld:

Zunächst können Unternehmen den Kreis der Mitglieder des Szenario-Teams um Kunden, Lieferanten oder externe Fachexperten erweitern. Wir sprechen von *erweiterten Szenario-Teams*. Dies ermöglicht dem Unternehmen, weitere externe Perspektiven in den

Prozess der Szenario-Entwicklung einzubinden. Dabei sind drei Varianten zu unterscheiden.

- In der losesten Form werden Externe über Eingangsvorträge oder Impuls-Statements in einzelne Phasen der Szenario-Entwicklung eingebunden.
- Die zweite Variante sieht eine Beteiligung der Außenstehenden am gesamten Prozess der Szenario-Entwicklung vor.
- Bei der dritten Möglichkeit bleiben die Externen auch während des Szenario-Transfers involviert.

Noch weiter gehen Szenario-Projekte oder -Konferenzen, wenn mehrere – teilweise sogar im Wettbewerb stehende – Unternehmen gemeinsam eine solche Aktivität anstoßen, durchführen und verantworten. Häufig liegt die Federführung bei solchen *Multi-Client-Projekten* oder *Multi-Client-Konferenzen* bei einem Verband oder einem externen Moderator.

In beiden Fällen herrscht zwischen den Szenario-Teilnehmern eine formelle und informelle Beschränkung im Informationsaustausch, die den Arbeitsfortschritt und das Ergebnis beeinträchtigen kann. Daher liegt hier der Fokus auf einem gemeinsamen Nutzen, der im Vorfeld der Szenario-Entwicklung zu verdeutlichen ist.

Future-Rooms und Groupware-Systeme

Die in der Praxis gängige Unterscheidung von Szenario-Konferenzen und Szenario-Projekten beruht auf den zwei Dimensionen Zeit und Raum. Szenario-Konferenzen finden innerhalb einer kurzen Zeit an einem Ort statt. Szenario-Projekte bestehen demgegenüber aus mehreren Workshops, die über einen längeren Zeitraum und häufig auch an verschiedenen Orten durchgeführt werden. Was wäre aber, wenn wir diese Ordnung auflösen? Wenn also *ein* Ort existiert, an dem zeitversetzt gearbeitet wird? Oder wenn sich ein Szenario-Team zeitgleich an mehreren Orten trifft? Denken wir einmal über den traditionellen Rahmen der Szenario-Entwicklung hinaus:

Zunächst ist es möglich, dass die Szenarien zwar am gleichen Ort entwickelt werden – aber zeitversetzt. Kennzeichen dieser Organisationsform ist ein gemeinsam genutzter »Raum«, in dem die Mitglieder des Szenario-Teams arbeiten. Dieser so genannte *Future-Room* – in den USA wird auch von »War-Rooms« gesprochen – ist hilfreich, wenn ein Szenario-Team in mehreren Schichten oder Subteams arbeitet, die sich zeitversetzt treffen, um bestimmte Teilresultate zu erarbeiten. Über einen solchen Zukunftsraum verfügt beispielsweise das *Technology Center* von *General Motors* in Detroit.

Diesen Ansatz über Unternehmensgrenzen hinaus auszudehnen fällt nicht schwer. So kann ein Unternehmen Externe zu seinen dortigen Szenario-Entwicklungen hinzuziehen und so den Future-Room erweitern. Konsequenterweise könnten insbesondere Regierungen, Verbände oder Organisationen für ihre Mitglieder einen *offenen Zukunftsraum* schaffen, in dem die Entwicklung von Szenarien durch eine kreative Atmosphäre unterstützt wird.

Einen weiteren Ansatz bietet die Unterstützung der Szenario-Entwicklung durch *Groupware-Systeme*. Hier erfolgt die Szenario-Entwicklung zwar zeitgleich – aber an unterschiedlichen Orten. Dabei können die Mitglieder eines Szenario-Teams zu einem Zeitpunkt über mehrere Gebäude, über mehrere Standorte oder sogar über mehrere Länder verteilt sein. Der zentrale Vorteil ist hier die Verbindung weit voneinander entfernter Mitglieder eines Szenario-Teams. Entscheidender Erfolgsfaktor ist dabei die Existenz einer gemeinsamen Informationsbasis, auf deren Grundlage synchron Entscheidungen getroffen werden. Dabei ist eine über Liveatmosphäre erzeugte »soziale Nähe« besonders wichtig. Auch hier ist es möglich, den Teilnehmerkreis zu erweitern und so das Wissen von weit entfernten Experten oder Entscheidungsträgern kurzfristig verfügbar zu machen. Auch sind kurze Dialoge möglich, die bei der Einordnung des Wissens helfen. Dadurch verkürzt sich die Laufzeit zur Einbindung des Wissens.

Wie sollte ein Szenario-Team aussehen?

Bei der Zusammenstellung eines Szenario-Teams sprechen wir häufig von Komposition. Dies ist durchaus im musikalischen Sinne gemeint, denn die individuellen Fähigkeiten müssen sich im Zusammenspiel mit den Fähigkeiten der anderen Teammitglieder und unter Berücksichtigung der gestellten Aufgabe harmonisch ergänzen.[2] Wir unterscheiden zunächst zwischen vier typischen Zusammensetzungen von Szenario-Teams.

In einem *perfekten Szenario-Team* werden die Mitglieder vom Teamleiter oder von den Projektverantwortlichen im Vorfeld weitestgehend ohne Beschränkungen ausgewählt. Das perfekte Szenario-Team bleibt dann über den Projektzeitraum weitgehend unverändert. Dieser Idealzustand kommt in der Praxis nur selten vor.

Bei einem *fixierten Szenario-Team* wird eine bereits bestehende Arbeitsgruppe oder Abteilung mit nicht-szenariospezifischen Aufgabenstellungen als Team eingesetzt. Die Gründe, ein solches Szenario-Team zu bilden, liegen beispielsweise in der Wahrung von Geschäftsgeheimnissen gegenüber Dritten, in der Erhaltung der Gruppendynamik oder im erhöhten Organisationsaufwand für die Teambildung.

Im Rahmen eines *flexiblen Szenario-Teams* wird zunächst ein fixiertes Team gebildet, zu dem dann im Vorfeld oder während des Prozesses weitere, auch unternehmensexterne Teilnehmer hinzugefügt werden. Solche ergänzenden Teilnehmer können Fachexperten, Lieferanten, Kunden oder auch Entscheidungsträger einer höheren Hierarchieebene sein.

Hinzu kommt das *offene Szenario-Team*, dessen Mitglieder im Vorfeld nicht festzulegen sind oder die im Verlauf des Projektes wechseln. Hier kann auf die Teilnahme bestimmter Personen nur ein geringer Einfluss genommen werden.

Da bei perfekten Szenario-Teams – im Gegensatz zu fixierten oder offenen Teams – die größten Gestaltungsmöglichkeiten bestehen, beziehen sich die folgenden Aussagen tendenziell auf eine solche ideale Ausgangssituation.

Welche Voraussetzungen sollten Mitglieder eines Szenario-Teams erfüllen?

Wenn Sie aus Ihrem Arbeitszimmer treten und in die Runde blicken – wer eignet sich dann (außer Ihnen!) für die Mitarbeit in einem Szenario-Team? Die folgende Liste stellt verschiedene Kriterien zusammen, nach denen eine Person grundsätzlich zur Aufnahme in ein Szenario-Team befähigt ist. Dabei muss sie keineswegs alle Kriterien erfüllen. Je stärker aber die Teilnehmerzahl begrenzt ist, desto eher sollte die betreffende Person mehrere dieser Aufnahmebedingungen erfüllen. Eine Person ist für die Aufnahme in ein Szenario-Projekt grundsätzlich geeignet, wenn

- sie im Besitz kritischer und relevanter Information, notwendigen Wissens oder einer speziellen Expertise ist, die zur Bearbeitung der Fragestellung der Szenario-Anwendung von großer Bedeutung ist und über die sie exklusiv verfügt;
- sie von den Ergebnissen der Szenario-Anwendung direkt betroffen ist beziehungsweise ihre Zustimmung oder ihr Wohlwollen für eine erfolgreiche Umsetzung erforderlich oder hilfreich ist;
- sie für jedwede Art der Umsetzung des Ergebnisses verantwortlich ist;
- sie formelles Mitglied der für eine Szenario-Anwendung berufenen Task-Force, Arbeitsgruppe oder Abteilung ist;
- sie als Kommunikator die Arbeitsergebnisse des Szenario-Teams schnell in die Organisation einbringen kann;
- sie abweichende oder gegensätzlich Standpunkte vertritt (»Querdenker«), die die Diskussion stimulieren und divergentes Denken fördern können;
- sie in das Netzwerk des Teams eingeflochten werden soll;
- sie Autorität besitzt, eine Gruppe von Personen zu vertreten. Dadurch kann die Gruppe verkleinert werden und die Produktivität der Mitglieder wird nicht unnötig beschnitten;
- sie aufgrund ihrer Stellung oder aus unternehmenspolitischen Gründen anwesend sein muss (dabei muss sie nicht zwangsläufig inhaltlich arbeiten, jedoch kann sie den grundsätzlichen Erfolg

des Gesamtprojekts durch ihre Teilnahme garantieren. Politische Gründe dürfen als Teilnahmegrund nicht unterschätzt werden);
- sie die gegebene Fragestellung für bedeutsam hält;
- sie die erforderliche Arbeitszeit aufbringen kann beziehungsweise die Möglichkeit einer Freistellung hat.

Wie erreichen Sie eine heterogene Skillstruktur im Szenario-Team?

Im Jahr 1984 startete das britische Magazin *The Economist* ein Experiment. Es befragte vier Oxford-Studenten, vier ehemalige Finanzminister, vier Vorstandsvorsitzende und vier Londoner Müllmänner über ihre Einschätzungen der Zukunft. Wie entwickelt sich der Ölpreis in den kommenden zehn Jahren? Wie steht das Pfund zum Dollar? Wie sieht es mit dem Wachstum aus? Nach zehn Jahren fanden die Zeitungsmacher ein (zunächst) erstaunliches Ergebnis: Die mit Abstand schlechtesten Voraussagen kamen von den Finanzministern (deren Namen natürlich nicht veröffentlicht wurden). Die besten Voraussagen lieferten die Vorstandsvorsitzenden – und die Londoner Müllmänner![3]

Diese Beobachtung bestätigt Rolf Berth in seiner Studie »*The Return of Innovation*«. Darin wurde untersucht, wer den erfolgreichen Unternehmen zu mehr kreativem Potenzial verholfen hat. Danach sind 37 Prozent aller Neuerungen in der Wirtschaft auf Außenseiter zurückzuführen, die im betroffenen Bereich eigentlich »unwissend« sind. Weitere 28 Prozent gehen auf das Konto so genannter »Quereinsteiger«. Nur rund ein Drittel der weltverändernden Kreationen gehen auf das Konto von Experten in den betrachteten Bereichen.[4]

Für die Gestaltung eines Szenario-Teams ergibt sich daraus, dass vor allem eine homogene Teamstruktur verhindert werden sollte. Wer ein Szenario-Team nur aus jungen, dynamischen Ingenieuren zusammenstellt, der wird auch nur eine Zukunft erhalten: die von der technisch machbaren Wunderwelt der sechziger Jahre. Ein zentrales Kriterium bei der Bildung von Szenario-Teams ist daher deren *Heterogenität*. Diese kann auf viele Arten erreicht werden:

- *Heterogenität des Alters*: Dies kann das Lebensalter der Teammitglieder betreffen oder die Dauer der Zugehörigkeit zum Unternehmen (»unverbrauchte Frischlinge« vs. »alte Hasen«).
- *Heterogenität der Funktion*: Dies entspricht weitgehend dem funktionsübergreifenden Team. So sollte beispielsweise ein Team im Rahmen des Produktmanagements neben den Entwicklern auch Entscheidungsträger aus dem Management, dem Vertrieb, dem Marketing sowie möglicherweise auch externe Vertreter von Kunden, Lieferanten oder Großhändlern enthalten.
- *Soziale Heterogenität*: Unterschiedliche soziale Situationen oder Status helfen verschiedene Sichtweisen zu berücksichtigen. Männerdominierte Szenario-Teams sind genauso einäugig wie Teams aus ausschließlich jungen dynamischen Alleinstehenden.
- *Kulturelle Heterogenität*: Zunehmend globalere Fragestellungen benötigen vielfach ebenfalls globale Szenario-Teams. So können kulturelle Eigenarten berücksichtigt werden.

Insgesamt darf Heterogenität aber nicht zum alleinigen Entscheidungskriterium werden. Die gute Verständigung der Teammitglieder ist mindestens ebenso wichtig und kann in bestimmten Fällen auch für ein eher homogenes Szenario-Team sprechen.

Wie groß sollte ein Szenario-Team sein?

Ein optimales Team stellen sich die meisten als sehr großes Team vor. Dies beruht im Wesentlichen auf der Annahme vier falscher Hypothesen:

Mehr Teammitglieder bedeutet automatisch mehr innovative Ideen. Weit mehr als die Teilnehmerzahl ist das Potenzial des Teams für die Ergebnisse entscheidend. Nicht alle der versammelten Köpfe erzeugen zwangsläufig gute Ideen, und je größer die Gruppe ist, desto weniger Redezeit steht Einzelnen zur Verfügung.

Je größer das Szenario-Team, desto wichtiger ist das Projekt. Die schnellste Art, eine Szenario-Entwicklung zum Scheitern zu bringen, ist die unkontrollierte Aufnahme von Teammitgliedern. Wichtige Projekte ziehen unweigerlich weitere Personen an, die unbedingt »dabei sein wollen«, ohne jedoch produktiv mitzuarbeiten. Die Pro-Kopf-Produktivität des Szenario-Teams sinkt.

Ein großes Team bedeutet Prestige und Stellung für den Leiter. Teamleiter oder Moderatoren sollten die Durchführung eines Projektes nicht zu einem Egotrip geraten lassen. Ihre Messlatte ist das Arbeitsergebnis, nicht die von ihnen geführten Mitarbeiter oder das zu verantwortende Budget. »Ich leite das Szenario-Team mit 40 Mitgliedern« klingt in unseren Ohren weit weniger beeindruckend als »Ich habe die erfolgreiche Strategie als Leiter des Szenario-Teams entscheidend mitgestaltet«.

Teamsitzungen sind eine gute Gelegenheit, sich zu orientieren und neue Mitarbeiter zu schulen. Wer kennt dies nicht: Teammitglieder werden nur geschickt, um die Arbeit zu beobachten – nicht um sich wirklich an der Ergebnisentwicklung zu beteiligen. Sie machen sich Notizen vom Geschehen und informieren ihre Vorgesetzten. Junior-Mitarbeiter sind meist im Team, um ihre unwilligen Vorgesetzten zu vertreten. Als Vertreter sind sie schlecht motiviert und tragen zum Ergebnis wenig bei. Zum Üben und Nachfragen eignen sich Szenario-Schulungen allerdings besser!

Die daraus entstehenden zu großen Szenario-Teams leiden vor allem an einem Rückgang ihrer Produktivität. Die *Kommunikationslast* und der *Sozialisierungsaufwand* erhöhen sich drastisch. Gleichzeitig geht mit dem Auftreten von »Trittbrettfahrern« die Identifikation mit dem Team zurück. Warum also nicht Szenarien im kleinen Kreis entwickeln? Dagegen spricht das so genannte *Groupthink-Syndrom.*[5] Es befällt vor allem Gruppen, die längere Zeit zusammenarbeiten und dadurch in einer Art stiller Übereinkunft enden, weil sie die Existenz ihrer Gruppe nicht auf Spiel setzen möchten. Sie verteidigen die Gruppe gegen Anfeindungen von innen und außen und wollen in erster Linie die Arbeit schnell erledigen. Wesentliche Symptome dieses Groupthink-Syndroms sind:

1. *Selbstüberschätzung der Gruppe*: Dies beschreibt die Tendenz, risikoreichere Entscheidungen im Schutz der Gruppe zu treffen.
2. *Glaube an die moralische Unfehlbarkeit*: Die Gruppe empfindet ihr Weltbild als das Maß aller Dinge und kommt nicht auf die Idee, dass andere Anschauungen ebenso Gültigkeit haben.

3. *Unzulängliche Entscheidungsfindungsprozesse*: Die Sammlung von Hintergrundinformation verläuft einseitig, vor allem wenn die Vorgabe dadurch in Frage gestellt werden könnte. Die zur Verfügung stehende Information wird unvollständig oder unsachgemäß verwendet. So werden zu wenige Alternativen in den Entscheidungsprozess einbezogen.
4. *Stereotypisierung Außenstehender*: Externe werden von den Gruppenmitgliedern mit Klischees versehen (beispielsweise »die anderen« oder »die Opposition«). Dadurch werden externe Impulse abgeblockt, und die möglichen Reaktionen auf die Entscheidung der Gruppe können nicht antizipiert werden.
5. *Vorspielen von Einigkeit*: Wenn in einer Gruppe, in der die gegenseitigen Meinungen respektiert werden, eine einstimmige Entscheidung gefällt wird, ist jeder der Meinung, das dies »die einzig richtige« sei. Den Mitgliedern der Gruppe widerstrebt es, Zweifel gegen den scheinbar von der Gruppe akzeptierten Plan zu erheben, da ihnen möglicherweise die Ablehnung der anderen Gruppenmitglieder zuteil wird. Oft wird die Entscheidungsvorgabe – ob sie nun gut oder schlecht ist – trotz persönlicher Zweifel von vornherein akzeptiert.
6. *Erzwungene Konformität*: Auf Gruppenmitglieder, die nicht die Mehrheitsmeinung vertreten, wird Druck ausgeübt. Dieser soziale Druck zur Konformität unterdrückt Abweichler und damit deren alternative Ansichten. Neue Ideen werden nicht toleriert.
7. *Gruppeneigene Gedankenwächter*: Die äußerste Form ist erreicht, wenn eine Gruppe Mitglieder abstellt, die auf die innerhalb der Gruppen herrschenden Denkweisen achten und die im Falle einer abweichenden Denkrichtung sofort dagegen einschreiten.

Wie also sollte angesichts dieser beiden Kräfte – der Kommunikationslast und dem Sozialisierungsaufwand auf der einen und der Gefahr des Groupthink-Syndroms auf der anderen Seite – ein Szenario-Team aussehen? Abbildung 18 gibt eine qualitative Übersicht zur optimalen Teamgröße. Dabei stützt es sich auf unsere Erfahrungswerte aus zahlreichen Szenario-Projekten: Die Produktivität

Abbildung 18: *Optimale Teamgröße*

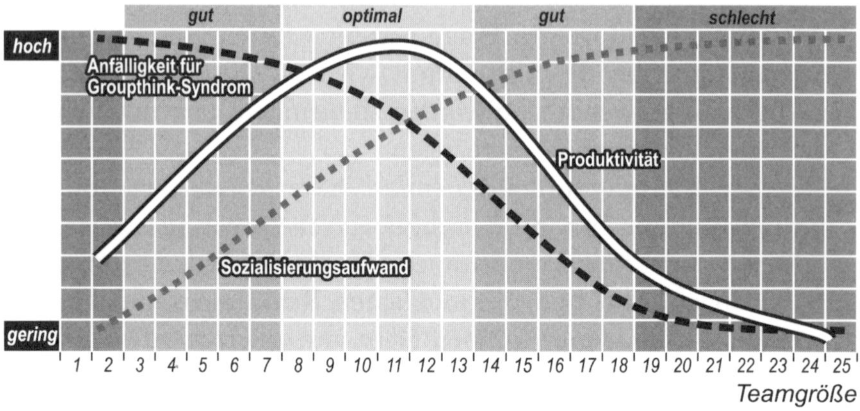

des Teams ist zwischen acht und dreizehn Personen am größten. Kleineren Gruppen fehlt es meist an der erforderlichen Expertise und Heterogenität. Außerdem neigen kleinere Gruppen stärker zur Ausbildung des Groupthink-Syndroms (schwarz gestrichelte Linie). Ist die Gruppe größer als dreizehn Personen, steigt der Aufwand für die Sozialisierung (grau gepunktete Linie) der Gruppenmitglieder. Hier sollte eine Aufteilung in Kernteam und Szenario-Team – sowie gegebenenfalls die Schaffung von *Arbeitsgruppen* – vorgesehen werden. Bei Szenario-Konferenzen gelten etwas andere Teamgrößen, da dieses Format gerade auf größere Gruppen zugeschnitten ist.

Wie können Sie das Arbeitsverhalten eines Teams vorausdenken?

Sobald die Vorauswahl der Teammitglieder erfolgt ist, sollte der potenzielle Teamleiter oder Moderator gedanklich einen Schritt zurücktreten, um die *Makrokomposition* der Gruppe zu überblicken. Auch wenn ihm nicht alle Mitglieder persönlich bekannt sind, sollte man auf Basis der zur Verfügung stehenden Information (Alter, Geschlecht, Position et cetera) versuchen, einen Einblick in die potenzielle »Chemie« der Gruppe zu erlangen. Vielfach lässt sich das spätere Gruppenverhalten aus dieser Information bereits antizipieren. Für absehbares Fehlverhalten und Probleme können dadurch bereits während der Vorbereitung Gegenmaßnahmen eingeleitet werden. Dieses »Frühwarnsystem« lässt sich durch die Beantwortung einiger Fragen leicht aufbauen:

- Haben die Teammitglieder vorher schon als Gruppe zusammengearbeitet oder sind sie eine formell bestehende Gruppe? Gibt es Erfahrungen über die Zusammenarbeit, und welche Stärken zeichnen diese Gruppe aus? Wo liegen die Schwächen und welche Interaktionsmuster liegen der Gruppe zugrunde?
- Welche der Teilnehmer reagieren eher enthusiastisch auf die Teilnahme, welche sind davon überhaupt nicht begeistert?
- Wie könnte die grundsätzliche Arbeitshaltung der Szenario-Teams beschrieben werden: aggressiv, zurückgelehnt, humorvoll, offen, emotional, seriös, analytisch? Wie sieht die generelle Haltung der Teilnehmer zur Fragestellung der Szenario-Anwendung aus (Ablehnung, Widerstand, Neutralität, Begeisterung)?
- Welche der Teilnehmer haben in der Vergangenheit nicht gut in Gruppen gearbeitet? Sind dies dauerhafte Interaktionsprobleme gewesen?
- Welcher Teilnehmer könnte zerstörerisch auf das Szenario-Team wirken und wie könnte er destruktiv wirken?
- Welche Personen besitzen – basierend auf ihrer Position, Expertise oder ihrem Charisma – den größten Einfluss innerhalb des Szenario-Teams? Wer von ihnen tendiert dazu, das Team oder die Treffen zu dominieren?
- Können die unterschiedlichen Stellungen der Team-Mitglieder dazu führen, dass die statusniederen Mitglieder sich passiv verhalten und besondere Aufforderung benötigen?

Eine weitergehendes Hilfsmittel ist die Typisierung von Gruppenmitgliedern. Die bekannteste und anerkannteste Typologie ist der *Myers-Briggs-Typenindikator* (MBTI), der erst seit 1991 auch für den deutschsprachigen Raum zur Verfügung steht.[6]

Fazit

- Bei der Organisation von Szenario-Prozessen werden vor allem zwei Formate eingesetzt: Szenario-Projekte und Szenario-Konferenzen.
- Szenario-Projekte dauern mehrere Monate und umfassen eine Reihe von eintägigen Workshops, zwischen denen ein Kernteam die Arbeitsergebnisse aufbereitet.
- In Szenario-Konferenzen werden die Szenarien in einer zwei- bis dreitägigen Veranstaltung von einer größeren Gruppe entwickelt.
- In Multi-Client-Projekten und Multi-Client-Konferenzen werden externe Personen in den Prozess der Szenario-Entwicklung eingebunden.
- Durch Future-Rooms ist es möglich, Szenarien zeitversetzt zu entwickeln.
- Groupware-Systeme ermöglichen die zeitgleiche Szenario-Entwicklung an verschiedenen Orten.
- Ein Szenario-Team sollte möglichst heterogen hinsichtlich des Alters, der Funktion sowie des sozialen und kulturellen Status seiner Mitglieder sein.
- Große Szenario-Teams sind nicht automatisch besser. Unter Abwägung verschiedener Kriterien ist eine Größe von acht bis dreizehn Personen anzustreben.
- Es kann hilfreich sein, das Arbeitsverhalten eines Szenario-Teams im Vorfeld vorauszudenken.

4 Wie man mit Szenarien zukunftsrobuste Strategien entwickelt

»Was sind Stahlrohre?« Selbst wenn diese Frage eines Analysten nicht ganz ernst gemeint war – sie spiegelt das Bild wider, das die Finanzmärkte von vielen Branchen der so genannten »Old Economy« haben. Und Stahl gehört nun einmal nicht nur zur »Old Economy« – er ist geradezu ihr Herzstück. Schlechte Zeiten also für die *Benteler Stahl/Rohr GmbH & Co. KG*, die sich basierend auf einer konsequenten Entwicklung der Rohrtechnologie zu einer weltweit anerkannten Stahlrohrherstellerin entwickelt hat? Keineswegs. Rechtzeitig hat die Geschäftsleitung die Notwendigkeit erkannt, über die Zukunft ihrer Branche und ihrer Märkte nachzudenken.

So stand *Benteler Stahl/Rohr* vor der Aufgabe, mit den Energierohren eines seiner Kerngeschäfte den sich wandelnden Anforderungen des globalen Marktes anzupassen. Unter Energierohren werden dabei drei miteinander verwandte Produktmarktfelder verstanden: Kesselrohre werden vornehmlich in Kraftwerken eingesetzt. Apparatebaurohre werden vor allem von der chemischen und petrochemischen Industrie abgenommen. Darüber hinaus bietet Benteler Leitungs- und Ölfeldrohre an. Insbesondere das letzte Geschäftsfeld ist massiv von sich verändernden Ölpreisen betroffen. Die erfahrenen Vertriebskräfte wussten, dass jede Erhöhung des Rohölpreises einen entsprechenden Nachfrageanstieg nach sich zog.

Im Frühjahr 1999 trafen sich die gesamte Geschäftsleitung von *Benteler Stahl/Rohr* sowie Vertreter aus ausgewählten Funktionsbereichen und der Konzernverwaltung zum ersten Szenario-Workshop. Tagungsort war ein Hotel im Paderborner Land, dessen zentraler Vorteil der schlechte Handyempfang in den Tagungsräumen war. Für dringende Telefonate mussten die Teilnehmer einen Fußmarsch zum 400 Meter entfernten Parkplatz in Kauf nehmen. Zu dem Termin hatten die Teilnehmer eine Reihe von aktuellen Informationen mitgebracht. Darunter war auch ein Artikel aus den *VDI nachrichten* vom 22. Januar 1999, in dem sich Hans-Dieter Karl vom Wirtschaftsforschungsinstitut *ifo* mit der Entwicklung des Ölpreises befasst:

»Im Dezember 1998 notierte das Rohöl ... um 40 Prozent niedriger als vor einem Jahr. ... Ein Preisanstieg setzt voraus, dass sich die OPEC-Mitglieder an niedrigere Förderquoten halten. Aber auch dann wird der durchschnittliche Rohölpreis 1999 nicht die durchschnittlichen Notierungen von 1998 in Höhe von rund 13,5 Dollar pro Barrel erreichen.«

Vier Monate und sieben Workshops später konnten die Teilnehmer auf eine erfolgreiche Szenario-Entwicklung zurückblicken. Aus insgesamt 88 Umfeldfaktoren aus der Stahlrohrbranche, dem Energierohrmarkt, der Energiepolitik sowie den globalen Umfeldern (Politik, Gesellschaft, Ökonomie, Technik und Umwelt) waren 22 relevante Schlüsselfaktoren identifiziert worden. Eine intensive Diskussion der möglichen Entwicklungen der einzelnen Schlüsselfaktoren und deren Vernetzung hatte zu vier denkbaren Umfeldszenarien geführt. Ergänzt wurden die Umfeldszenarien durch eine Analyse, mit der besonders robuste Projektionen identifiziert wurden. Außerdem wurden gemeinsam Regionalszenarien erstellt, die die erarbeiteten Szenarien für einzelne Geschäftsregionen spezifizierten.

Für die vier Umfeldszenarien wurden anschließend spezifische Handlungsoptionen erarbeitet. Eine Bewertung machte deutlich, ob sich die einzelnen Optionen nur für ein spezielles Szenario eignen oder ob sie mehreren Zukunftsbildern gerecht werden könnten. So ließ sich ein zukunftsrobuster Strategiekern ermitteln. »Mit diesen Maßnahmen« – so die Erkenntnis der Planer – »liegen wir auf alle Fälle richtig.« Die Bewertung der übrigen Optionen führte zur Identifikation einer auf die Szenarien I, II und III zugeschnittenen Strategie. Diese Optionen beschreiben gemeinsam mit dem Strategiekern die strategische Ausrichtung des Unternehmens.

Da sich das Eintreten des vierten Szenarios nicht gänzlich ausschließen lässt, waren zwei weitere Schritte notwendig. Zunächst wurde eine Eventualstrategie für das Szenario IV erarbeitet. Außerdem wurden Indikatoren identifiziert, die darauf hinweisen würden, wenn sich das Umfeld in Richtung dieses Szenarios entwickelt. Diese Indikatoren werden durch das Unternehmen sorgfältig beobachtet. Sollte sich eine solche Entwicklung einstellen, ist das Unternehmen in der Lage, schnell und flexibel auf die Eventualstrategie – den »Plan B« – umzuschwenken. Schließlich wurde – basierend auf einer zusätzlichen Charakterisierung der Ausgangssituation – ein Leitbild formuliert sowie strategische Kompetenzen und strategische Positionen im Markt festgelegt.

Auf dem letzten Workshop wurde noch einmal der Zeitungsartikel über die ifo-Prognose hervorgeholt. Er war gerade einmal zehn Monate alt. Der Ölpreis hat die seinerzeit beschriebene Grenze nicht nur erreicht, sondern er lag jetzt bei knapp 30 Dollar pro Barrel. Der Markt für Öl- und Leitungsrohre hatte angezogen – und *Benteler Stahl/Rohr* war von dieser Entwicklung nicht überrascht worden. Es wird nicht das letzte Mal gewesen sein, dass sie zukünftige Entwicklungen erfolgreich vorausgedacht haben.

Was Szenarien leisten: Die Verknüpfung von Zukunft und Strategie

Das zentrale Anwendungsfeld für Szenarien ist die strategische Planung von Unternehmen und Geschäftsbereichen. Der dazu notwendige Prozess der szenariogestützten Strategieentwicklung beinhaltet fünf grundsätzliche Schritte, die in Abbildung 19 dargestellt sind.

Ausgangspunkt ist eine *strategische Analyse* (Schritt 1), bei der

Abbildung 19: *Fünf Schritte der szenariogestützten Strategieentwicklung*

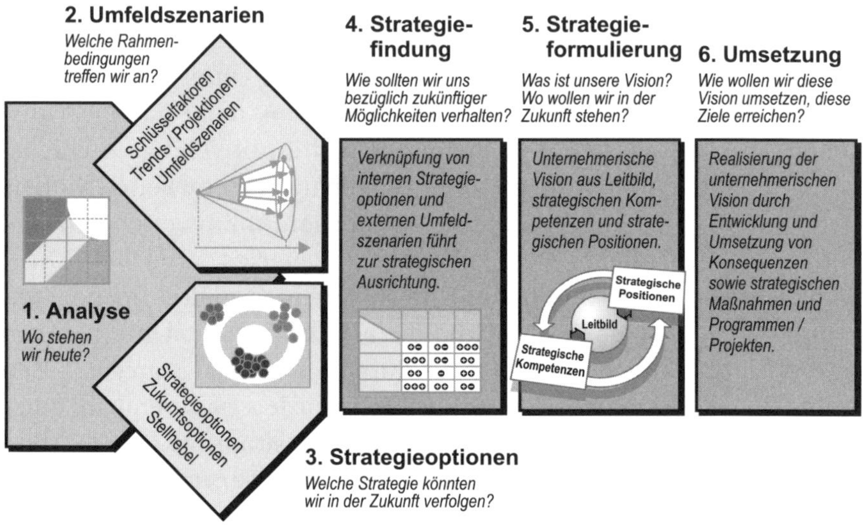

die gegenwärtige Situation mithilfe geeigneter Methoden und Werkzeuge beschrieben wird. Hier werden die bekannten Instrumente der strategischen Planung wie Portfolios, Erfolgsfaktorenanalyse oder Geschäftssegmentierungen eingesetzt.

Mit der *Szenario-Entwicklung* (Schritt 2) werden anschließend mögliche, zukünftige Umfeldentwicklungen beschrieben. Durch eine systematische Vorgehensweise ist es möglich, auch komplexe und unsichere Entscheidungssituationen zu erfassen und für die folgende Strategieentwicklung handhabbar zu machen.

Im Rahmen der *Optionsentwicklung* (Schritt 3) werden zunächst die aus der Analyse ablesbaren sowie in den verschiedenen Umfeldszenarien enthaltenen Chancen, Gefahren und Handlungsoptionen ermittelt. Häufig ist es sinnvoll, diese Optionen unter Verwendung des Szenario-Managements zu komplexen Strategieoptionen zusammenzufassen.

Anschließend wird im Rahmen der *Strategiefindung* (Schritt 4) eine grundlegende Stoßrichtung von der Gegenwart in die Zukunft – die so genannte strategische Ausrichtung des Unternehmens oder Geschäftsbereichs – festgelegt.

Ist diese gefunden, beginnt der Prozess der *Strategieformulierung* (Schritt 5). Zentrale Elemente von Unternehmens- und Geschäftsstrategien sind Leitbilder, strategische Kompetenzen und strategische Positionen sowie konkrete Maßnahmen und Projekte.

Mit der Ausformulierung der Strategie ist der Prozess der Strategieentwicklung abgeschlossen – die eigentliche strategische Führung beginnt aber erst. Dabei gehen die *Umsetzung* der erarbeiteten Strategie sowie die regelmäßige *Kontrolle* von eigenen Erfolgen und umfeldbedingten Strategieprämissen Hand in Hand.

Strategische Analyse (Schritt 1)

Ausgangspunkt für eine erfolgreiche strategische Ausrichtung ist eine Analyse, bei der die gegenwärtige Situation mithilfe geeigneter Methoden und Werkzeuge beschrieben wird. Hier lassen sich verschiedene Instrumente der strategischen Planung einsetzen. Wir beschränken uns im Folgenden auf drei Instrumente, deren Durchführung einen weitestgehenden Überblick über die Ausgangssituation ermöglicht und deren Kombination mit Szenarien zur Entwicklung zukunftsrobuster Strategien beiträgt.

1. *Geschäftsstrukturanalyse*: Zunächst ist es notwendig, die wesentlichen Kennwerte der Unternehmensentwicklung zusammenzutragen und dabei eine gedankliche Ordnung in die unternehmerische Tätigkeit zu bringen. Die zentrale Frage lautet hier: »*Wie ist unser Geschäft strukturiert?*«
2. *Geschäftsfeldanalyse*: Die Geschäftsfeldanalyse liefert Produktgruppen, Marktsegmente und Hauptgeschäftsfelder, die anschließend miteinander verglichen werden. Diese Analyse führt zu Antworten auf die Frage: »*Wie sind unsere Geschäfte, Produkte und Märkte heute positioniert?*«
3. *Kompetenzanalyse*: Eine weiteres Element der strategischen Analyse ist die Betrachtung der eigenen, im gegenwärtigen Wettbewerb relevanten Kompetenzen. Im Mittelpunkt steht hier die

Frage: »*Welches sind die Gründe für unsere derzeitige Position?*«

Natürlich gibt es eine Vielzahl weiterer Instrumente, die sich mit den genannten Ansätzen kombinieren lassen. Genauso lassen sich die beschriebenen Analysen spezifizieren und vertiefen.

Häufig lässt sich aus der strategischen Analyse bereits unmittelbarer Handlungsbedarf ableiten. Auf entsprechende Teilergebnisse wie beispielsweise Segmentierungslücken oder kritische Erfolgsfaktoren werden wir im Folgenden jeweils hinweisen.

Wie ist unser Geschäft strukturiert?

Es reicht heute in der Regel nicht mehr aus, seine geschäftlichen Aktivitäten als Ganzes zu betrachten. Notwendig ist vielmehr eine Strukturierung und Segmentierung der einzelnen Aktionsbereiche. Es geht also zunächst darum, eine »gedankliche Ordnung« in das eigene Tätigkeitsfeld zu bringen, um so *Hauptgeschäftsfelder*, das heißt die gegenwärtig relevanten Wettbewerbsarenen zu identifizieren und die darin anzutreffenden Wettbewerbsbedingungen zu beschreiben. Ein hilfreiches Werkzeug dazu ist die *Geschäftsstruktur-Matrix* (Abbildung 20). Sie ergibt sich durch eine Zerlegung und Analyse der eigenen Marktleistungen (Angebotssegmentierung) und der damit bearbeiteten Märkte (Marktsegmentierung):

Angebotssegmentierung (auch: Produktsegmentierung): Zunächst ist es erforderlich, die vom Unternehmen gegenwärtig angebotenen Marktleistungen in etwa fünf bis fünfzehn Gruppen zu strukturieren. Dabei werden typischerweise Einzelprodukte, Produktgruppen, Dienstleistungen sowie entsprechende Kombinationen voneinander unterschieden.

Marktsegmentierung: Davon zu unterscheiden ist die Identifikation und Strukturierung der gegenwärtig bearbeiteten Märkte. Dabei werden homogene Kundengruppen zu Marktsegmenten zusammengefasst. Zur Strukturierung der eigenen Märkte werden vor allem drei Unterscheidungsmerkmale verwendet:

Abbildung 20: *Geschäftsstruktur-Matrix*

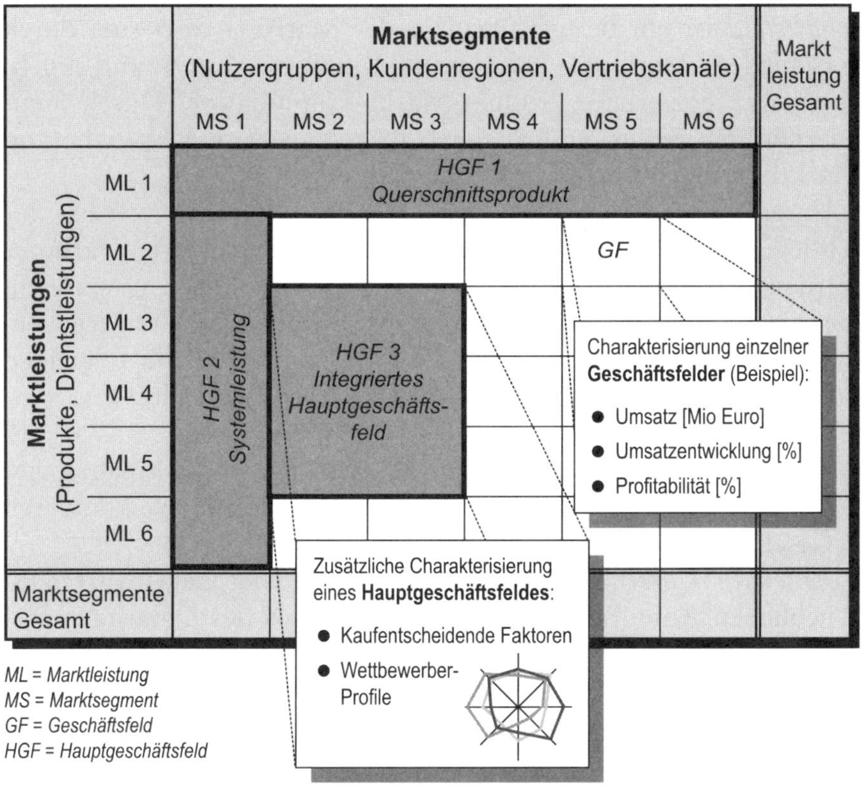

- *Nutzergruppen*: Die geläufigste Gliederung der Märkte erfolgt nach Typen von Endabnehmern, die die entsprechenden Marktleistungen kaufen oder kaufen könnten. Diese Gliederung lässt sich anhand verschiedener Kriterien wie Branchen, Losgrößen oder Lebensstile verfeinern.
- *Kundenregionen*: Bei der Betrachtung der Absatzregionen erfolgt eine Unterscheidung anhand des geografischen Standortes der Endabnehmer – beispielsweise nach Vertriebsregionen, Ländern oder Ländergruppen.
- *Vertriebskanäle*: Häufig erfolgt bei Unternehmen, die nicht direkt an Endverbraucher liefern, zusätzlich eine Unterscheidung anhand der unmittelbaren (Zwischen-)Abnehmer.

Nach der Festlegung der Marktleistungsgruppen sowie der Marktsegmente wird eine Geschäftsstruktur-Matrix aufgebaut. Ein *Geschäftsfeld* ist ein belegtes Feld in der Matrix – also eine durch verschiedene Merkmale wie Umsatz, Umsatzwachstum und Ergebnis charakterisierbare Produkt-Markt-Kombination. Durch Summierung der Zeilen und Spalten lassen sich erste Vergleiche von Marktleistungen und Marktsegmenten erstellen.

Unter Verwendung der Geschäftsstruktur-Matrix werden anschließend *Hauptgeschäftsfelder* (HGF) identifiziert. Darunter werden voneinander abgrenzbare Wettbewerbsarenen verstanden, die sich aus artverwandten Gruppen von Geschäftsfeldern ergeben. Bei der Bildung von Hauptgeschäftsfeldern helfen die folgenden drei Kriterien, die ein Hauptgeschäftsfeld erfüllen sollte:

- *Eigenständige Marktaufgaben*: Es lässt sich hinsichtlich seiner Marktleistungen und/oder seiner Marktsegmente von anderen Geschäftsfeldern unterscheiden.
- *Anteil am Unternehmensergebnis*: Es hat in der Gegenwart maßgeblichen Anteil am Umsatz oder Ergebnis des Unternehmens. Dabei ist es nicht notwendig, dass alle Geschäftsfelder einem Hauptgeschäftsfeld zugeordnet werden. Nach unserer Erfahrung ist eine Zuordnung von etwa 90 Prozent des Gesamtumsatzes ausreichend.
- *Relative Unabhängigkeit der strategischen Entscheidungen*: Für die in einem HGF beschriebenen Aktivitäten gelten weitgehend die gleichen Erfolgsfaktoren.

Die Identifikation von Hauptgeschäftsfeldern erfolgt nicht automatisch, sondern auf Basis der Diskussion innerhalb des Strategieteams. Dabei steht häufig zunächst die Frage im Mittelpunkt, ob das betrachtete Geschäft eher nach Marktleistungen oder nach Marktsegmenten gegliedert werden sollte. Entsprechend werden drei Arten von Hauptgeschäftsfeldern unterschieden: *Systemleistungen* fassen mehrere Leistungen für ein Marktsegment zusammen. Mit einer *Querschnittsleistung* werden demgegenüber mehrere Marktsegmente versorgt. *Integrierte Hauptgeschäftsfelder* werden aus mehreren Marktleistungen und mehreren Marktsegmenten zusammengesetzt.

Innerhalb der einzelnen Hauptgeschäftsfelder lassen sich wiederum verschiedene Detailanalysen durchführen. Häufig werden die in dieser Arena relevanten Wettbewerbsfaktoren oder auch die kaufentscheidenden Faktoren untersucht. Ein weiteres Feld ist die Analyse der bedeutenden Wettbewerber. Eine Verknüpfung dieser beiden Elemente sind *Wettbewerberprofile*, die anhand der wesentlichen Wettbewerbsfaktoren eine Übersicht über die eigene Positionierung sowie die Stärken und Schwächen gegenüber den Wettbewerbern liefern.

Die grafische Umsetzung der Geschäftsstruktur-Matrix führt zudem zur Ermittlung von *Segmentierungslücken*. Darunter werden Marktsegmente verstanden, die mit den gegenwärtigen Produkten nicht oder nur in geringem Umfang bedient werden. Aus der Identifikation von Segmentierungslücken ergeben sich bereits Hinweise für erste Handlungsoptionen.

Wie sind Ihre Geschäfte, Produkte und Märkte heute positioniert?

Es ist das Ziel der Geschäftsfeldanalyse, die einzelnen unternehmerischen Aktivitäten miteinander zu vergleichen: »*Welches sind die erfolgreichen Produkte oder Dienstleistungen?*«, »*Was sind unsere attraktiven Märkte oder Kundengruppen?*«, »*Wie stehen die einzelnen Hauptgeschäftsfelder zueinander?*« Dazu werden im Folgenden jeweils die externen und internen Entwicklungen auf der Anbieter- und Abnehmerseite betrachtet und zu insgesamt sechs Portfolios aggregiert.

Marktportfolios

Die Geschäftsfeldanalyse beginnt mit der Betrachtung der Marktseite. Hier werden die zuvor identifizierten Marktsegmente miteinander verglichen. Dies erfolgt anhand von zwei Dimensionen:

- Die *Marktattraktivität* beschreibt die unternehmerischen Mög-

Abbildung 21: *Geschäftsfeldanalyse*

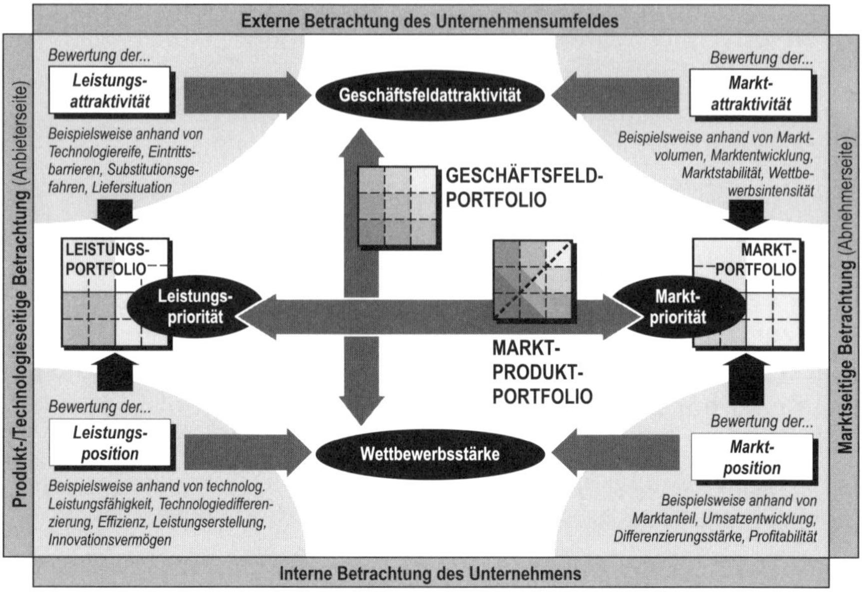

lichkeiten im betrachteten Marktsegment unabhängig von den eigenen Stärken und Schwächen. Sie lässt sich beispielsweise durch Kriterien wie das *Marktvolumen*, die *Marktentwicklung*, die *Marktstabilität* und die *Wettbewerbsintensität* ausdrücken.

- Durch die *Marktposition* wird anschließend die gegenwärtige Stellung des Unternehmens innerhalb des betrachteten Marktsegments beschrieben. Sie setzt sich aus Komponenten wie dem *Marktanteil*, der *Umsatzentwicklung*, der *Marktdifferenzierung* und der *Profitabilität* zusammen.

Insbesondere die Ermittlung der Marktvolumina in den einzelnen Marktsegmenten – und darauf aufbauend die Berechnung der eigenen Marktanteile – erweist sich in vielen Unternehmen als problematisch. Häufig hören wir von der Komplexität und Einzigartigkeit des eigenen Geschäfts. Ein konkretes Marktvolumen – also die Menge der potenziellen Kunden – könne man einfach nicht beziffern. Was aber ist das für ein Geschäftsverständnis, in dem ein Unternehmen nicht weiß, um welche und wie viele Kunden es konkurriert? Daher ist der Entwicklung von Marktportfolios häufig eine detailliertere Betrachtung der eigenen Märkte vorgeschaltet.

Die Bewertung der einzelnen Marktsegmente hinsichtlich der oben genannten Kriterien erfolgt durch die Mitglieder des Strategieteams sowie durch entsprechendes Fachpersonal aus Marketing, Marktforschung und Vertrieb. Größere Abweichungen in der Bewertung werden im Strategieteam diskutiert und anschließend möglichst einvernehmlich neu bewertet.

Aus der Verknüpfung von Marktattraktivität und Marktposition ergibt sich schließlich das *Marktportfolio*, aus dem sich ablesen lässt, wie das Unternehmen bezüglich einzelner Marktsegmente positioniert ist (siehe Abbildung 21, rechts). Die Erstellung eines Marktportfolios kann auf zwei Arten erfolgen. In einem *einfachen Marktportfolio* fließen alle Kriterien in die Positionierung der Marktsegmente ein. In einem *dynamischen Marktportfolio* erfolgt die Positionierung lediglich anhand der statischen Kriterien (beispielsweise Marktvolumen oder Marktanteil), während die dynamischen Kriterien (Markt- oder Umsatzentwicklung) durch Pfeile visualisiert werden. Jetzt wird neben der gegenwärtigen Position (»*Wo stehen wir heute?*«) auch die gegenwärtige Entwicklungsrichtung (»*Wohin bewegen wir uns heute?*«) sichtbar. Daher drückt ein dynamisches Marktportfolio immer auch die derzeit wirksame Strategie des Unternehmens aus.

Ein weiteres Marktportfolio entsteht dadurch, dass sich nicht nur die Marktsegmente, sondern auch die Hauptgeschäftsfelder nach den genannten Kriterien miteinander vergleichen lassen. Dies erfolgt allerdings nicht durch eine zweifelhafte direkte Bewertung der Hauptgeschäftsfelder (wie bei den meisten traditionellen Portfolio-Ansätzen), sondern durch Rückgriff auf die Geschäftsstrukturmatrix, aus der sich alle notwendigen Informationen ableiten lassen.

Leistungsportfolios

Ergänzt wird die marktseitige Analyse durch eine Betrachtung der Produkte und der ihnen zugrunde liegenden Technologien. Dazu werden die einzelnen Marktleistungen anhand von zwei ähnlich strukturierten Dimensionen miteinander verglichen.

- Die *Leistungsattraktivität* beschreibt die externen Potenziale der betrachteten Marktleistung. Dies erfolgt üblicherweise anhand von Kriterien wie *Technologiereife*, *Eintrittsbarrieren*, *Substitutionsgefahren* und *Liefersituation*.
- Zusätzlich zur allgemeinen Attraktivität einer Marktleistung wird die eigene *Leistungsposition* ermittelt. Sie ergibt sich aus Kriterien wie *technologische Leistungsfähigkeit*, *Technologiedifferenzierung*, *Effizienz der Leistungserstellung*, *Anpassbarkeit an Kundenwünsche* und *Innovationsvermögen*.

Aus der Leistungsattraktivität und der Leistungsposition wird anschließend ein *Leistungsportfolio* entwickelt, mit dem sich die Marktleistungen aus Produkt- und Technologie-Sicht vergleichen lassen (siehe Abbildung 21, links). Auch hier können einfache und dynamische Leistungsportfolios entwickelt werden. Durch Nutzung der zuvor erstellten Geschäftsstruktur-Matrix lassen sich zudem auch hier die Hauptgeschäftsfelder aus Produkt- und Technologiesicht miteinander vergleichen.

Geschäftsfeld-Portfolio

Die Kombination von markt- und produktseitiger Analyse erfolgt in einem Geschäftsfeld-Portfolio. Hier werden zunächst die Marktattraktivität und die Leistungsattraktivität zu einer *Geschäftsfeld-Attraktivität* zusammengefasst. Aus der Marktposition und der Leistungsposition ergibt sich die eigene *Wettbewerbsstärke*. Aus diesen beiden Dimensionen wird ein Geschäftsfeld-Portfolio aufgespannt, mithilfe dessen sich die Hauptgeschäftsfelder vergleichen lassen (Abbildung 22, links).

Dabei sollten die im Portfolio verzeichneten Normstrategien lediglich als erste, allgemeine Hinweise interpretiert und nicht als schlussendliche Handlungsoptionen missverstanden werden.

Markt-Produkt-Portfolio

Durch Positionierung der Hauptgeschäftsfelder im Marktportfolio ergeben sich *Marktprioritäten*. Sie beschreiben die grundsätzliche

Abbildung 22: *Geschäftsfeld-Portfolio und Markt-Produkt-Portfolio*

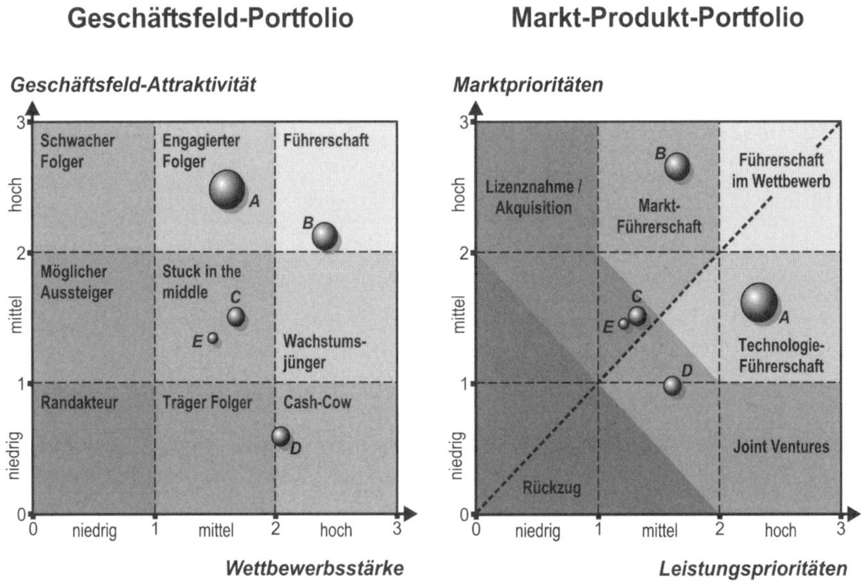

Eignung der Geschäftsfelder für unternehmerische Aktivitäten aus Marktsicht. Parallel lassen sich aus dem Leistungsportfolio für die einzelnen Geschäftsfelder *Leistungsprioritäten* ablesen. Die Kombination der Prioritäten erfolgt in einem Markt-Produkt-Portfolio (Abbildung 22, rechts).[2]

Das Markt-Produkt-Portfolio wird in Kombination mit dem Geschäftsfeld-Portfolio eingesetzt, um markt- oder produktseitige Stärken und Schwächen zu erkennen. So zeigt Abbildung 22 für das Hauptgeschäftsfeld B exemplarisch eine sehr hohe Marktpriorität, verbunden mit einer lediglich mittleren Leistungspriorität, die auf einer schwachen Leistungsposition des Unternehmens beruht. Hier bedarf es folglich erheblicher Investitionen in neue Fertigungssysteme.

Welches sind die Gründe für unsere derzeitige Position?

Die Hintergründe für die derzeitige Situation ergeben sich aus einer Betrachtung der *Wettbewerbsfaktoren*. Darunter werden im Geschäft relevante Faktoren verstanden, die vom Unternehmen unmittelbar oder mittelbar beeinflusst werden können. Im ersten Schritt einer *Erfolgsfaktoren-Analyse* werden zunächst bis zu 50 solcher Wettbewerbsfaktoren identifiziert. Sie ergeben sich aus Checklisten, die durch unternehmens- und branchenspezifische Faktoren ergänzt werden.

Im zweiten Schritt wird die gegenwärtige Bedeutung der einzelnen Wettbewerbsfaktoren für den unternehmerischen Erfolg bestimmt. Dies kann direkt durch die am strategischen Planungsprozess beteiligten Personen oder durch Detailanalysen erfolgen. Ausgedrückt wird die Bedeutung anhand einer Skala von 5 (= sehr große Bedeutung) bis 1 (= eher geringe Bedeutung). Die Wettbewerbsfaktoren, die für den Erfolg des Unternehmens oder Geschäfts von entscheidender Bedeutung sind, werden als *Erfolgsfaktoren* bezeichnet.

Im dritten Schritt wird die gegenwärtige Position des Unternehmens hinsichtlich der einzelnen Wettbewerbsfaktoren eingeschätzt. Betrachtet wird in der Regel die relative Position des Unternehmens im Bezug zu den relevanten Mitbewerbern beziehungsweise zu einer Idealausprägung der Wettbewerbsfaktoren. Relative Vorteile des eigenen Unternehmens werden als *Stärken* und relative Nachteile als *Schwächen* bezeichnet. Verwendet wird auch hier eine Skala von 5 (= eindeutige Stärke) über 3 (= ausgeglichene Position) bis 1 (= eindeutige Schwäche).

Im vierten Schritt wird ein *Erfolgsfaktorenportfolio* entwickelt (Abbildung 23). Es zeigt auf der Ordinate die Bedeutung eines Faktors und auf der Abszisse die relative Position des Unternehmens bezüglich dieses Faktors. In einem Erfolgsfaktorenportfolio ergeben sich vier charakteristische Bereiche:

- *Strategische Erfolgsfaktoren* sind Erfolgsfaktoren, bei denen das Unternehmen in Relation zum Wettbewerb eine starke Position einnimmt. Es handelt sich folglich um Faktoren, die maßgeblich

Abbildung 23: *Erfolgsfaktorenportfolio*

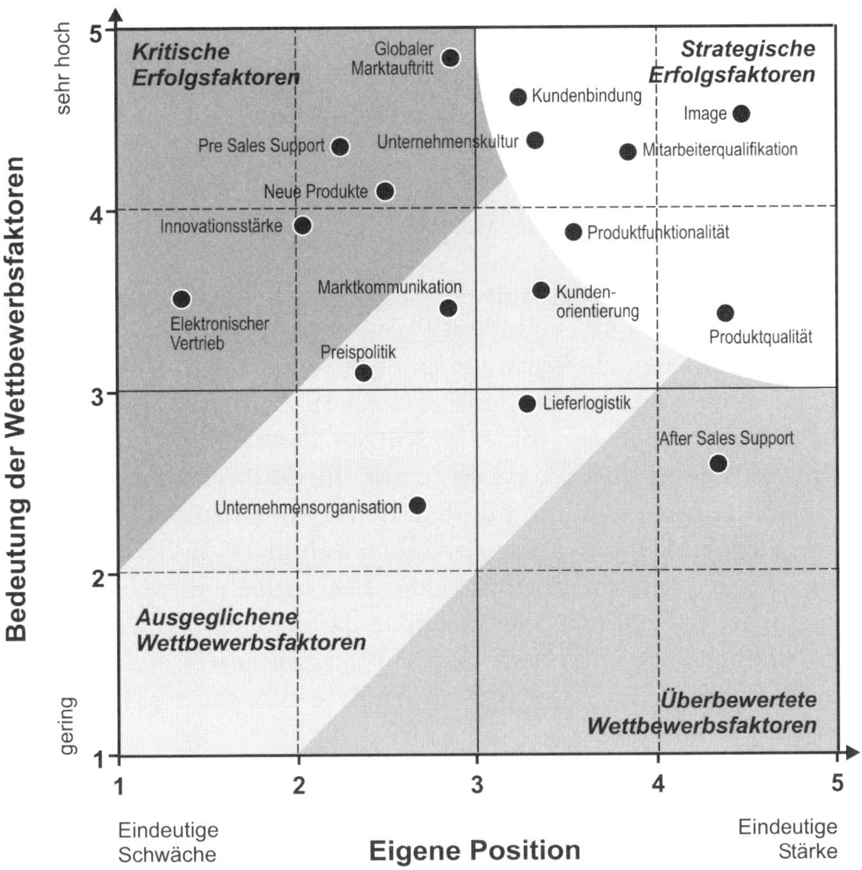

zum gegenwärtigen Erfolg beitragen. Sie sollten aber nicht mit Kernkompetenzen verwechselt werden, denn strategische Erfolgsfaktoren stellen lediglich eine Interpretation der gegenwärtigen Situation dar. Ob es sich bei diesen Faktoren auch um in der Zukunft relevante Stärken handelt, kann und soll an dieser Stelle nicht betrachtet werden.

- *Kritische Erfolgsfaktoren* sind Erfolgsfaktoren, bei denen das Unternehmen eine ausgesprochen schwache Position einnimmt. Kritische Erfolgsfaktoren weisen häufig auf unmittelbaren Handlungsbedarf hin.

- *Ausgeglichene Faktoren* sind Wettbewerbsfaktoren mit mittlerer oder geringer Bedeutung, bei denen die relative Position des Unternehmens der Bedeutung der Faktoren entspricht.
- *Überbewertete Faktoren* sind Faktoren, bei denen das Unternehmen eine starke Position hat, obwohl die Faktoren nicht von entscheidender Bedeutung für den Unternehmenserfolg sind. Hier ist folglich zu untersuchen, ob zur Aufrechterhaltung der starken Position ungerechtfertigt Ressourcen gebunden werden.

Das Erfolgsfaktorenportfolio basiert in der Regel auf der Einschätzung der am strategischen Planungsprozess beteiligten Führungskräfte. Zusätzlich können externe Sichtweisen, beispielsweise über eine Kundenbefragung, integriert werden. Nach unserer Überzeugung liegt der zentrale Nutzen dieses einfachen Instruments allerdings darin, dass es gerade die Auffassungen der Führungskräfte offen legt und bündelt. Dazu werden zunächst Mittelwerte der gemachten Einschätzungen gebildet. Zusätzlich ist es möglich, in weiteren Portfolios die alternativen Einschätzungen verschiedener Personen oder Gruppen darzustellen. So werden unterschiedliche Einschätzung der Ausgangssituation sichtbar, auf die im Rahmen der strategischen Analyse gesondert eingegangen werden kann.

Entwicklung von Umfeldszenarien (Schritt 2)

Unter Berücksichtigung der unterschiedlichen Fragestellungen innerhalb der Unternehmen ergeben sich vier Schwerpunkte von SzenarioFeldern: (1) das gesamte Geschäft, (2) Kunden- und marktseitige Entwicklungen, (3) branchen- und wettbewerbsseitige Entwicklungen sowie (4) spezifische Themen. Aus der Kombination von Branchen-, Geschäfts- und Marktszenarien mit der Lenkbarkeit ergeben sich neun unterschiedliche *Formen von Szenarien*.

Abbildung 24: *Formen von Szenarien*

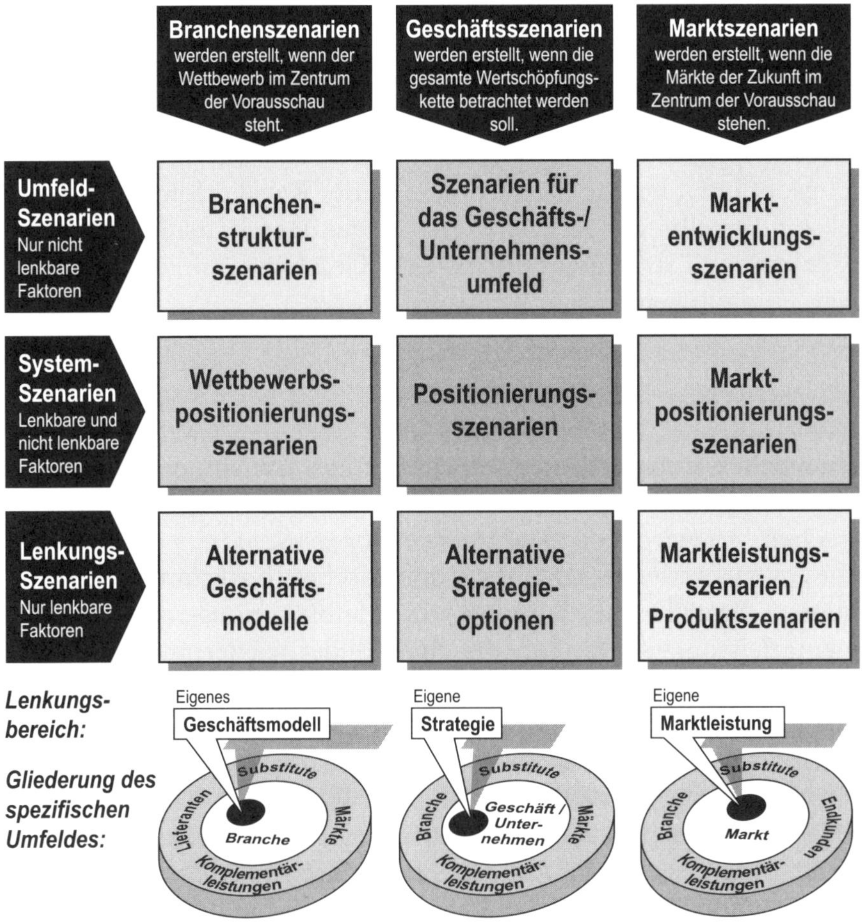

Unternehmens- oder Geschäftsszenarien

Hier steht die unternehmerische Tätigkeit als Ganzes im Mittelpunkt. *Szenarien für das Unternehmens- oder Geschäftsumfeld* konzentrieren sich zunächst auf das spezifische Unternehmens- oder Geschäftsumfeld, bestehend aus der Branche, dem Markt sowie den Substitutions- und Komplementärleistungen. Hinzu kommen Einflüsse aus den globalen Umfeldern wie Politik, Wirtschaft, Gesellschaft, Technik und Umwelt. Die Einbeziehung des eigenen Unternehmens oder Geschäftsbereichs führt zu allgemeinen *Positionie-*

rungs-Szenarien, die häufig die zukünftige Stellung eines Unternehmens innerhalb einer Wertschöpfungskette darstellen.

Eine besondere Bedeutung kommt der szenariogestützten Entwicklung von *Strategieoptionen* zu. Diese Szenarien lassen sich dadurch beschreiben, dass die in Markt und Wettbewerb relevanten Zukunftsoptionen ermittelt und in Form von alternativen Handlungsoptionen beschrieben werden. In der Regel erfolgt dies parallel zur Erstellung von Szenarien für das Geschäftsumfeld. Beide Ergebnisse – Strategieoptionen und Geschäftsumfeldszenarien – werden dann gemeinsam weiterverarbeitet.

Marktszenarien

Hier steht ein zu definierendes, zukünftiges Abnehmerfeld (Markt) im Mittelpunkt. Werden ausschließlich Umfeldentwicklungen betrachtet, so wird von *Marktentwicklungs-Szenarien* gesprochen. Diese konzentrieren sich auf ein spezifisches Marktumfeld aus Anbietern (Branche), Endkunden sowie Substitutions- und Komplementärleistungen. Die äußere Schale bildet wiederum das globale Umfeld. Häufig ist es an dieser Stelle angebracht, neben den eigenen Kunden auch »die Kunden der Kunden« beziehungsweise die den Entscheidungen der eigenen Kunden zugrunde liegenden Bedürfnisse in die Betrachtung einzubeziehen.

Ebenfalls zu den Marktszenarien gerechnet werden *Marktleistungs- oder Produktszenarien*. Sie beschreiben ausschließlich die eigene Marktleistung. Dabei kann es sich sowohl um ein konkretes Produkt oder Dienstleistung als auch um ein noch nicht näher definiertes Angebot handeln. Die Verknüpfung beider Elemente führt zu *Marktpositionierungs-Szenarien*. Bei technologieorientierten Marktbetrachtungen wird auch von *Anwendungs-Szenarien* gesprochen.

Branchen- oder Wettbewerbsszenarien

Bei relativ gefestigten Marktstrukturen oder sehr unsicheren Wettbewerbsbedingungen werden Szenarien erstellt, die mögliche Entwicklungen des Anbieterfeldes (Branche) beschreiben. So konzentrieren sich *Branchenstruktur-Szenarien* auf den Branchenwettbewerb. Zusätzlich finden hier mögliche Entwicklungen des Branchenumfeldes sowie der globalen Umfelder Berücksichtigung. Wird das eigene Unternehmen als Bestandteil der Szenarien angesehen, so wird von *Wettbewerbspositionierungs-Szenarien* gesprochen.

In bestimmten Fällen kann auch das Verhalten einzelner Wettbewerber in den Mittelpunkt von Szenarien gestellt werden. Als Ergebnis ergeben sich hier die *Handlungsoptionen einzelner Marktteilnehmer*, die zusätzlich innerhalb von Branchenstruktur- oder Wettbewerbspositionierungs-Szenarien weiterverwendet werden können.

Eine besondere Form der Wettbewerbsszenarien sind *alternative Geschäftsmodelle*. Sie beschreiben mögliche eigene Verhaltensweisen im Wettbewerb. Erarbeitet werden hier beispielsweise unterschiedliche Pfade zu einem zuvor definierten Ziel – wobei durchaus alternative Grade der Zielerreichung dargestellt werden können. Weitere Formen solcher Szenarien stellen alternative Realisierungen einer bestimmten Strategie oder Möglichkeiten zur erfolgreichen Durchführung eines großen Projektes dar.

Thematische oder spezifische Szenarien

Zusätzlich gibt es Szenarien, die sich auf spezifische Themen beziehen, die die Branchen- oder Marktgrenzen des Unternehmens weit überschreiten. Beispiele sind Szenarien für einzelne Regionen (zum Beispiel Südostasien), bestimmte Stakeholder (zum Beispiel Kommunen) oder spezifische Vertriebskanäle (zum Beispiel Electronic Commerce).

Solche spezifischen Szenarien lassen sich häufig mit zuvor entwickelten Markt-, Wettbewerbs- oder Geschäftsszenarien kombinieren. Ein Beispiel dafür lieferte einer der führenden deutschen Anbieter von Produkten und Dienstleistungen für die Abfallwirtschaft. Diese Branche hat sich in den vergangenen Jahren sehr viel dynamischer entwickelt als andere Bereiche der Umweltwirtschaft. Wesentliches Kennzeichen ist der starke politische Einfluss auf allen Ebenen – von der Europäischen Union bis zu den einzelnen Kommunen. Die ehemaligen Entsorgungsmonopole werden mehr und mehr durch die fortschreitende Privatisierung im Entsorgungsmarkt abgelöst. Eine Auswirkung der Veränderungen ist, dass Entsorgungsengpässe mittlerweile Überkapazitäten gewichen sind. Vor diesem Hintergrund stellte sich dem Unternehmen die Frage, wie sich die Abfallwirtschaft in Zukunft entwickeln könnte. Diese Marktentwicklungsszenarien wurden anschließend mit vorliegenden Szenarien zur Zukunft der Kommunen in Deutschland kombiniert, um so die eigene Positionierung gegenüber den bislang im Markt dominierenden Kommunen zu überprüfen.[3]

Optionsentwicklung (Schritt 3)

Der Herbst 1990 war eine Zeit großer Euphorie. In Berlin wurde der Beitritt der »neuen Länder« zur Bundesrepublik Deutschland vollzogen. Nahezu zeitgleich übernahm *Siemens* die krisengeschüttelte Paderborner *Nixdorf Computer AG* und schloss sie mit der eigenen Siemens Datentechnik zur *Siemens Nixdorf Informationssysteme AG*, dem größten Computerkonzern Europas, zusammen. Bereits für das Gründungsjahr rechnete die wohlgestimmte Führung der SNI mit einem positiven Ergebnis. Neben Mainframes, Midrange-Rechnern, UNIX-Systemen und PCs stellte die SNI auch Kassen- und Banksysteme her. In diese Zeit fällt die erste Berührung mit dem Thema Szenario-Management – die Entwicklung von Umfeldszenarien zur Zukunft von Geldausgabeautomaten.

Knapp fünf Jahre später – nach einer Reihe interner Umstrukturierungen sowie nach wie vor roten Zahlen – waren auch in München und Paderborn keine blühenden Landschaften entstanden. Daher wagte *Siemens* eine Kulturrevolution. Mit dem ehemaligen Motorola- und ABB-Manager Gerhard Schulmeyer übernahm ein Externer die Führung der SNI. Als Ziel verkündete er, »im großen Stil an der Firmenkultur zu drehen«.[4]

Im Januar 1995 forcierte Schulmeyer zusammen mit dem ehemaligen Deutschland-Chef der *CSC Computer Science Corp.*, Friedrich Fröschl, die Auslagerung der gesamten Datenverarbeitung aus dem Siemens-Konzern und deren Zusammenschluss mit der *Sietec Consulting* sowie Teilen der SNI zur *Siemens Business Services* (SBS). Obwohl etwa 98 Prozent der Anteile bei *Siemens* lagen, übernahmen Schulmeyer und Fröschl die Führung der neuen Gesellschaft, die unter anderem den EDV-Betrieb aller 17 Siemens-Unternehmensbereiche sowie das in 62 Länder reichende Siemens-Netzwerk übernahm.

Nach dem Zusammenschluss mit weiteren Siemens-Einheiten im folgenden Jahr verfügte die intern jetzt als *SBS II* bezeichnete Gruppe über 4.500 Mitarbeiter und strebte einen Umsatz von zwei Milliarden Mark an. Den Durchbruch brachte schließlich die Trennung des Produkt- und Lösungsgeschäfts der SNI. Jetzt konnte die neue *SBS III* als produktunabhängiger Lösungsanbieter am Markt auftreten. Um diese neuen Möglichkeiten zu betonen, wurde der Name in *Siemens Nixdorf Business Services* geändert. In dieser Zeit hatte sich vor allem das von Dieter Hofmann geleitete *Center for Innovative Topics (C.I.T.)* für die Nutzung von Szenarien stark gemacht. Gemeinsam mit dem Bereich *Öffentliche Auftraggeber* wurden Szenarien zur Zukunft der Kommunen in Deutschland erarbeitet und in die strategische Planung integriert.[5] Darüber hinaus setzt SBS Szenarien auch gemeinsam mit seinen Kunden ein. Hofmann formuliert das Ziel dieser Praxis so:

> »Szenario-Management erlaubt uns, in einer sehr frühen Phase der Entscheidungsfindung bei unserem Kunden zu sein. Hier erfahren wir von seinen Problemen und Befindlichkeiten – und er kann sehr früh auf das Wissen der SBS zugreifen. Beide Seiten profitieren von einer solchen gemeinsamen Vorausschau. Szenarien sind für SBS ein Instrument der aktiven Partnerschaftsgestaltung.«

Heute ist *Siemens Business Services* mit einem Umsatz von über 7 Milliarden Mark und etwa 22.000 Mitarbeitern ein weltweit agierender Komplettserviceanbieter innovativer Lösungen und Dienstleistungen für Kernthemen des Electronic Business. In Europa nimmt SBS gegenwärtig den vierten Rang ein – und in Deutschland ringt SBS mit der um die *debis* erweiterten *Deutschen Telekom* um die Spitze. Das Ziel ist eindeutig gesteckt: SBS möchte in der Zukunft als europäischer Marktführer zu den Top 5 in der Welt gehören. Dazu bedarf es vor allem internationalen Wachstums, denn noch immer wird über die Hälfte des Umsatzes in Deutschland gemacht. Ein solches Wachstum wird aber nur gelingen, wenn der Heimatmarkt als Basis gehalten und ausgebaut wird. Daher kommt der *SBS Region Deutschland* eine entscheidende Rolle bei der strategischen Ausrichtung des Gesamtunternehmens zu.

Dieser Herausforderung – vor allem den Veränderungen im Rahmen einer Fokussierung auf Electronic Business – hat sich *SBS Region Deutschland* mit einem abgestimmten Transformationsprozess gestellt. Gestartet wurde dieser Prozess mit zwei Szenario-Konferenzen. Auf der ersten Konferenz wurden mit einem kleineren Szenario-Team alternative Zukunftsbilder erarbeitet, die die Entwicklungsmöglichkeiten der Umfelder von *Siemens Business Services* im deutschen Markt darstellen. Anschließend wurden auf einer zweiten Szenario-Konferenz alternative Strategieoptionen erarbeitet, mit denen *SBS Region Deutschland* den in den Umfeldszenarien aufgezeigten Entwicklungen gerecht werden kann. Die Bewertung der alternativen Strategieoptionen ermöglichte eine strategische Diskussion, die zu einem zukunftsrobusten Leitbild für *Siemens Business Services* in Deutschland führte und schließlich die Grundlage für einen Aktionsplan sowie den vielschichtigen Transformationsprozess bildete.

Ein zentraler Schritt im Vorgehen der *SBS Region Deutschland* war die Optionsentwicklung. Erst die Zusammenfassung der verschiedenen Einzeloptionen gab den Blick auf die zentralen, strategischen Handlungsmöglichkeiten frei. Daher gehen wir im Folgenden nur kurz auf die direkte Optionsentwicklung aus Szenarien ein und konzentrieren uns anschließend auf die systematische Entwicklung von Strategieoptionen.

Optionen direkt aus den Szenarien entwickeln

Viele eigene Handlungsmöglichkeiten sind Reaktionen auf Umfeldentwicklungen. Daher geht es häufig zunächst darum, die Auswirkungen der Szenarien auf das Gestaltungsfeld zu analysieren. Bei dieser Auswirkungsanalyse sollten *alle* Szenarien so lange wie möglich »im Spiel gehalten« werden, um auf diese Weise auch die in den vermeintlich negativeren Szenarien versteckten Chancen sowie die gerne verdrängten Gefahren einer oberflächlich »guten« Entwicklung zu identifizieren. Dies ist ein wesentlicher Grund für unseren zurückhaltenden Umgang mit Wahrscheinlichkeiten.

Ein gutes Hilfsmittel zur Optionsentwicklung ist eine Auswirkungsmatrix, mit der die Folgen der erstellten Szenarien für das Gestaltungsfeld systematisch aufbereitet werden. Dazu werden in einer Matrix als Spalten die Szenarien und als Zeilen einzelne Bereiche oder Elemente des Gestaltungsfeldes wie Geschäftsfelder, Funktionsbereiche oder Produktgruppen verzeichnet. In einem einzelnen Feld werden dann die Auswirkungen eines *bestimmten* Szenarios auf ein *bestimmtes* Gestaltungsfeldelement untersucht. Dabei wird jeweils die Frage gestellt: »Wie wirkt sich das Szenario auf das Gestaltungsfeldelement aus?«

Häufig enthalten die Szenarien auch spezifische Entwicklungen einzelner Stakeholder (zu- oder abnehmende Bedeutung; Machtverschiebungen; Chancen und Gefahren für einzelne Stakeholder), oder sie enthalten Entwicklungen, die zu solchen spezifischen Entwicklungen führen könnten. Ein wirkungsvolles Element ist daher die Ermittlung von Gewinnern und Verlierern.

Mit systematisch entwickelten Strategieoptionen die eigene Selbstunsicherheit überwinden

In vielen Fällen reicht die einfache Optionsermittlung allerdings nicht mehr aus. Es gibt einfach zu viele und zu stark voneinander abhängige Optionen. Hier wird deutlich, dass zukunftsoffenes Denken nicht auf das Umfeld begrenzt werden darf, sondern dass es auch für das eigene Handlungsfeld – das Unternehmen, die Geschäftseinheit oder die Organisation – mehrere denkbare Zukunftsbilder gibt: Wunschbilder, strategische und operative Zielvorstellungen, Entwicklungspfade und Meilensteine – aber auch völlig unrealistische Traumbilder, Albtraum-Szenarien oder die Vorstellung, dass letztlich doch alles beim Alten bleibt.

Im Rahmen der strategischen Planung blenden Unternehmen diese »Selbstunsicherheit« nur allzu gerne aus. Gefordert wird schließlich die zügige Entwicklung einer eindeutigen Vision und einer klaren Strategie. Auf dem Weg zu dieser Strategie *mehrere* Umfeldszenarien zu entwickeln lässt sich in den Augen vieler traditioneller Planer noch gerade tolerieren, wenn daraus möglichst schnell *eine* Strategie entsteht. Wozu also auch noch Unsicherheit bezüglich der eigenen Handlungsoptionen erzeugen? Ist es nicht schon anstrengend genug, die vielen Markt- und Umfeldtrends zu ermitteln und bei der Entscheidungsfindung zu berücksichtigen?

Die Antwort auf diese Frage ist immer häufiger »Nein« – denn die Folgen des traditionellen Vorgehens sind gravierend: Unter dem Deckmantel der beschlossenen Vision und Strategie entfalten die alternativen Zukunftsvorstellungen der beteiligten Führungskräfte ein gefährliches Eigenleben. Nicht geklärte Begriffsdefinitionen, nicht ausgetragene Konflikte, unbefriedigte Wünsche und nicht berücksichtige Ängste machen die Strategieumsetzung vom ersten Tag an zu einem »Himmelfahrtskommando«. Bei der Entwicklung *alternativer Strategieoptionen* werden diese Konflikte offen ausgetragen. Hier bringen die Führungskräfte ihre persönlichen Ideen und Vorstellungen von der Zukunft ihres Unternehmens ein und verknüpfen diese systematisch zu mehreren Strategieoptionen.

Außerdem lässt sich eine Strategie vielfach nicht mehr einfach aus der Analyse der gegenwärtigen Situation sowie den Umfeldszenarien ableiten. Die eigenen Handlungsoptionen sind zu vielfältig und zu vernetzt. Daher erscheinen traditionelle Ansätze der Strategieentwicklung häufig als willkürlich oder austauschbar. Alternative Strategieoptionen führen die verschiedenen Einzeloptionen zusammen und ermöglichen den Führungskräften, im Rahmen der Strategiefindung eine *wirklich strategische* Diskussion über Ziele und einzuschlagende Wege in die Zukunft zu führen.

Zudem erhöhen alternative Strategieoptionen den eigenen Freiheitsgrad. So stellt die traditionelle Szenarienplanung im Rahmen von Umfeldszenarien – berechtigterweise – die Frage: Was *könnte* passieren? Ein Unternehmen, das sich an solchen Umfeldern ausrichtet, geht aber nicht automatisch offensiv mit der Zukunft um, sondern reagiert – wenn auch erfreulich früh – auf seine Umgebung. Strategieoptionen sind hingegen »proaktive Szenarien«. Sie beschreiben, wie ein Unternehmen mit der Zukunft umgehen könnte. Hier müssen Planer und Entscheider nicht abwarten, wie sich das Umfeld entwickelt, sondern sind aufgefordert, jetzt und unmittelbar selbst aktiv zu werden.[6]

In vier Schritten zu Strategieoptionen

Da es sich bei Strategieoptionen in unserem Sprachgebrauch um Lenkungsszenarien handelt, weist deren Entwicklung ähnliche Elemente auf wie die Entwicklung von Umfeldszenarien:

- aus Einflussfaktoren werden *Wettbewerbsfaktoren*;
- aus Schlüsselfaktoren werden *Schlüsselelemente* der Strategieoptionen;
- aus Zukunftsprojektionen werden *Zukunftsoptionen* und
- aus Umfeldszenarien werden *Strategieoptionen.*

Folglich bedarf es an dieser Stelle auch keiner grundlegend neuen Methodik, sondern es kann weitgehend auf den bekannten Ansatz des Szenario-Managements zurückgegriffen werden: (1) Im ersten Schritt werden die eigenen Stellhebel identifiziert. (2) Anschließend gilt es, sich mögliche Entwicklungen dieser Schlüsselelemente auszumalen und diese zu beschreiben. (3) Dem folgt in vielen Projekten eine Bewertung der einzelnen Optionen nach Kriterien wie Gegenwartsnähe oder Realisierungsaufwand. (4) Abschließend erfolgt die Verknüpfung der Zukunftsoptionen zu alternativen Strategieoptionen.

In vielen Schritten werden methodische Elemente wie beispielsweise Vernetzungs-, Konsistenz- und Clusteranalysen verwendet, die bereits beschrieben wurden. Daher wollen wir im Folgenden die Unterschiede zur Entwicklung von Umfeldszenarien herausarbeiten und gleichzeitig unsere Erfahrungen bei der szenariogestützten Strategieoptionsentwicklung schildern.

Strategische Stellhebel identifizieren (Schritt 3.1)

Eine Strategieoption ist in unseren Augen ein Instrument der Visions- oder Strategiefindung. Dabei beschreibt es, »*wie wir in der Zukunft unser Geschäft angehen*«. Es beinhaltet daher Aussagen zu den zentralen Punkten der anschließend zu entwickelnden Vision oder Strategie. Typische Elemente von Strategieoptionen sind das unternehmerische Selbstverständnis, der Fokus im Wettbewerb, das Leistungsprogramm, das Ressourcenmanagement.

Ein erster Anknüpfungspunkt für die Auswahl solcher *Schlüsselelemente* ist die Erfolgsfaktoren-Analyse. Sie enthält in der Regel bereits viele denkbare Schlüsselelemente, die hier hinsichtlich ihrer Bedeutung für den gegenwärtigen Geschäftserfolg bewertet wurden. Bei der Auswahl der Schlüsselelemente empfiehlt sich das folgende Vorgehen:

- *Ergänzung des Wettbewerbsfaktoren-Kataloges*: Gibt es weitere Wettbewerbsfaktoren, so werden diese dem Wettbewerbsfaktoren-Katalog hinzugefügt.
- *Bewertung der Wettbewerbsfaktoren*: Jetzt geht es darum, die Wettbewerbsfaktoren hinsichtlich ihrer Bedeutung für den zukünftigen Geschäftserfolg und damit ihrer Relevanz für eine zukünftige Strategieoption zu bewerten. Dazu kann beispielsweise auf zuvor erstellte Umfeldszenarien zurückgegriffen werden. Auch Vernetzungsanalysen können an dieser Stelle eingesetzt werden.
- *Auswahl der Schlüsselelemente*: Die Entscheidung über die Schlüsselelemente ist hier – mehr noch als bei Umfeldszenarien – eine gruppensubjektive Entscheidung des Szenario-Teams. Für die Akzeptanz der Strategieoptionen ist es unabdingbar, dass sich alle Teammitglieder mit der Auswahl der Schlüsselelemente identifizieren. In der Praxis bedeutet dies häufig längere Diskussionen und gegebenenfalls sogar die Nacharbeit an der Schlüsselelemente-Auswahl in späteren Phasen.

Im Vergleich zu Umfeldszenarien kommen bei der Entwicklung von Strategieoptionen eher weniger Wettbewerbsfaktoren zum Einsatz.

Eine geeignete Anzahl liegt nach unserer Erfahrung zwischen 14 und 18 Schlüsselelementen.

Zukunftsoptionen entwickeln und beschreiben (Schritt 3.2)

Bei der Entwicklung von Zukunftsoptionen geht es darum, den *Ergebnisraum* bezüglich der einzelnen Schlüsselelemente zu beschreiben. Im Mittelpunkt stehen also Fragen wie die folgenden: Wie könnte unser Produktprogramm in der Zukunft strukturiert sein? Wie könnten wir in der Zukunft mit Visionen und Strategien umgehen? Welchen Stellenwert könnten Allianzen und Partnerschaften in der Zukunft haben? Welche Bedeutung kommt internem Wissensmanagement in der Zukunft zu?

In der Regel finden die Mitglieder der Szenario-Teams schnell Zugang zu diesen Fragestellungen, weil sie eine große Nähe zu ihrem täglichen Geschäft aufweisen. Eine Schwierigkeit ist allerdings die Frage, *welche* Entwicklungspfade als *Zukunftsoptionen* auszuwählen sind. Gesucht werden an dieser Stelle nicht allein mögliche Zielgrößen, da in diesem Fall die Strategieoptionen zu reinen »Wunschszenarien« würden. Entscheidend ist vielmehr, ob eine zukünftige Strategie denkbar ist, in der die entsprechende Zukunftsoption vorkommt. Eine Zukunftsoption ist dann geeignet, wenn sie nur eines der folgenden Kriterien erfüllt:

- *Zielgröße*: Die Zukunftsoption beschreibt einen Status des betrachteten Schlüsselelements, den das Unternehmen in der Zukunft als Zielgröße anstreben könnte (Beispiel: »*E-Business-Gesamtlösungen inklusive E-Commerce als wichtiger Vertriebskanal*«).
- *Zwischenergebnis*: Die Zukunftsoption beschreibt einen Status des betrachteten Schlüsselelements, den das Unternehmen auf dem Weg zu einem weitergehenden oder anderen Ziel als Zwischenergebnis anstreben oder akzeptieren könnte (Beispiel: »*E-Business-Lösungen im Rahmen strategischer Partnerschaften*«).
- *Akzeptierter Zustand*: Die Zukunftsoption beschreibt einen Status des betrachteten Schlüsselelements, den das Unternehmen aufgrund seiner Prioritätensetzung in der Zukunft akzeptieren

könnte (Beispiel: »*E-Business-Lösungen werden nur zur effizienten Gestaltung der internen Geschäftsprozesse eingesetzt*«).
- *Gegenwärtiger Status*: Die Zukunftsoption beschreibt den gegenwärtigen Status des betrachteten Schlüsselelements unter der Voraussetzung, dass dieser auch in der Zukunft in dieser Form Bestand haben könnte (Beispiel: »*E-Business hat aufgrund der Ausrichtung auf Direktvertrieb nur eine geringe Bedeutung*«).

Diese Kriterien machen deutlich, wie groß die Möglichkeiten für die Beschreibung von Zukunftsoptionen sind. Entscheidend ist an dieser Stelle, dass alle beteiligten Führungskräfte ihre Vorstellungen vom eigenen Handeln einbringen können. Dabei geht es – ähnlich wie bei der Entwicklung von Umfeldszenarien – noch nicht darum, Einvernehmen über die eine anzustrebende Zukunftsoption zu erzielen.

Bewertung der Zukunftsoptionen (Schritt 3.3)

Ergänzt werden kann dieser Schritt um eine zusätzliche Bewertung der entwickelten Zukunftsoptionen. Bei einer einfachen Ergänzung notiert man beispielsweise für jedes Schlüsselelement die Zukunftsoption, die die gegenwärtige Situation beschreibt oder aber der Gegenwart am nächsten kommt. So lässt sich anschließend die Nähe der Strategieoptionen zur Gegenwart ausdrücken.

Eine komplexere Anwendungsform sieht vor, für jede Zukunftsoption den notwendigen Realisierungsaufwand abzuschätzen. Daraus ergibt sich für jede Strategieoption ein kumulierter Realisierungsaufwand, mit dem sich die Diskussion über eine strategische Ausrichtung sinnvoll ergänzen lässt.

Zukunftsoptionen zu Strategieoptionen verknüpfen (Schritt 3.4)

Die Verknüpfung der vorliegenden Zukunftsoptionen zu Strategieoptionen erfolgt entsprechend der Bildung von Umfeldszenarien:

- *Zukunftsoptionen auf ihre Widerspruchsfreiheit überprüfen*: Zunächst werden die einzelnen Optionen im Rahmen einer Konsistenzanalyse auf ihre Widersprüchlichkeit hin überprüft. Anschließend werden die Einzelbewertungen in einer Konsistenzmatrix zusammengefasst. Dabei ist – mehr noch als bei der Entwicklung von Umfeldszenarien – das parallele Ausfüllen mehrerer Matritzen und die gemeinsame Diskussion von kritischen Bewertungen sinnvoll. Die Nähe der Zukunftsoptionen zu ihrem realen Alltagsgeschäft ermöglicht hier auch in starkem Maße die Einbeziehung der Führungskräfte.

- *Alle Kombinationsmöglichkeiten durchspielen*: Da es sich bei den Strategieoptionen um Lenkungsszenarien handelt, erfolgt dieser Schritt entsprechend der Bildung von Umfeldszenarien. Als Ergebnis liegt ein Optionsbündel-Katalog vor, der die widerspruchsfreien und als relevant bewerteten Kombinationen der Zukunftsoptionen enthält.
- *Eine sinnvolle Anzahl von Rohoptionen entwerfen*: Hier wird nach Einsatz einer Clusteranalyse eine geeignete Anzahl von Rohoptionen festgelegt.
- *Ein Verständnis von den einzelnen Rohoptionen entwickeln*: Wie bei den Umfeldszenarien enthält eine Rohoption bereits den Kern der späteren Strategieoption in sich. Jetzt ist es allerdings notwendig, dass die Mitglieder des Szenario-Teams ein eigenes Bild von der in Grundzügen vorliegenden Strategieoption entwickeln. Dabei dienen die Ausprägungslisten als Hilfsmittel, ohne die Kreativität einzuengen. Häufig beziehen sich die Kernaussagen der einzelnen Strategieoptionen auf unterschiedliche Schlüsselelemente, so dass sich für die einzelnen Optionen auch verschiedene Themen identifizieren lassen.
- *Strategieoptionen in einem Mapping visualisieren*: Auch Strategieoptionen beschreiben einen Zukunftsraum und lassen sich in einem Mapping darstellen. Abbildung 26 zeigt exemplarisch ein Mapping von fünf Strategieoptionen.

Häufig lassen sich in einer solchen Entwicklungskarte neben den eigentlichen Optionen auch *strategische Stoßrichtungen* darstellen. Sie ergeben sich vor allem dann, wenn eine Strategieoption der gegenwärtigen Situation entspricht. Als strategische Stoßrichtung bezeichnen wir jetzt eine bewusste Veränderung der Organisation,

Abbildung 25: *Strategische Stoßrichtungen in einem Strategie-Mapping*

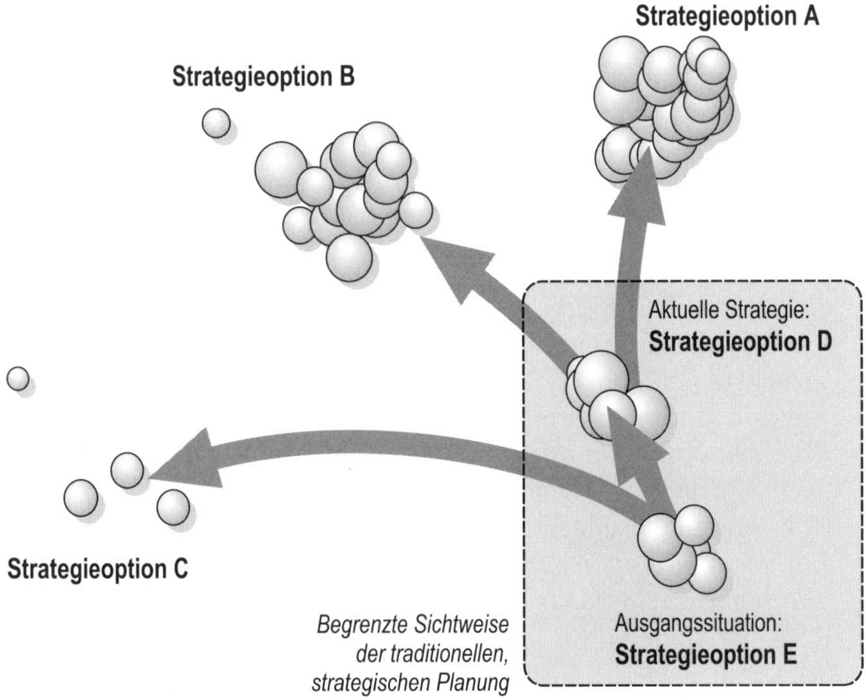

die eine Entwicklung von dieser Ausgangssituation zu einer entsprechenden Strategieoption zum Ziel hat. Im Mapping zeigen sich Stoßrichtungen mit einem hohen Veränderungsgehalt als sehr lange Pfeile, während geringfügigere Veränderungen als eher kurze Pfeile dargestellt sind.

Aus einer Kombination solcher Stoßrichtungen können *Strategiepfade* gebildet werden. Grundlage solcher dynamischer Szenarien ist die folgende Überlegung: In der Regel sind die Strategieoptionen zwar mit einem einheitlichen Zukunftshorizont entwickelt worden, sie können aber in der Zukunft auch nacheinander eintreten. So ist es denkbar, dass ein Unternehmen zunächst eine klarer konturierte Strategieoption anstrebt, um dann später auf eine andere, weitere entfernte Option umzuschwenken – oder aber sich zumindest diese Option offen zu halten.

Strategiefindung (Schritt 4)

Die Strategiefindung kann als der zentrale Schritt bei der Ausrichtung eines Unternehmens oder einer strategischen Geschäftseinheit angesehen werden. Hier laufen die Ergebnisse der Gegenwartsinterpretation (Schritt 1), der Interpretation der zukünftigen Umfelder (Schritt 2) sowie der eigenen Handlungsmöglichkeiten (Schritt 3) zusammen. Zur strategischen Ausrichtung reicht es aber weder aus, nur die gegenwärtigen Probleme zu lösen, noch ausschließlich die zukünftigen Chancen nutzen zu wollen – noch allein auf »das Machbare« zu blicken. Alle drei Blickwinkel müssen miteinander in Einklang gebracht werden.

Aber selbst mit einer vollständigen und brillanten Abarbeitung dieser ersten drei Schritte entsteht noch keine Strategie. Sie zu formen ist vielmehr ein kreativer Prozess, der sich nicht in einem formellen Vorgehensmodell ausdrücken lässt. Ein wesentliches Element der Strategiefindung ist insofern eine *strategische Diskussion* zwischen den am Prozess beteiligten Personen. Dieser Diskussionsprozess kann allerdings durch einige Elemente strukturiert und damit handhabbar gemacht werden. Eine zentrales Hilfsmittel dazu sind Szenarien, weil sie den ansonsten unstrukturierten Zukunftsbereich kommunizierbar machen. Daher widmen wir uns zunächst der Frage, auf Basis wie vieler und welcher Umfeldszenarien beziehungsweise Strategieoptionen ein Unternehmen planen sollten. Dies führt zu fünf strategischen Grundmustern. Anschließend stellen wir drei konkrete Formen der Strategiefindung vor.

Grundformen fokussierter und robuster Planung

Am Beginn der Strategiefindung liegen zunächst *Umfeldszenarien* vor. Sie stellen alternative Randbedingungen der unternehmerischen Tätigkeit dar. Jetzt müssen die Planer entscheiden, ob ihre Strategie auf einem Szenario aufsetzen oder mehrere Szenarien berücksichtigen soll. Basiert die Strategie lediglich auf einem Umfeld-Szenario, so sprechen wir von einer *(umfeld)fokussierten Strategie*.

Demgegenüber können *(umfeld)robuste Strategien* auf mehreren ausgewählten Umfeldszenarien (teilrobuste Planung) oder auf der Gesamtheit aller entwickelten Umfeldszenarien (zukunftsrobuste Planung) beruhen. Fokussierte und robuste Strategien lassen sich innerhalb verschiedener Planungsansätze entwickeln:

Beim *traditionellen Planungsansatz* werden den Szenarien Eintrittswahrscheinlichkeiten zugeordnet. In diesem Fall plant das Unternehmen in der Regel auf Basis des Szenarios mit der »höchsten Wahrscheinlichkeit«. Dies setzt voraus, dass sich Einvernehmen über die voraussichtlich eintretende Zukunft erzeugen lässt. Der Vorteil der Szenariennutzung ist hier darin zu sehen, dass die Planung auf einem konsistenten Zukunftsbild erfolgt, das »in Konkurrenz« zu anderen Entwicklungsmöglichkeiten entstanden ist. Eine fokussierte Strategie kann dadurch ergänzt werden, dass die auf dem wahrscheinlichsten Szenario basierende Strategie gegen das Eintreten der anderen, weniger wahrscheinlichen Szenarien abgesichert wird. Eine Absicherung gegen alternative Entwicklungen kann auch dadurch erfolgen, dass in der zunächst fokussierten Strategie Möglichkeiten zu einem »Umsteigen auf andere Szenarien« vorgesehen werden.

Beim *präventiven Ansatz* stellt sich das Unternehmen bestmöglich auf alternative Umfeldentwicklungen ein. Im Rahmen einer fokussierten Strategie kann es seine Strategie auf dem Szenario aufbauen, das die größten umfeldbedingten Nutzenpotenziale enthält. Dieser Ansatz verspricht große Möglichkeiten – ist aber wegen der Ausblendung weniger erfolgversprechender Szenarien risikoreich. Auf der anderen Seite kann es Gefahren minimieren, indem es seine Strategie auf dem risikoreichsten Szenario aufbaut. Diese Form wird im Rahmen des Risikomanagements oder der Krisenplanung angewandt. Im Rahmen einer zukunftsrobusten Strategieentwicklung kann ein Unternehmen versuchen, die in den verschiedenen Szenarien enthaltenen Chancen bestmöglich zu nutzen, die darin beschriebenen Gefahren zu minimieren oder einen individuellen Weg zur Chancennutzung und Gefahrenminimierung zu finden.

Beim *proaktiven Ansatz* versucht das Unternehmen, gezielt Einfluss auf das Eintreten erstrebenswerter Szenarien zu nehmen. Dabei werden vor allem Gestaltungsfeld-Szenarien und stark lenkbare System-Szenarien eingesetzt, die primär auf beeinflussbaren Schlüsselfaktoren beruhen. Fokussierte Strategieentwicklung heißt hier, sich für ein Szenario zu entscheiden und die Ressourcen des Unternehmens konsequent auf eine Strategie auszurichten, die diesem Szenario gerecht wird. Das ist einerseits risikoreich – insbesondere bei stark von Umfeldfaktoren geprägten Szenarien – andererseits gerät ein Unternehmen in eine schlechte Position, wenn es mehreren Szenarien gleichermaßen gerecht werden will, der Mitbewerber hingegen voll auf ein Szenario gesetzt hat, das dann auch eintritt. Dieser Ansatz kann dadurch ergänzt werden, dass die so gefundene Strategie gegen andere Szenarien abgesichert wird. Dies ist gerade dann sinnvoll, wenn die präferierten Szenarien neben Lenkungsgrößen auch einen signifikanten Anteil von Umfeldgrößen enthalten.

Eine weitere Form stellt der *adaptive Ansatz* dar. Er wird vor allem in Branchen angewandt, die von starken Diskontinuitäten geprägt sind. Hier erhöhen die Unternehmen ihre Flexibilität, in-

Abbildung 26: *Zusammenhang der Planungsarten*

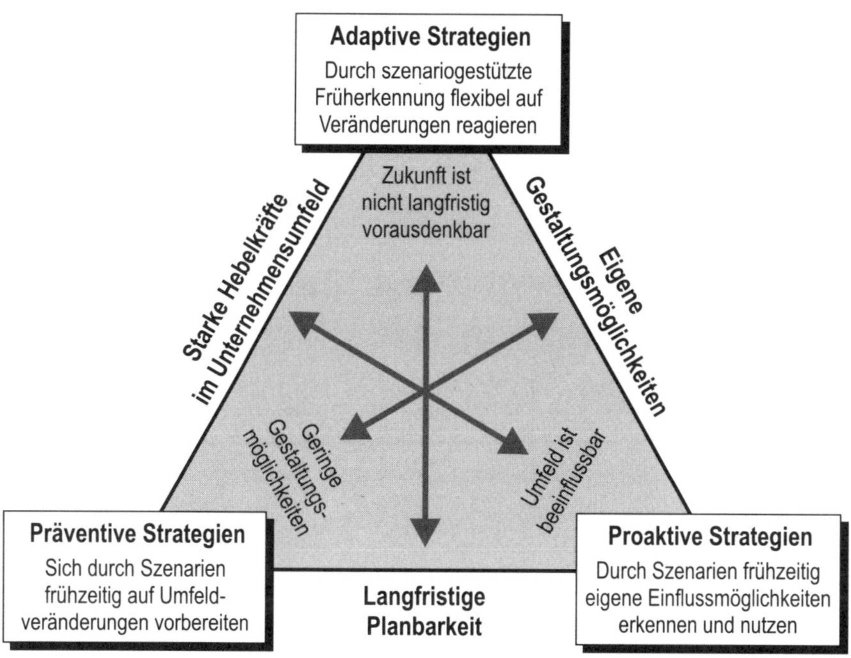

dem sie ihre Strategie auf mehrere Szenarien zuschneiden und bestimmte Entscheidungen vom Eintreten einzelner Szenarien abhängig machen. Ein häufig verwendetes Instrument dieser Grundstrategie ist die Konzentration auf einen robusten Strategiekern mit entsprechenden Kernkompetenzen. Eine wesentlicher Erfolgsfaktor ist dabei die Früherkennung. Bei adaptiven Strategien besteht allerdings die Gefahr, dass strategisch relevante Entscheidungen aufgeschoben werden, da gerade hier keine Robustheit vorliegt.

Integration von Strategieoptionen in die Strategiefindung

Mehreren Umfeldszenarien gerecht zu werden entspricht dem strategischen Grundsatz der *Bewahrung von Flexibilität*. Darüber hinaus können im Rahmen der Strategiefindung auch *Strategieoptionen* eingesetzt werden. Sie stellen alternative komplexe Handlungsmöglichkeiten dar. Sich auf eine einzelne solcher Strategieoptionen zu fokussieren entspricht dem strategischen Grundsatz der *Konzentration der Kräfte*. Basiert die Strategie auf einer einzelnen Strategieoption, so sprechen wir von einer *einspurigen Strategie*. Werden mehrere Strategieoptionen miteinander verknüpft, so nennen wir diese eine *mehrspurige Strategie*.

Die Eignung fokussierter und robuster sowie ein- und mehrspuriger Planungsansätze lässt sich nicht von vornherein festlegen. Stattdessen können vier Archetypen szenariogestützter Strategiefindung beschrieben werden (siehe Abbildung 27):

Umfeldrobuste, einspurige Strategie (Archetyp 1): Dies ist quasi die idealtypische Form der szenariogestützten Unternehmensplanung. Hier gelingt es, mit einer klar konturierten Strategie mehreren oder sogar allen vorausdenkbaren Umfeldentwicklungen gerecht zu werden.

Fokussierte, einspurige Strategie (Archetyp 2): Bei diesem Ansatz entsteht eine klar konturierte Strategie, die allerdings lediglich auf ein Umfeldszenario zugeschnitten ist. Sie widerspricht insofern dem Grundsatz der Bewahrung von Flexibilität. Daher sind mit einer solchen Strategie in der Regel erhebliche Umfeldgefahren verbunden. Der Unterschied dieses Ansatzes zur traditionellen,

Abbildung 27: *Archetypen der szenariogestützten Strategieentwicklung*

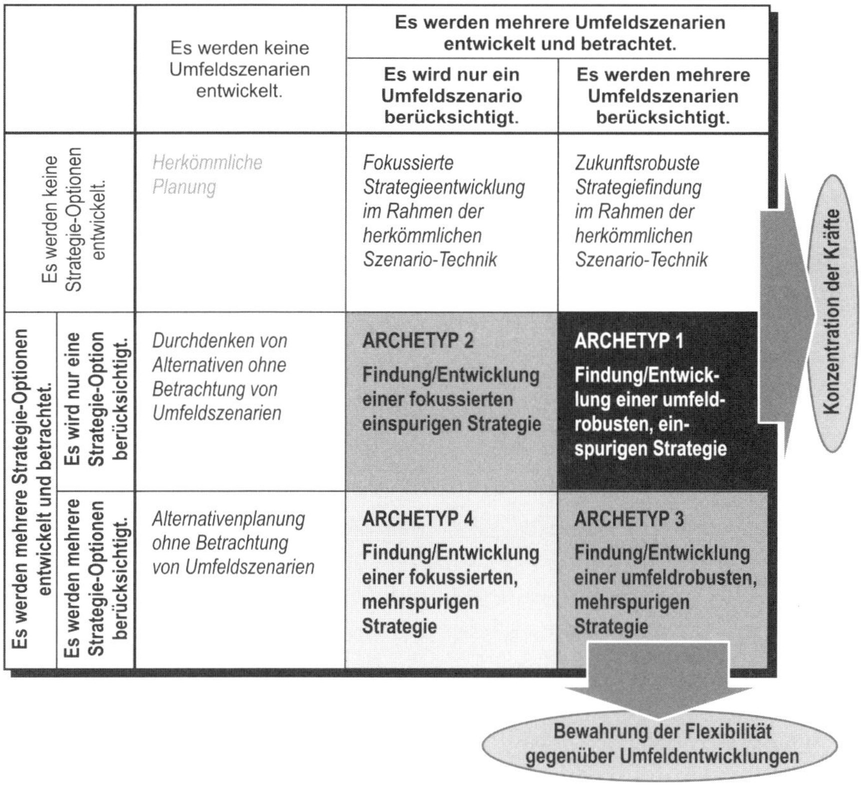

nicht szenariobasierten Planung besteht allerdings darin, dass die Strategie in Kenntnis der Umfeld- und Handlungsalternativen entstanden ist.

Umfeldrobuste, mehrspurige Strategie (Archetyp 3): Hier ist die Unsicherheit der Umfeldentwicklungen so stark, dass man sich nicht auf eine einzelne Entwicklung festlegen kann, sondern stattdessen eine Aufweichung der eigenen Strategie in Kauf nimmt. Diese mehrspurige Strategie unterläuft zwar den strategischen Grundsatz der Konzentration der Kräfte, kann aber bei sorgfältiger Planung sehr wohl zu einer im Wettbewerb beständigen und schlagkräftigen Strategie führen.

Fokussierte, mehrspurige Strategie (Archetyp 4): Diese leider gar nicht so selten anzutreffende Variante widerspricht sowohl dem Grundsatz der Konzentration der Kräfte, als auch dem Grundsatz der Erhaltung der strategischen Flexibilität. Dennoch gibt es Situationen, in denen die Randparameter auch einen solchen Strategieansatz als sinnvoll erscheinen lassen – zum Beispiel im Vorfeld von Umstrukturierungen.

Welche fatalen Wirkungen die Missachtung dieser strategischen Grundsätze haben können, zeigen die beiden nachfolgend beschriebenen charakteristischen Fehler, die im Rahmen der szenariogestützten Strategiefindung leider immer wieder gemacht werden:

Festlegung auf ein Umfeldszenario: Häufig entwickeln Unternehmen mit großem Aufwand Umfeldszenarien, die ausschließlich mögliche, vom Unternehmen nicht signifikant beeinflussbare Randbedingungen darstellen. Anschließend verlässt die strategischen Planer jedoch der Mut, sich mit einer multiplen Zukunft auseinander zu setzen. Häufig trägt dazu der Druck des Top-Managements bei, Planungssituationen in einfachen Entscheidungsmodellen auszudrücken. Daraufhin legen sich die Planer doch auf ein Umfeldszenario fest und machen den Erfolg ihrer eigenen Strategie vom Eintreten dieses einen Szenarios abhängig. Folgender Vergleich verdeutlicht diese Problematik: Ein Drachenflieger hat verschiedene Optionen – zum Beispiel verschiedene Varianten der Gewichtsverlagerung. Mögliche Windrichtungen stellen für ihn so etwas wie Umfeldszenarien dar. Beginnt er während des Fluges »erstrebenswerte Windrichtungen« auszuwählen – dann ist ein Absturz so gut wie programmiert.

Verzettelung trotz klar konturierter Strategieoptionen: Einen zweiten Fehler begehen Unternehmen, wenn sie systematisch Strategieoptionen entwickeln und darstellen – anschließend aber versuchen, alle Optionen gleichzeitig zu verfolgen. Hier werden Wettbewerber im Vorteil sein, die nur eine als richtig erkannte Stoßrichtung verfolgen und ihre Ressourcen konsequent auf die Erschließung dieser Nutzenpotenziale ausrichten.

Strategiefindung auf Basis von zukunftsrobusten Handlungsoptionen

In einfachen Planungssituationen oder wenn im Rahmen der Optionsentwicklung keine Strategieoptionen entwickelt wurden, kann es sinnvoll sein, eine Unternehmens- oder Geschäftsstrategie direkt aus zuvor entwickelten Umfeldszenarien abzuleiten. Dazu werden zunächst die in den verschiedenen Szenarien enthaltenen Chancen und Gefahren sowie die sich daraus ergebenden Handlungsoptionen ermittelt. Diese stellen den Raum der eigenen Möglichkeiten dar. Sie werden jetzt in eine *Szenarien-Optionen-Matrix* übertragen, in der bewertet wird, ob sich die einzelnen Optionen nur für das ursprüngliche Szenario eignen oder ob sie mehreren Zukunftsbildern gerecht werden könnten. Nach unserer Erfahrung ist die Menge zukunftsrobuster – das heißt szenarioübergreifender – Optionen fast immer größer, als es die beteiligten Personen im Vorfeld vermuten. Dies führt zur Identifikation eines *zukunftsrobusten Strategiekerns*.

Dennoch bleibt stets eine Reihe von Optionen übrig, deren Eignung vom Eintreten bestimmter Umfeldentwicklungen abhängt. Hier bedarf es einer strategischen Diskussion, um die für die Strategie relevanten Optionen – und damit Art und Umfang der Fokussierung auf einzelne Szenarien – herauszuarbeiten.

Strategiefindung durch Verknüpfung der Strategieoptionen mit den Umfeldszenarien

Nach der Entwicklung von Strategieoptionen ist die Ungewissheit in *zwei* Richtungen *getrennt voneinander* untersucht worden. Die Umfeldszenarien legen mögliche Randbedingungen wie Branchen-, Markt- oder Globalentwicklungen offen. Die Strategieoptionen hingegen verdeutlichen die eigenen Handlungsmöglichkeiten. Im Folgenden geht es darum, die Umfeldszenarien und Strategieoptionen miteinander zu verknüpfen. Dazu wird die Eignung der Strategieoptionen innerhalb der einzelnen Umfeldszenarien bewertet und in einer *Strategieoption-Umfeldszenarien-Matrix* verzeichnet

Abbildung 28: *Strategieoption-Umfeldszenarien-Matrizen*

Führt die Verfolgung der Strategie-Option im betrachteten Umfeldszenario zu geschäftlichem Erfolg?	Umfeld-szenario I	Umfeld-szenario II	Umfeld-szenario III	Umfeld-szenario IV
Strategieoption A	++	++	+	–
Strategieoption B	+	o	++	o
Strategieoption C	– –	– –	–	++
Strategieoption D (Gegenwärt. Strategie)	++	o	–	– –
Strategieoption E (Ausgangssituation)	o	–	– –	– –

Umfeldrobuste, einspurige Strategie
(teilrobust, auf Basis einer Strategieoption)

Führt die Verfolgung der Strategieoption im betrachteten Umfeldszenario zu geschäftlichem Erfolg?	Umfeld-szenario I	Umfeld-szenario II	Umfeld-szenario III	Umfeld-szenario IV
Strategieoption A	++	++	+	–
Strategieoption B	+	o	++	o
Strategieoption C	– –	– –	–	++
Strategieoption D (Gegenwärt. Strategie)	++	o	–	– –
Strategieoption E (Ausgangssituation)	o	–	– –	– –

Umfeldrobuste, mehrspurige Strategie
(zukunftsrobust, auf Basis mehrerer Strategieoptionen)
Gewählt wurden hier zwei Strategieoptionen, und zwar eine Kombination aus den Strategieoptionen A und B sowie zusätzlich zur Absicherung gegenüber dem Umfeldszenario IV die Strategieoption C.

(Abbildung 28). Mithilfe dieser Matrix lassen sich zwei Fragen beantworten, auf die wir nachfolgend eingehen.

Wie robust ist eine Strategieoption?

Innerhalb einer Zeile wird deutlich, wie robust eine komplexe Handlungsoption gegenüber der unsicheren Umfeldentwicklung ist. So weist die Strategieoption A zwar erhebliche Chancen in den Szenarien I, II und III auf, ist aber gleichermaßen mit Gefahren im Szenario IV verbunden.

Häufig entsteht im Rahmen der Optionsbewertung eine Strategieoption mit geringer Veränderungsdynamik, die weitestgehend die heutige Situation abbildet oder eine kontinuierliche Weiterentwicklung schildert. Diese Option ist aus interner Sicht natürlich konsistent – aber hält sie auch den zukünftigen Umfeldentwicklungen stand? Anhand von Zeile E wird deutlich, dass dem nicht so ist. Stattdessen ist das Unternehmen einem erheblichen Veränderungsdruck ausgesetzt. Die Verdeutlichung dieser Notwendigkeit zur Veränderung ist für manche Unternehmen bereits ein großer Gewinn, der allein den Aufwand der Szenario-Entwicklung bereits rechtfertigen würde. Im Klartext lautet die Botschaft der letzten Zeile: »*Eine Strategie des ›Weiter so‹ ist nicht praktikabel, sondern führt zwangsläufig zu Misserfolgen.*«

Darüber hinaus beinhaltet die Strategieoption-Umfeldszenarien-Matrix häufig auch eine *Strategiebewertung*. Dies ist dann der Fall, wenn eine Strategieoption die derzeit verfolgte Strategie abbildet.

Welche Strategieoption eignet sich in einem spezifischen Szenario?

Die Strategieoption-Umfeldszenarien-Matrix lässt sich auch andersherum lesen. Innerhalb einer Spalte wird auf den ersten Blick deutlich, welche Strategieoptionen sich in einer spezifischen Situation eignen. So zeigt die Matrix, dass sich für jedes Umfeldszenario mindestens eine sehr gut geeignete Strategieoption finden lässt. Dies erklärt, warum Strategieoptionen zeitlich *nach* den Umfeldszenarien entwickelt werden. So wird sichergestellt, dass bei der Entwicklung von Zukunftsoptionen für die einzelnen Stellhebel die verschiedenen Umfeldszenarien berücksichtigt werden können.

Dieser zweite Blickwinkel auf die Matrix dient vor allem zur Entwicklung szenariospezifischer *Eventualstrategien*. So wird in Abbildung 28 deutlich, dass die Strategieoption C für das Umfeldszenario IV besonders geeignet ist. Folglich könnte ein Unternehmen, das sich auf die robusten Strategieoptionen A und B konzentriert, die Strategieoption C als »Plan B« in der Schublade vorhalten, falls sich seine Umfelder doch in Richtung des vierten Szenarios entwickeln.

Endlich ein Werkzeug für strategische Diskussionen

Wenn die Strategieoption-Umfeldszenarien-Matrix vorliegt, haben Unternehmen den zentralen Punkt der Strategieentwicklung erreicht. Bis hier sind alle Erfahrungen und wahrnehmbaren Informationen – Geschäftsfelder, Erfolgsfaktoren, Stärken und Schwächen, Schlüsselfaktoren, Umfeldszenarien, Stellhebel, Strategieoptionen und so weiter – immer weiter aggregiert worden. Eine weitere Verdichtung erscheint nicht mehr möglich. Spätestens hier müssen Unternehmen der eigenen Strategie eine Form geben. Kees van der Heijden hat diesen Schnittpunkt in seinem Konzept der *strategischen Diskussion* beschrieben.[7] An diesem Punkt lassen sich auch die unterschiedlichen Formen der externen Unterstützung von Szenarioprozessen verdeutlichen:

- Geht es im Kern um die *Szenarien* und die daraus folgenden *Konsequenzen*, so findet die strategische Diskussion bereits ohne externe Unterstützung statt. Diese beschränkt sich auf ein »Wahrnehmungs-Coaching«.
- Hat der Prozess die Erarbeitung einer *strategischen Ausrichtung* zum Ziel, so mündet er in dieser strategischen Diskussion, ohne darüber hinaus zu gehen. Hier findet quasi ein »Orientierungs-Coaching« statt.
- Ist die Szenarioentwicklung in einen Prozess zur Entwicklung einer *Unternehmens- oder Geschäftsstrategie* eingebettet, so bildet die strategische Diskussion zwar einen zentralen Ankerpunkt, nicht aber den Endpunkt des Prozesses.

In allen drei Fällen erweist sich die Strategieoption-Umfeldszenarien-Matrix als ein vorzügliches Instrument, um komplexe Planungssituationen zu visualisieren und den Diskussionsprozess innerhalb eines Strategieteams zu strukturieren. Dabei ermöglicht sie eine Priorisierung der Strategieoptionen. Alternativ zu den Strategieoptionen können in der Matrix auch strategische Stoßrichtungen oder Strategiepfade verzeichnet und gegen die Umfeldszenarien bewertet werden. Alle drei Varianten führen letztlich zu einer strategischen Ausrichtung, die dann im Rahmen der Strategieformulierung beschrieben wird.

An dieser Stelle müssen Unternehmen auch zwischen ein- und mehrspurigen Strategien beziehungsweise zwischen umfeldfokussierten und umfeldrobusten Strategien entscheiden. Abbildung 28 macht dies an einem Beispiel deutlich. Sie zeigt oben eine einspurige, teilrobuste Strategie, mit der das Unternehmen allerdings das Risiko eingeht, nicht adäquat auf das Eintreffen des Umfeldszenarios IV vorbereitet zu sein. Demgegenüber zeigt die untere Matrix eine zukunftsrobuste Strategie, die allerdings mehrspurig ist und insofern einen höheren Koordinierungsaufwand sowie die Gefahr der Verzettelung beinhaltet.

Strategiefindung als Strategiebewertung

Nur relativ selten beginnt die Strategiefindung »mit einem weißen Blatt Papier«. Häufig geht es auch gar nicht darum, eine Strategie völlig neu zu erfinden, sondern es liegt bereits eine Strategie vor, deren Eignung anhand der entwickelten Umfeldszenarien zu überprüfen ist. Bei dieser zu überprüfenden Strategie kann es sich um eine am Beginn bereits vorliegende Unternehmens- oder Geschäftsstrategie handeln – oder aber um eine im Strategieteam diskutierte Grundstrategie.

Die Strategiebewertung ist ein heikler Schritt im Prozess der strategischen Ausrichtung, weil er fast immer Befindlichkeiten und interne Strukturen im Unternehmen berührt. Plötzlich werden bisher verdeckte Chancen und Gefahren für alle greifbar. Dies verdeutlicht das folgende Beispiel: Ein großer Automobilzulieferer hatte mithilfe von fünf Szenarien mögliche Umfeldentwicklungen für einen spezifischen Abschnitt seiner logistischen Kette beleuchtet. Schnell wurde den Mitgliedern des Szenario-Teams deutlich, dass die gegenwärtig verfolgte Vertriebsstrategie »auf tönernen Füßen« stand, weil sie in drei Szenarien überhaupt nicht und in einem weiteren nur mit größeren Einschränkungen funktionierte. Als im zweiten Abschnitt des entscheidenden Workshops der strategieverantwortliche Vorstand hinzukam und mit einer Lobeshymne auf seine Vertriebsstrategie und einem Appell zu deren konsequenter Umsetzung begann, saßen die Mitglieder des Szenario- und Strategieteams in der Falle. Sollten sie zu ihren Szenarien stehen und die bestehende Strategie infrage stellen – oder sollten sie die Szenarien verschweigen, verleugnen, relativieren oder zum Beschuss freigeben? Vielen wird in diesem Moment deutlich, welche Macht Szenarien und Visionen haben. Uns wurde in diesem Fall einmal mehr deutlich, dass erfolgreiche Szenario-Prozesse nur dann gelingen, wenn Entscheider frühzeitig einbezogen werden und ihre Ergebnisse nicht von vorneherein vorgeschrieben sind.

Strategieformulierung (Schritt 5)

Erst wenn im Strategieteam Einvernehmen über die strategische Ausrichtung besteht, beginnt der Prozess der Strategieformulierung. Eine *Strategie* lässt sich vereinfacht als »der Weg zur Vision« beschreiben. Daraus folgt, dass eine Strategie aus zwei zentralen Elementen besteht: Die *Vision* beschreibt ein mehrdimensionales Zielgebäude, dessen zentrale Elemente ein Leitbild sowie strategische Kompetenzen und strategische Positionen sind. Die *Aktionen* stellen demgegenüber dar, was notwendig ist, um die Vision zu erreichen. Bausteine dieser »Visionsumsetzung« sind Konsequenzen, Maßnahmen, strategische Programme und Projekte. Die Aktionen schlagen quasi die Brücke von der Gegenwart zu der in Form der Vision angestrebten Zukunft. Beide Elemente sind für eine erfolgreiche Strategie unabdingbar. Ein ohne visionäre Zielvorstellung erarbeiteter Katalog von Maßnahmen ist ebenso wenig eine Strategie wie eine Vision, über deren Umsetzung keine Aussagen vorliegen.

Wir werden im Folgenden zunächst die einzelnen Elemente der unternehmerischen Vision näher beschreiben. Dabei müssen Unternehmen selbst entscheiden, ob sie aus dem Leitbild heraus zunächst

Abbildung 29: *Kompetenz- und positionsinduzierte Strategieentwicklung*

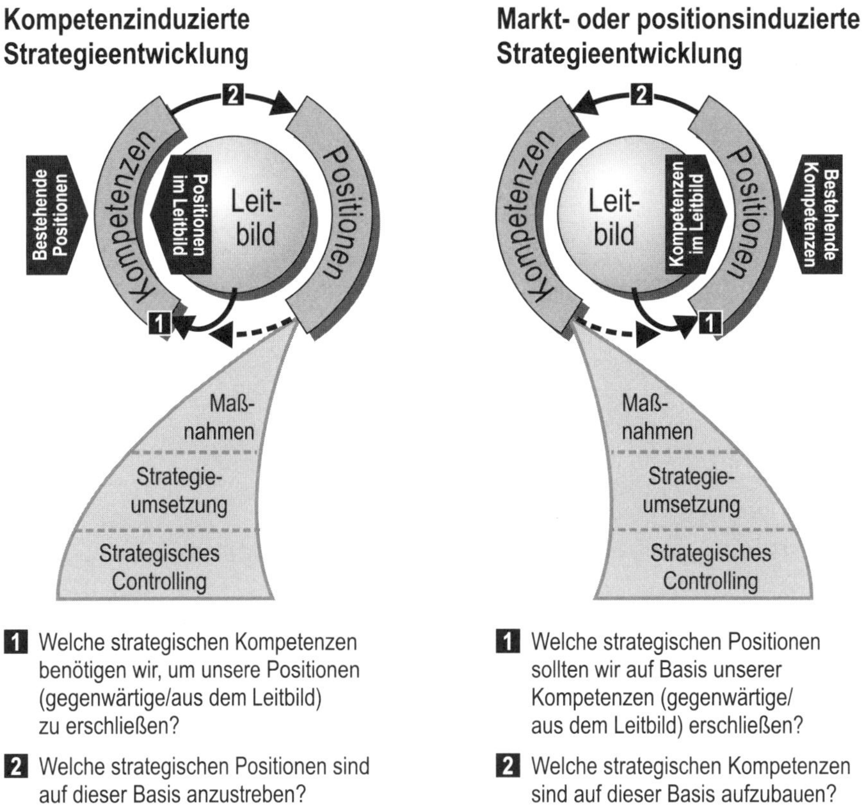

strategische Kompetenzen oder strategische Positionen entwickeln wollen:

- *Kompetenzinduzierte Strategieentwicklung*: Agiert ein Unternehmen in relativ stabilen Märkten mit hoher Wettbewerbsintensität oder steht die Verknüpfung sehr unterschiedlicher Geschäftsaktivitäten im Mittelpunkt, so stellt sich zunächst die Frage, welcher strategischen Kompetenzen es bedarf, um das Leitbild zu erreichen. Dabei kann es seine gegenwärtige Positionierung berücksichtigen. Anschließend wird dann mit der Entwicklung strategischer Positionen die Visionsbildung abgeschlossen.

- *Markt- oder positionsinduzierte Strategieentwicklung*: Erfolgt die Strategieentwicklung demgegenüber in einem sich signifikant verändernden Produkt- und Marktumfeld, so konzentriert sich das Unternehmen zunächst auf die Entwicklung strategischer Positionen. Dabei werden häufig fürs Erste die gegenwärtigen Kompetenzen berücksichtigt. Erst anschließend wird gefragt, welche Kompetenzen weiterentwickelt werden sollten, um die Positionen zu erreichen.

Beide Ansätze können in einen iterativen Prozess münden und insofern zu letztlich ähnlichen unternehmerischen Visionen führen. Anschließend beschreiben wir den Prozess der Visionsumsetzung im Zusammenhang und verdeutlichen die Verknüpfung mit dem im folgenden Kapitel beschriebenen Prozess der strategischen Früherkennung.

Leitbilder – die »Fahrstuhl-Variante der Vision«

Omar Bradley, Kommandeur der amerikanischen Streitkräfte in Nordafrika und von 1948 bis 1953 Chef der Vereinten US-Generalstäbe, verfolgte ein einfaches Motto: »Organisationen müssen ihren Kurs nach dem Licht der Sterne bestimmen und nicht nach den Lichtern jedes vorbeifahrenden Schiffes.« Für Unternehmen und Geschäftsbereiche gilt dies angesichts sich rasend schnell verändernder Randparameter umso mehr. Dies ist der Grund, warum Visionen gerade heute ein wichtiges Führungsinstrument geworden sind. Robert Haas, CEO von *Levi Strauss*, betont, dass in dynamischen Geschäftsumfeldern das Wirtschaftsgeschehen von Ideen und Visionen geprägt wird – und nicht mehr von einzelnen Führungspersonen mit ihren formal-juristischen Autoritäten.[8]

Die formale Kurzbeschreibung einer Vision erfolgt in einem *Leitbild*. Dabei kann es sich um ein Unternehmensleitbild, ein Geschäftsleitbild oder eine weitere, spezifische Form von Leitbildern handeln. Bei ihrer Entwicklung verfolgen wir den Grundsatz, dass ein gutes Leitbild sich einem Fremden in 30 Sekunden im Fahrstuhl erläutern lässt. Dabei wird deutlich, dass ein Leitbild mehr ist als die Zusammenfassung operativer Ziele (selbst wenn es wesentlich kürzer ist!). Bei der Entwicklung wirkungsvoller Leitbilder helfen die folgenden Kriterien:[9]

- *Ein Leitbild ist vorstellbar*: Es vermittelt ein nachvollziehbares Bild davon, wie die Zukunft aussehen sollte.
- *Ein Leitbild ist wünschenswert*: Es beschreibt eine wünschenswerte Situation in der Zukunft. Relevant für die Beurteilung der Wünschbarkeit sind die relevanten Stakeholder des Unternehmens.
- *Ein Leitbild ist erreichbar*: Dabei sollte das Erreichen im direkten Einfluss des Unternehmens liegen, und nicht an zentraler Stelle vom Eintreten externer Randbedingungen abhängen.
- *Ein Leitbild ist anspruchsvoll*: Es sollte außerhalb des Bequemen liegen. Das bedeutet in der Regel, dass es signifikante Stoßrichtungen für Veränderungen enthält.
- *Ein Leitbild ist eindeutig*: Es wird von den Adressaten verstanden und ist spezifisch genug, um den Prozess der Zielfindung sowie der Strategieentwicklung zu unterstützen.
- *Ein Leitbild ist flexibel*: Es ist allgemein genug gehalten, um unter sich verändernden Rahmenbedingungen individuelle strategische Initiativen und situationsgerechte Reaktionen zuzulassen.
- *Ein Leitbild ist kommunizierbar*: Es ist verständlich formuliert und kann innerhalb kurzer Zeit erfolgreich erklärt werden.
- *Ein Leitbild ist personenunabhängig*: Es sollte seine Schöpfer überdauern können und von selbst in der Lage sein, der Organisation eine Richtung vorzugeben.

Aufbau von Leitbildern

Leitbilder müssen die »ureigene Seele« des Unternehmens beschreiben und sollten nicht austauschbar sein. Daher wundert es auch nicht, dass in Unternehmen viele verschiedene Formen von Leitbildern vorkommen.[10] Dabei sind es immer wieder die folgenden drei Elemente, aus denen sich – unterschiedlich kombiniert – die Leitbilder zusammensetzen:

Mission: In einem Leitbild wird in der Regel der konstante und zu bewahrende Zweck des Unternehmens oder Geschäfts beschrieben. Dabei werden häufig auch Nutzenversprechen für die relevanten Stakeholder-Gruppen beschrieben. Die Mission beinhaltet auch, wie das Unternehmen sein formuliertes Selbstverständnis in ein konkretes Geschäft umsetzt. Häufig weist die Mission daher bereits Elemente einer strategischen Position wie Beschreibungen von Kernleistungen oder traditionellen Kernmärkten auf.

Ziele: Leitbilder enthalten zudem konkrete strategische Ziele. Dazu zählen externe Zielgrößen (beispielsweise Marktführerschaft) sowie interne Zielgrößen (beispielsweise Gewinn, Umsatzwachstum oder Profitabilität).

Grundwerte: Die in einem Leitbild zusätzlich enthaltenen Grundwerte des Unternehmen werden auch als »policies« oder »practices« bezeichnet. Sie charakterisieren grundsätzliche Verhaltensweisen im Alltag und sind eng mit der Unternehmenskultur verknüpft.

Szenariogestützte Leitbild-Entwicklung

Häufig lassen sich Leitbilder direkt aus zuvor entwickelten Szenarien ableiten. Vor allem als Handlungsalternativen erstellte Strategieoptionen haben sich als Instrumente der szenariogestützten Leitbildentwicklung bewährt. So entwickelte ein großer deutscher Mobilitätsanbieter vier alternative Strategieoptionen, von denen zwei angesichts der denkbaren Umfeldentwicklungen als nicht zukunftsrobust aussortiert wurden. Auf dem Tisch der Entscheider blieb die Frage übrig, welche der beiden für die Zukunft geeigneten Visionen sie verfolgen sollten. Was der Szenarioprozess bis zu diesem Punkt geleistet hatte, war, dass er die häufig im Operativen verborgene, zentrale strategische Fragestellung unverrückbar offen gelegt hatte. Jetzt bedurfte es einer strategischen Entscheidung. Als diese getroffen war, konnte das Leitbild direkt aus der Strategieoption abgeleitet werden.

Strategische Positionierung

Folgt man den einschlägigen Lexika, so ist Wettbewerb »ein Wettstreit von mehreren Beteiligten um eine führende Stellung«. Diese führende Stellung wird vor allem durch eine klare *Positionierung* innerhalb einer Wettbewerbsarena erreicht. Nach Michael Porter ist die Bedeutung der Positionierung in den letzten Jahren mehr und mehr verkannt worden:[11]

»Positionierung ... – einst Kernstück jeder Geschäftsstrategie – wird mit Hinweis auf die dynamischen Märkte und den technischen Fortschritt von heute als zu statisch abgelehnt. Der neuen Glaubenslehre zufolge könnten Mitbewerber nun einmal jede Marktposition schnell kopieren, und jeder Wettbewerbsvorteil sei damit allenfalls für eine kurze Zeit zu haben. Bei jenen Ansichten haben wir es mit gefährlichen Halbwahrheiten zu tun, die immer mehr Unternehmen lediglich auf den Pfad eines allseits zerstörerischen Wettbewerbs führen.«

Uns geht es bei der Positionierung nicht um diesen häufig statischen *Effizienz-Wettbewerb*, wie er sich in den vergangenen Jahren im Rahmen von Reengineering, Benchmarking oder Total Quality Management geäußert hat. Diese Ansätze waren vielerorts zweifellos notwendig und auch erfolgreich – aber eben nicht im Sinne einer strategischen Positionierung. Kein Unternehmen hat sich durch Reengineering-Projekte langfristig nennenswerte Wettbewerbsvorteile erarbeiten können. Bei der strategischen Positionierung – und damit sozusagen dem Kern eines *strategischen Wettbewerbs* – geht es demgegenüber nicht nur darum, *besser* zu sein, sondern *anders*.

Der strategische Wettbewerb verändert sich sehr schnell. Daher ist die entsprechende Positionierung nicht Gegenstand des Leitbildes. Während in einem Leitbild die konstanten und über einen längeren Zeitraum zu bewahrenden Zielvorstellungen des Unternehmens oder Geschäftsbereichs festgeschrieben werden, liefert die strategische Positionierung Antworten auf die folgenden Fragen:

1) Welche Produkte und Dienstleistungen wollen wir in der Zukunft am Markt anbieten?

2) Wer sind Nutzer dieser Angebote und auf Basis welcher Bedürfnisse erfolgt die Nutzung?
3) Wer sind Käufer und Mittler unserer Angebote – oder anders ausgedrückt: über welche Vertriebskanäle erreichen unsere Angebote die Endnutzer?

Die strategische Positionierung umfasst demnach zunächst die Festlegung der *Wettbewerbsarena* in Form von Strategischen Geschäftsfeldern und mündet in die Entwicklung von *Wettbewerbs-*, *Markt-* oder *Produktstrategien*. Auf diese spezifischen Strategien werden wir in Kapitel 8 näher eingehen.

Festlegung der strategischen Geschäftsfelder

Die Erstellung von Produkten und Dienstleistungen sowie deren Absatz erfolgt im Wettbewerb. Folglich sollten in einer Strategie die Arenen festgelegt werden, in denen das Unternehmen in den Wettbewerb eintritt. Dies erfolgt durch die Definition *strategischer Geschäftsfelder* (SGF). Sie sind nicht mit den im Rahmen der Analyse identifizierten Hauptgeschäftsfelder – das heißt den *gegenwärtigen* Wettbewerbsarenen – zu verwechseln. Die Festlegung strategischer Geschäftsfelder ist eine bewusst zu treffende unternehmerische Entscheidung. Nicht jedes Hauptgeschäftsfeld ist ein strategisches Geschäftsfeld – und umgekehrt. Beispielsweise definierte *Mannesmann* in den frühen neunziger Jahren die Telekommunikation als neues strategisches Geschäftsfeld (ohne dass es vorher ein HGF war) und mit der Übernahme von *Mannesmann* durch *Vodafone* verlor das traditionelle Röhrengeschäft seinen Status als strategisches Geschäftsfeld (obwohl es über Jahrzehnte ein HGF gewesen war) und wurde an den *Salzgitter*-Konzern verkauft.

Zur Identifikation strategischer Geschäftsfelder wird die Geschäftsstruktur-Matrix um potenzielle zusätzliche Angebote sowie potenzielle zusätzliche Marktsegmente ergänzt. Diese können durch Kreativworkshops, mithilfe einer Auswirkungsanalyse oder direkt aus den Szenarien abgeleitet werden. In der *erweiterten Geschäftsstruktur-Matrix* ergeben sich vier Arten von zukünftigen Geschäftsfeldern, die auf verschiedene Art zu strategischen Geschäftsfeldern kombiniert werden können:

- In *traditionellen Geschäftsfeldern* werden bisherige Marktsegmente mit bestehenden Angeboten bedient. Hier geht es um Marktintensivierung beziehungsweise Marktdurchdringung.
- In *markterweiternden Geschäftsfeldern* werden bestehende Angebote in neuen Marktsegmenten abgesetzt. Sie umfassen vor allem demografische oder regionale Marktentwicklung.
- In *angebotserweiternden Geschäftsfeldern* werden die bisherigen Marktsegmente mit neuen Angeboten bedient. Hier geht es vor allem um Produkt-, Service- und integrierte Angebotsentwicklung.
- Hinzu kommen *völlig neue Geschäftsfelder*, in denen neue Marktsegmente mit neuen Angeboten bedient werden. Dabei geht es um verschiedene Formen der Diversifikation.

Zentraler Hintergrund der Identifikation strategischer Geschäftsfelder ist die Notwendigkeit, sich auf die wirklich erfolgversprechenden Geschäftsaktivitäten zu fokussieren. Demgegenüber tendieren viele Führungskräfte dazu, allen Kundengruppen alle Marktleistung mit gleicher Intensität anzudienen. Dies äußert sich bei der Erstellung einer erweiterten Geschäftsstruktur-Matrix darin, dass sehr große SGF gebildet werden, in die möglichst alle Geschäftsfelder integriert werden. Die Kunst liegt jedoch – wie insgesamt bei der strategischen Führung – in der Fokussierung auf bestimmte Tätigkeitsbereiche.

Szenariogestützte Portfolio-Analyse

Der Einfluss von Szenarien auf die Gestaltung der erweiterten Geschäftsstruktur-Matrix erfolgt indirekt – nämlich über die Identifikation neuer Angebote und Marktsegmente. Darüber hinaus lassen sich die Szenarien auch direkt im Rahmen einer *erweiterten Geschäftsfeld-Analyse* einsetzen. Dabei werden die Kennwerte der Geschäftsfeldanalyse noch einmal im Lichte der zuvor entwickelten Szenarien überprüft. Daraus ergeben sich innerhalb der verschiedenen Portfolios unterschiedliche Hinweise auf die zukünftige Positionierung:

Im *zukunftsoffenen Marktportfolio* werden die bestehenden Marktsegmente beziehungsweise Hauptgeschäftsfelder entsprechend der einzelnen Szenarien neu positioniert. Zusätzlich können neue Marktsegmente sowie potenzielle strategische Geschäftsfelder bewertet und visualisiert werden. Gleiches gilt für das *zukunftsoffene Leistungsportfolio*, in dem sich neben den bestehenden Angeboten und Hauptgeschäftsfeldern ebenfalls neue Angebote oder potenzielle SGF darstellen lassen.

Das besondere Interesse der Planer gilt in der Regel dem *zukunftsoffenen Geschäftsfeld-Portfolio*, in dem neben den Hauptgeschäftsfeldern auch potenzielle strategische Geschäftsfelder dargestellt werden.[12] Der linke Teil in Abbildung 30 zeigt auf der Ordinate die auf Basis der einzelnen Umfeldszenarien verzeichneten Veränderungs-

Abbildung 30: *Zukunftsoffenes Geschäftsfeld- und Markt-Technologie-Portfolio*

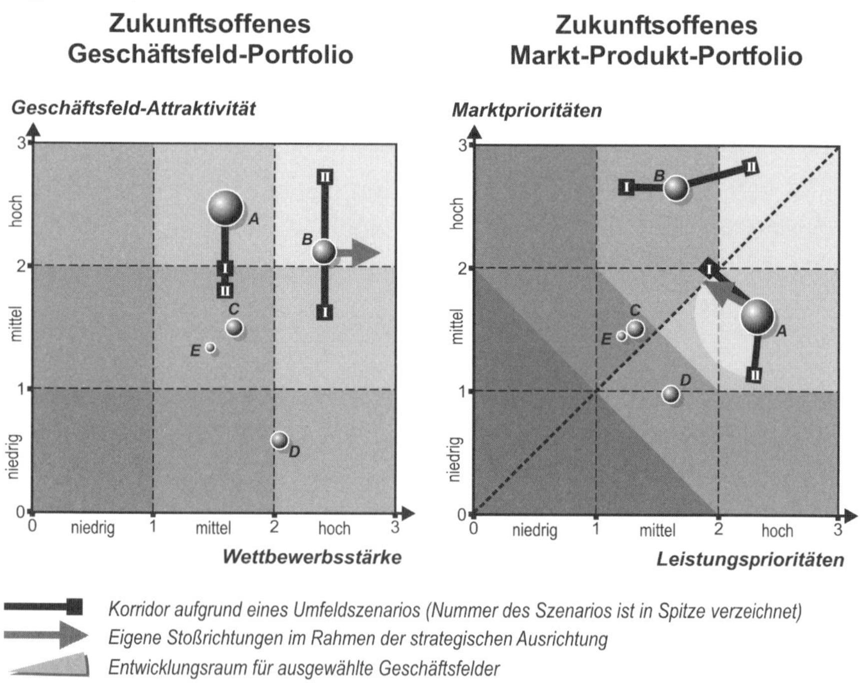

potenziale, die zu *Veränderungskorridoren* verknüpft werden. Auf der Abszisse werden jetzt entweder die eigenen *Stoßrichtungen* antizipiert oder aufgrund zuvor entwickelter Strategieoptionen angegeben. So wird beispielsweise deutlich, dass das Hauptgeschäftsfeld A an Attraktivität verlieren wird – gleichgültig welches Umfeldszenario eintritt. Dies spricht gegen einen umfangreichen Ressourceneinsatz. Die Entwicklung des Hauptgeschäftsfelds B ist demgegenüber unsicher. Hier baut das Unternehmen auf die in Szenario II beschriebene positive Marktentwicklung.

Im *zukunftsoffenen Markt-Produkt-Portfolio* ist die Trennung zwischen beeinflussbarer Abszisse und nicht beeinflussbarer Ordinate aufgehoben. Hier sind Veränderungskorridore und Stoßrichtungen nicht an spezifische Achsen gebunden. So zeigt das Portfolio für das Geschäftsfeld A die Möglichkeit, bei reduzierter Produktentwicklung eine Markterweiterung vorzunehmen, um so »die Kuh noch eine Zeit zu melken«.

Strategische Kompetenzen – Schlüsselfähigkeiten der Zukunft

Gary Hamel und C. K. Prahalad haben die Fixierung vieler Strategen auf die Positionierung am Markt gelöst. Nach dem von ihnen entwickelten Konzept der *Kernkompetenzen* ist es die Aufgabe der Unternehmensführung, das langfristige Bestehen des Unternehmens durch den Aufbau und die sorgfältige Pflege von spezifischen Fähigkeits- oder Fertigkeitsbündeln zu sichern.[13]

»Kernkompetenzen sind eine Quelle zukünftiger Produktentwicklungen. Sie sind die ›Wurzeln‹ der Wettbewerbsfähigkeit, während die einzelnen Produkte und Dienstleistungen die ›Früchte‹ dieser Wettbewerbsfähigkeit darstellen. Die Unternehmensführungen kämpfen nicht nur darum, die Positionen ihrer Firmen auf den bestehenden Märkten zu sichern, sondern ihre Aufgabe besteht auch darin, ihre Unternehmen auf neuen Märkten in erfolgversprechende Positionen zu manövrieren. Das bedeutet, dass jede Unternehmensspitze, die es verabsäumt, sich dem Aufbau und der Pflege von Kernkompetenzen zu verschreiben, unbewusst die Zukunft des Unternehmens aufs Spiel setzt.«

Danach besteht eine Kompetenz aus einem Bündel von Fähigkeiten und Technologien – und nicht, wie häufig geglaubt wird, aus einer bestimmten Einzelfähigkeit oder Einzeltechnologie. Ein solches Bündel muss drei Voraussetzungen erfüllen, um als Kernkompetenz gelten zu können:

- *Strategischer Nutzen*: Es muss einen überdurchschnittlichen Beitrag zur strategischen Ausrichtung leisten und dabei das Unternehmen in die Lage versetzen, seinen zukünftigen Kunden wesentlichen Nutzen anzubieten.
- *Beitrag zur Differenzierung*: Es muss im Wettbewerb einzigartig sein, um nicht kurzfristig von Konkurrenten kopiert werden zu können.
- *Ausbaufähigkeit*: Es muss sich auf die Zukunft beziehen und darf nicht ausschließlich den gegenwärtigen Erfolg im Auge haben.

In der Praxis werden Identifikation, Aufbau und Pflege von strategischen Kompetenzen immer wieder durch spezifische Interessen einzelner Geschäfts- oder Funktionsbereiche untergraben. So konzentriert sich der Vertrieb auf die Erfüllung der Kundenwünsche, während die Entwickler avantgardistische Produktkonzepte anstreben und die Produktion vor allem aus technologischer Sicht agiert. Strategische Kompetenzen dienen dazu, solche Partikularstrategien zu bündeln und alle Unternehmensaktivitäten im Sinne einer *Fokussierung* konsequent auf den Aufbau beziehungsweise Ausbau der als erfolgsentscheidend erkannten Kompetenzen auszurichten. Von den Führungskräften erfordert dies eine hohe Überzeugungskraft und Durchsetzungsstärke, da viele Bereiche zunächst an ihren traditionellen Zielsystemen festhalten. Das Ziel strategischer Kompetenzen ist demnach, den Wandel von der bereichsorientierten Suboptimierung zur Fokussierung auf die unternehmerische Vision zu unterstützen.

Szenariogestützte Kompetenzentwicklung

Ihrem Wesen nach ist die Entwicklung strategischer Kompetenzen ein kreativer Prozess, zu dem eine visionäre Vorstellung notwendig ist. Daher eignen sich Szenarien besonders gut, um die Kompetenzentwicklung zu unterstützen. Dies kann zum einen intuitiv erfolgen, indem sich Kompetenzen aus der freien Diskussion der Szenarien ergeben. Zum anderen kann auf das im Rahmen der strategischen Analyse vorgestellte Erfolgsfaktorenportfolio zurückgegriffen werden. Jetzt gilt es abzuschätzen, ob sich die Bedeutung der einzelnen Wettbewerbsfaktoren aufgrund der verschiedenen Szenarien verändern könnte und ob sich durch die Szenarien neue Wettbewerbsfaktoren ergeben haben, auf die bisher nicht eingegangen wurde.

Die Darstellung der Ergebnisse erfolgt in einem *zukunftsoffenen Erfolgsfaktorenportfolio*. In Abbildung 31 sind die Auswirkungen eines solchen Portfolios dargestellt. Aus dem im Rahmen der Analyse erstellten Erfolgsfaktorenportfolio ergibt sich vor allem Handlungsbedarf bezüglich der Kontakte zum Handel. Demgegenüber bleibt der elektronische Vertrieb aufgrund geringer Bedeutung un-

Abbildung 31: *Auswirkung eines zukunftsoffenen Erfolgsfaktorenportfolios*

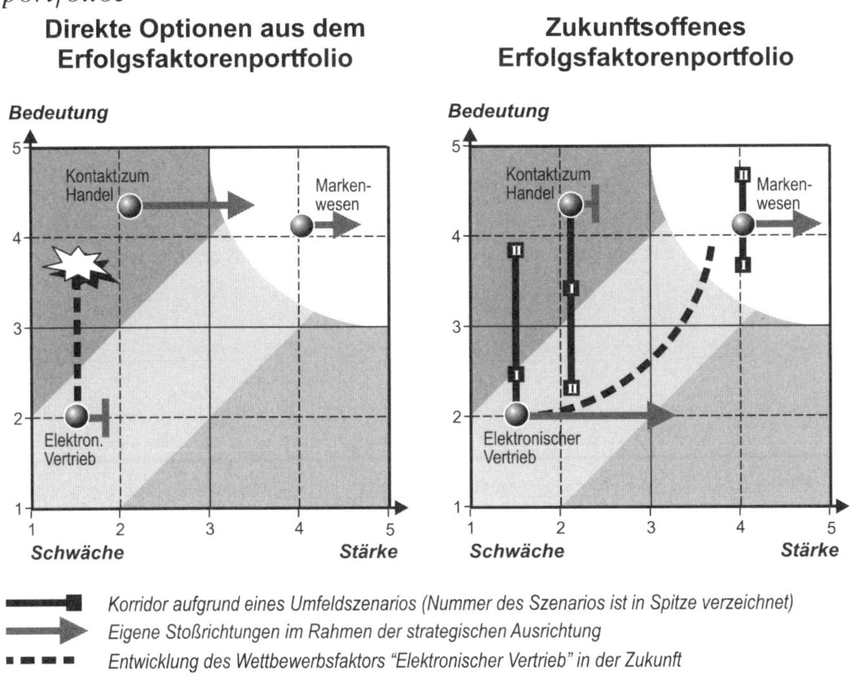

berücksichtigt. Das zukunftsoffene Portfolio zeigt demgegenüber, dass der Handel in allen Szenarien an Bedeutung verliert, während der elektronische Vertrieb insbesondere im Szenario II deutlich an Bedeutung gewinnen wird. Damit verbunden ist die Möglichkeit, schon heute auf Entwicklungen zu reagieren, die erst in der Zukunft relevant werden. So kann das Unternehmen vermeiden, dass der elektronische Vertrieb überhaupt in den Bereich der kritischen Erfolgsfaktoren kommt.

Konsequenzen, Maßnahmen und Programme

Alle zuvor beschriebenen Strategieelemente – das Leitbild, die strategischen Positionen und die Kompetenzen – gehören zur Vision. Sie stellen letztlich dar, wie die Zukunft aussehen soll. Wenn aber die Entwicklung von der Gegenwart in Richtung dieser unternehmerischen Vision in Gang kommen soll, dann ergeben sich konkrete *Konsequenzen*. Sie beschreiben, was grundsätzlich zu geschehen hat, um das Leitbild zu erreichen, eine Position zu besetzen oder eine strategische Kompetenz zu sichern beziehungsweise aufzubauen.

Wegen ihrer Brückenfunktion zwischen Vision und Umsetzung kommt den Konsequenzen eine besondere Bedeutung zu. Wenn die Konsequenzen dem Vorstand, dem Aufsichtsrat oder auch den Mitarbeitern nicht einleuchten, lastet eine schwere Hypothek auf der entwickelten Strategie – wie brillant die Vision auch immer sein mag! Daher sollten Sie großen Wert auf die Ausarbeitung der Konsequenzen und ihre Strukturierung legen.

- Konsequenzen können sich direkt aus dem Leitbild ergeben. Dazu gehören häufig allgemeine und übergreifende Aussagen wie beispielsweise das Ziel, in allen Geschäftsbereichen zu den Top-3-Unternehmen zu gehören und jeweils einen Return-On-Investment von 15 Prozent zu erreichen.
- Konsequenzen können für einzelne Funktionsbereiche wie Marketing/Vertrieb, Produktion oder Informationstechnik beschrieben werden.

- Konsequenzen können für einzelne strategische Geschäftsfelder formuliert werden, sofern sie nicht deren Eigenverantwortlichkeit eingrenzen.
- Konsequenzen können auch nach einzelnen Kompetenzen gegliedert werden. Dies ist vor allem dort der Fall, wo die Positionierung eine untergeordnete Rolle spielt.

Manche Strategien enden mit den Konsequenzen. Grund dafür ist nicht, dass die Arbeit damit getan ist, sondern dass die einzelnen und kurzfristigeren Maßnahmen von der Strategie abgegrenzt werden sollen. Andere Strategien gewinnen ihre Schlagkraft dadurch, dass sie einen Katalog *strategischer Maßnahmen* enthalten. Sie verdeutlichen, an welchen Stellen konkrete Veränderungen erforderlich sind. Bei der Entwicklung von Maßnahmen kommt es weniger auf deren Anzahl, sondern mehr auf deren strategischen Charakter an. Werden stattdessen operative Maßnahmen aufgenommen und gerät der Maßnahmenkatalog zu lang, so besteht die Gefahr, dass die wirklich relevanten Hebel in der Masse untergehen und der Veränderungsprozess erst gar nicht in Gang kommt.

Auf der Unternehmensebene werden anstelle von Maßnahmen häufig *strategische Programme* formuliert. Sie sollen ein Bündel konzernweiter Maßnahmen initiieren und innerhalb einer längeren Laufzeit zusammenfassen. Ein Beispiel hierfür ist das *»top-Programm«* von *Siemens*, das wesentlich zur Prozessoptimierung und Prozessintegration beigetragen hat.[14]

Vier typische Fehler bei der Strategieentwicklung

Die Realität der strategischen Planung und Führung ist durch eine Reihe von Problemen, Fehlern und Missverständnissen geprägt. Dabei sind es heute vor allem vier Probleme, die Unternehmen um die Früchte des Erfolges ihrer strategischen Planung bringen: Die Zukunfts-Lücke, ein Blindflug, verschiedene Formen von Strategie-Neurosen sowie ein Überflug.

Die Zukunfts-Lücke

Zukunft ist gerade heute ein Thema. Dies haben wir bereits in Kapitel 1 gesehen. Dennoch findet in vielen Projekten zur Strategieentwicklung keine systematische Auseinandersetzung mit Zukunftsthemen statt. Ein häufig anzutreffender Grund ist das Bemühen der Führungskräfte, zunächst einmal die erkannten Gegenwartsprobleme zu lösen. Das ist zwar notwendig, aber es reicht angesichts der Veränderungsdynamik immer seltener aus. In Abbildung 32 (oben links) ist diese *Zukunfts-Lücke* grafisch dargestellt: Die Strategiefindung beruht hier ausschließlich auf der Analyse der Gegenwart. Dazu zählen beispielsweise ein zu enger Fokus bei der Produkt- und Marktentwicklung oder das häufig zu beobachtende Festhalten an den gegenwärtigen Stärken, die nicht selten als Kernkompetenzen missinterpretiert werden.

Heute müssen Unternehmen gleichzeitig die Gegenwartsprobleme erkennen und lösen sowie die zukünftigen Herausforderungen abschätzen und sich darauf in geeigneter Form vorbereiten.

Abbildung 32: *Fehler bei der Strategieentwicklung*

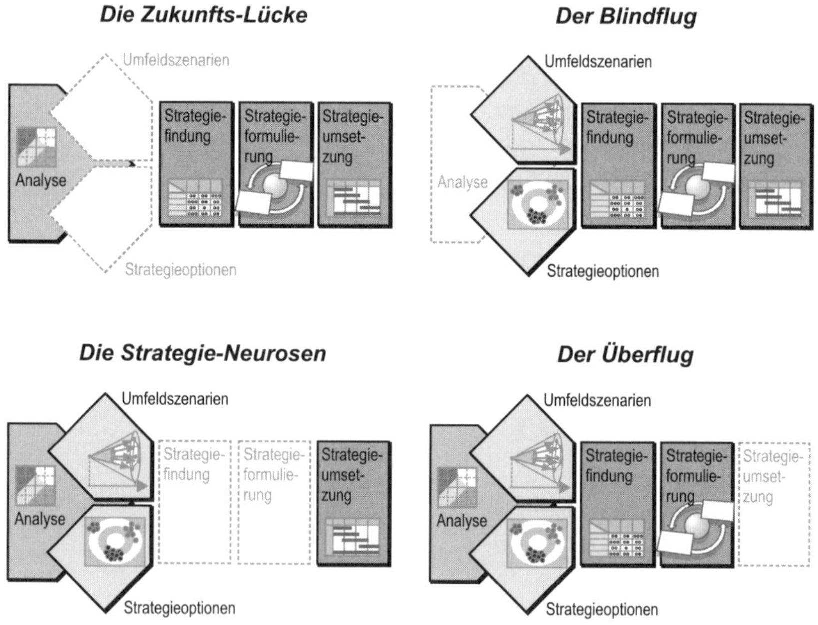

Der Blindflug

Zukunft braucht Herkunft. Wer nicht weiß, wo er derzeit steht, der wird nur schwerlich die eigenen Möglichkeiten erschließen können. Daher gehört zur Ausrichtung auf die Zukunft eine ehrliche Positionsbestimmung. Viele gute Visionen werden nicht umgesetzt, weil die Organisaton dazu nicht in der Lage ist. Dies hätten die Visionäre meist erkennen können. Brilliante Analysen allein sind aber auch kein Garant für Erfolg. In den meisten Unternehmen und Geschäftsbereichen existiert eine Vielzahl unterschiedlicher Analysen. Genutzt oder ungenutzt liegen sie in Schränken und auf Festplatten. Nicht selten wiegen sie ihre Auftraggeber und deren Erben in falscher Sicherheit. Immer wieder begegnet uns die Einschätzung, über die eigene Situation in ausreichendem Maße informiert zu sein. Gleichzeitig bringen die folgenden Fragen viele Führungskräfte in Erklärungsnotstand:

- In welchen Marktsegmenten sind wir mit welchen Produkten und Services tätig? Welches sind unsere strategischen Geschäftsschwerpunkte – und wie beeinflussen sie unsere Performance?
- Durch welche strategisch relevanten Stärken unterscheiden wir uns vom Wettbewerb? Welches sind unsere kritischen Erfolgsfaktoren?
- Wie sehen unsere strategisch relevanten Kernprozesse aus – und welche Elemente der Wertschöpfungskette tragen maßgeblich zu unserem Erfolg bei?

Trotz vieler vorliegender Einzeluntersuchungen gleicht ihre strategische Planung einem *Blindflug*. Zu viele Details verstellen den Blick auf die strategisch relevanten Zusammenhänge. In Abbildung 32 ist aufgezeigt, dass auch eine systematische Vorausschau diesen Mangel nicht beheben kann. Im Blindflug entwickelte Visionen scheitern spätestens in der Umsetzung. Um dies zu ändern, bedarf es nach unserer Überzeugung an vielen Stellen vor allem einer *strategisch motivierten* Charakterisierung der Ausgangssituation – oder anders ausgedrückt: einer verständlichen Antwort auf die zuvor genannten Fragen.

Ein weiteres Argument spricht gegen einen Blindflug im Unternehmens-Cockpit: Viele Strategieprozesse versanden nicht aufgrund einer falschen oder nicht kommunizierbaren Vision, sondern durch das Ausbleiben kurzfristiger Erfolge. Daher enthalten erfolgreich implementierte Strategien fast immer auch Komponenten, die zu kurzfristigen Veränderungen führen. Solche Komponenten lassen sich aber nur auf Basis einer strategischen Analyse identifizieren.[15]

Die Strategie-Neurose

Zukunft braucht Strategie. Strategie ist der Weg zu einer Vision. Diese Definition ist einfach – sie lässt aber vermuten, dass es ausreicht, wenn diese Strategie im Kopf der Führungskräfte vorliegt. Sozusagen gut geschützt vor dem Zugriff jedweden Wettbewerbs. Aber dies ist noch keine Strategie! Es ist gerade einmal eine strategische Stoßrichtung, für deren Umsetzung eine Person plädiert. Zu einer Strategie wird diese Stoßrichtung erst dadurch, dass sie im Kreis der Entscheidungsträger diskutiert, abgewogen, ergänzt und ausformuliert wird. Viele Unternehmen scheuen diesen Prozess. Selbst bei kleineren Problemen steigen sie aus dem Prozess der Strategieentwicklung aus, so als litten sie unter einer Strategie-Neurose, die in unterschiedlicher Form ausbrechen kann:

- *Diskussions-Phobie:* Scheinbar ziel- und endlose Debatten führen zu einem grundsätzlichen Verzicht auf strategische Diskussionen. Davon ist vor allem die Strategiefindung – der nach unserer Ansicht zentrale Teil des gesamten Strategieentwicklungsprozesses – betroffen. Nichts ersetzt die strategische Diskussion unter Führungskräften.
- *Standardisierungs-Phobie:* Das Gespenst standardisierter Strategieentwürfe, die zu keinerlei Veränderung führen und lediglich einige weitere Millimeter auf dem Regalbrett kosten.
- *Macht-Phobie:* Und nicht zuletzt das Gespenst kleinlicher Formelkompromisse bei der Findung und Formulierung der Strategie.

Wer das unter einer Strategie versteht, der leidet unter einer Strategie-Neurose. Aber es besteht Chance auf Heilung. Voraussetzung ist selbstverständlich, dass sich der Patient aktiv am Heilungsprozess beteiligt. Als wesentliche Elemente zur Überwindung einer Strategie-Neurose empfehlen wir vor allem die systematische Beschreibung der eigenen Handlungsmöglichkeiten im Rahmen von *Strategieoptionen*, eine Trennung von Strategiefindung und Strategieformulierung sowie die unternehmensspezifische Verknüpfung von Leitbild, strategischen Kompetenzen (Was müssen wir können, um das Leitbild zu erreichen?) und strategischen Positionen (Wem wollen wir was anbieten, um das Leitbild zu erreichen?).

Der Überflug

Zukunft beginnt in der Gegenwart. Also jetzt. Folglich sind Strategien zwar theoretisch betrachtet der Endpunkt der Strategieentwicklung – in der Praxis sind sie aber vor allem der Startpunkt der strategischen Veränderung. Aus einer Strategie heraus ergeben sich Konsequenzen, Programme, Maßnahmen und Projekte, die ab morgen die Unternehmensentwicklung maßgeblich beeinflussen. Leider gibt es allzu viele Beispiele, in denen eine erfolgversprechende Strategie in der Umsetzungsphase gescheitert ist. Die Gründe für einen solchen Überflug sind zahlreich:

- Die Strategie bleibt nicht viel mehr als eine unternehmerische Vision. Es fehlten konkrete Schritte zu ihrer Umsetzung,
- Die Strategie ist nicht zukunftsrobust – das heißt, bereits kleine Veränderungen der der Strategie zugrunde liegenden Prämissen machen ihre Umsetzung unmöglich oder nicht mehr sinnvoll.
- Die Strategie wird nicht von allen Führungskräften getragen.
- Die Strategie hat keine ausreichende Priorität gegenüber machtvollen Einzelinteressen.
- Die Strategie ist nicht in ausreichendem Maße in der Organisation verankert – ja manchmal nicht mal bekannt.
- Die Organisation ist nicht in der Lage, die Strategie umzusetzen.

Diese Aufzählung erhebt keinerlei Anspruch auf Vollständigkeit. Sie verdeutlicht aber drei wesentliche Aspekte, die nach unserer

Auffassung in einem Strategieentwicklungsprozess nicht fehlen sollten:

- In einer Strategie bedarf es konkreter Umsetzungsimpulse in Form von Konsequenzen, Programmen, Maßnahmen oder Projekten. Entscheidend ist dabei nicht Anzahl oder Vollständigkeit, sondern Initiativkraft und Umsetzbarkeit.
- Eine Strategie sollte nicht durch kleinere Umfeldveränderungen ad absurdum geführt werden können. Auf die notwendige Anbindung der strategischen Planung an die Früherkennung werden wir in Kapitel 5 eingehen.
- Eine Strategie ist niemals sachlich, sondern immer menschlich. Sie wird von Menschen erdacht, sie betrifft Menschen – und sie wird von Menschen umgesetzt. Dies zu übersehen führt unweigerlich zum Scheitern der Veränderungsvorhaben.[16]

Fazit

- Das zentrale Anwendungsfeld für Szenarien ist die strategische Planung von Unternehmen sowie Geschäftsbereichen.
- Die szenariogestützte Strategieentwicklung umfasst fünf Schritte: (1) die strategische Analyse, (2) die Entwicklung von Umfeldszenarien, (3) die Optionsentwicklung, (4) die Strategiefindung und (5) die Strategieformulierung. Dem schließen sich die Strategieumsetzung und die strategische Kontrolle an.
- Im Rahmen der strategischen Analyse wird die Ausgangssituation mithilfe geeigneter Werkzeuge beschrieben. Dabei führt eine Geschäftsstrukturanalyse zu Hauptgeschäftsfeldern, die in der Geschäftsfeldanalyse miteinander verglichen werden. Im Rahmen der Kompetenzanalyse werden dann die Erfolgsfaktoren untersucht und derzeitige Stärken und Schwächen identifiziert.

- Bei der Entwicklung von Umfeldszenarien werden Geschäfts-, Markt- und Branchenszenarien sowie thematisch orientierte Zukunftsbilder voneinander unterschieden.
- Eine neue Anwendungsform des Szenario-Managements ist die systematische Entwicklung von Strategieoptionen. Daraus können dann mögliche Stoßrichtungen und Strategiepfade abgeleitet werden.
- Im Rahmen der Strategiefindung wird über die strategische Ausrichtung des Unternehmens oder Geschäftsbereichs entschieden. Dabei müssen sich Unternehmen zwischen fokussierter Planung auf Basis eines Szenarios und robuster Planung auf Basis mehrerer Szenarien entscheiden.
- Eine ausformulierte Strategie enthält eine unternehmerische Vision. Deren Grundstein ist ein Leitbild, mit dem eine wünschenswerte und erreichbare Zukunft prägnant beschrieben wird. Konkretisiert wird die Vision über eine strategische Positionierung (Festlegung der strategischen Geschäftsfelder) und die Identifikation strategischer Kompetenzen.
- Die Brücke zur Umsetzung bilden konkrete Aktionen in Form von Konsequenzen, Maßnahmen, Programmen und Projekten.
- Es lassen sich vier wesentliche Fehler bei der Entwicklung von Unternehmens- und Geschäftsstrategien identifizieren. Im Rahmen einer Zukunfts-Lücke versäumen es viele Unternehmen, sich systematisch mit der Zukunft auseinander zu setzen. Darüber hinaus finden sich aber auch eine vernachlässigte Analyse der Ausgangssituation (Blindflug), zahlreiche Abneigungen gegen die Formulierung von Strategien (Strategie-Neurosen) sowie Unterlassungen bei der Umsetzung (Überflug).

5 Wie man mit strategischer Früherkennung »schwache Signale« auffängt und verarbeitet

Die *STANDOX GmbH* ist einer der führenden Hersteller von Autoreparaturlacken in Deutschland. Deren zentrale Nutzergruppe sind Autoreparaturbetriebe, die derzeit mit deutlichen Überkapazitäten konfrontiert sind. Hinzu kommt, dass überregional tätige Unternehmen wie Versicherungen, Leasinggesellschaften oder Automobilhersteller zunehmend spezifische Werkstätten vorschreiben, um so die Reparaturkosten zu senken. Angesichts dieser Herausforderungen wollte *STANDOX* »die Kunden seiner Kunden« genauer unter die Lupe nehmen. Im Mittelpunkt standen dabei folgende Fragen: Welchen Einflüssen auf die Reparaturaufträge werden die Autolackierwerkstätten zukünftig ausgesetzt sein? Wie könnte die Autoreparaturwerkstatt der Zukunft aussehen? Welche Konsequenzen ergeben sich für *STANDOX* – insbesondere im Hinblick auf einzelne Gruppen?

Die ersten Erfahrungen mit strategischer Vorausschau machte *STANDOX* in einer zweitägigen Szenario-Konferenz, an der neben Vertretern aus verschiedenen Unternehmensbereichen wie Marketing, Technik und Controlling vor allem Vertriebsrepräsentanten und ausgewählte Vertreter ihrer Abnehmer teilnahmen. Am Ende der Konferenz lagen vier Szenarien vor, die mögliche Entwicklungen der Autoreparaturwerkstatt der Zukunft darstellten. Für jedes einzelne Szenario wurden spezifische Handlungsoptionen erarbeitet. Durch einen Kreuzvergleich ergaben sich mehrere robuste

Maßnahmen, die sich unabhängig von der Entwicklung der Autoreparaturwerkstatt realisieren ließen. Wichtigstes Ergebnis der Szenario-Konferenz waren allerdings die bei allen Beteiligten geweckte Veränderungsbereitschaft, ein gemeinsames Verständnis von den in der Zukunft wirkenden Kräften sowie das Interesse, sich systematisch mit der Zukunft auseinander zu setzen.

Im zweiten Schritt führte *STANDOX* ein Szenarioprojekt durch, in dem die zukünftigen Entwicklungen der Autoreparaturwerkstatt über einen Zeitraum von neun Monaten wesentlich detaillierter untersucht wurden. Jetzt wurden breitere Kreise im Unternehmen integriert und Interviews mit externen Experten geführt. Hier ergaben sich abermals vier Szenarien, die die zuvor erstellten Zukunftsbilder weiterentwickelten und an zentralen Punkten verfeinerten. Ein besonderes Gewicht wurde in dem Szenario-Projekt darauf gelegt, wie sich die Ziele und die Macht der einzelnen Anspruchsgruppen – vor allem Versicherungen, Automobilindustrie, Vertragswerkstätten, Privatkunden und freie Werkstätten – in den einzelnen Szenarien verändern. Jetzt wurde deutlich, welche Gruppen von den einzelnen Entwicklungen profitieren würden. Auf dieser Basis entstanden zunächst mehrere Strategien für die Reparaturbetriebe. Diese strategischen Alternativen waren jeweils auf einzelne Szenarien und die damit verbundenen Gruppen zugeschnitten. Auf Basis dieser Optionen wurde deutlich, wie sich *STANDOX* mit seinen Produkten und Dienstleistungen in der Zukunft aufstellen sollte.

Spätestens während dieses Szenario-Projektes stellte sich den beteiligten Führungspersönlichkeiten die Frage: »Müssten wir diesen Prozess nicht eigentlich kontinuierlich durchlaufen?« Die Gründe für eine solche Frage liegen auf der Hand: Schlüsselfaktoren veralten, Zukunftsprojektionen werden von der Gegenwart überholt, neue Trends entstehen oder werden sichtbar, die Planungsperspektive im Unternehmen verschiebt sich und so weiter ... Heute beobachtet *STANDOX* die relevanten Faktoren kontinuierlich und überprüft so die den Szenarien zugrunde liegenden Annahmen. Diese strategische Früherkennung geschieht im Rahmen einer eigenen Strategieabteilung, die engen Kontakt mit allen Unternehmensteilen hält.

Früherkennung – die chaotische Schwester der Planung

Der Einstieg in das Thema »Früherkennung« ist vielseitig. Bei *STANDOX* wurde deutlich, dass die der eigenen Strategie zugrunde liegenden Szenarien einer kontinuierlichen Beobachtung bedürfen. Aber auch Unternehmen, die in ihrer Planung keine Szenarien einsetzen, wollen einzelne Prämissen ihrer Strategien überprüfen. Und wieder andere wollen schlichtweg von neuen Entwicklungen nicht überrumpelt werden.

Gleichgültig, wie Unternehmen zur Früherkennung kommen – es geht niemals ohne die Erkenntnis, dass Früherkennung etwas grundlegend anderes ist als Planung. Hier gibt es nämlich keinen Plan! Bei der Früherkennung geht es darum, neue Entwicklungen frühzeitig zu erkennen und so nutzbringend wie möglich in den Entscheidungsprozess zu integrieren. Daher ist der Prozess der Früherkennung sehr flexibel – sozusagen immer ein wenig »chaotisch«. Die strategische Früherkennung umfasst vier Prozesse:[1]

- *Abtasten:* Die ungerichtete Wahrnehmung von Faktoren sowie möglicher Trends und Veränderungen im Unternehmensumfeld wird als Abtasten oder auch »Scanning« bezeichnet. Sie bildet den Ausgangspunkt für die folgenden drei eng miteinander verzahnten Prozesse.
- *Interpretation:* Hier werden die identifizierten Faktoren und Trends – sowie die Ergebnisse der folgenden Prozesse – analysiert, interpretiert und in die strategische Denkarchitektur des Unternehmens eingeordnet. Ein wesentliches Element ist hier das vernetzte Denken.
- *Beobachtung:* Besonders kritische Faktoren – beispielsweise Prämissen für bestehende Strategien oder Indikatoren für das Eintreten von Krisen oder bestimmten Szenarien – werden kontinuierlich und gezielt beobachtet.
- *Vorausschau:* Ein wichtiger Prozess langfristig erfolgreicher Früherkennungsansätze ist die systematische Vorausschau für neue Faktoren und Trends sowie Beobachtungs- und Interpreta-

tionsresultate. Daraus ergeben sich neben Szenarien auch einzelne Projektionen oder so genannte Trendlandschaften.

Abtasten des Umfeldes

Den meisten relevanten Umfeldentwicklungen gehen so genannte »schwache Signale« voraus. Im Zuge der Formalisierung des Planungsprozesses und der zunehmenden Umfeldkomplexität sind Unternehmen aber immer weniger in der Lage, diese Signale aufzufangen. Die meisten Auslöser für Unternehmenskrisen waren – im Nachhinein betrachtet – vorausdenkbar. Das in Kapitel 4 beschriebene Beispiel der *DASA* hat dies gezeigt.

Für die strategische Planung werden schwache Signale häufig erst dann relevant, wenn die Informationen hinreichend konkretisiert sind, sodass sie in den Planungssystemen verarbeitet werden können. Die Folgen zeigt Abbildung 33. Darin ist die Aufmerksamkeit eines wettbewerbsrelevanten Themas über die Zeit dargestellt. Von der traditionellen Planung wird das Thema erst dann wahrge-

Abbildung 33: *Verarbeitung schwacher Signale*

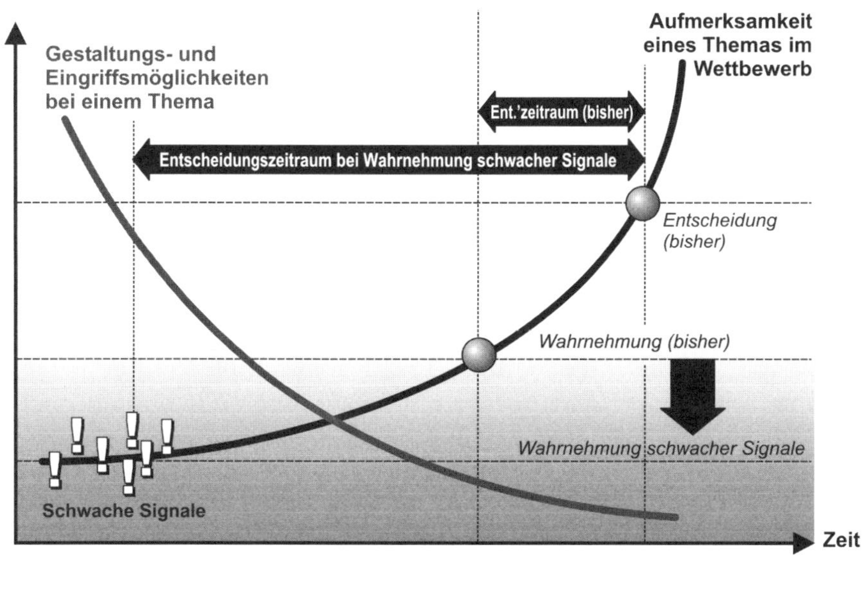

nommen, wenn es den grau dargestellten Bereich verlässt. Zu diesem Zeitpunkt sind die Gestaltungs- und Eingriffsmöglichkeiten des Unternehmens (zweite Kurve) bereits sehr gering. Dies ist der Grund dafür, dass viele Entscheidungen unter erheblichem Zeitdruck getroffen werden.

Im Rahmen des Abtastens entwickeln Unternehmen die Fähigkeit, die schwachen Signale wesentlich früher als üblich wahrzunehmen. Dazu müssen sie ihre Denkhorizonte erweitern – sozusagen ihre Antennen ausfahren. Wie aber sollten diese Antennen beschaffen sein? Eine ebenso einfache wie zutreffende Antwort gibt der amerikanische Nachrichtendienstexperte Eric L. Cuter: »Als Geheimdienstler macht man immer wieder die verblüffende Entdeckung, dass die interessantesten Informationen in den Zeitungen stehen.« Daher wird die Früherkennung in der Regel nicht aus verborgenen Geheimquellen gespeist, sondern durch die Nutzung einer Vielzahl verschiedener und öffentlich zugänglicher Quellen – von der lokalen Tageszeitung bis zur anspruchsvollen Datenbank. Insofern darf das Abtasten des Unternehmensumfeldes nicht auf einen kleinen Planungsstab beschränkt bleiben, sondern muss die gemeinsame Aufgabe aller Mitarbeiter im Unternehmen werden.

Interpretieren und Priorisieren der Früherkennungsinformation

Die im Rahmen der anderen Prozesse – des Abtastens, des Beobachtens und des Vorausdenkens – gewonnenen Früherkennungsinformationen müssen interpretiert und priorisiert werden. Viele Früherkennungsansätze scheitern am Fehlen einer solchen Priorisierung, weil dann große Informationsmengen ungefiltert den Planungs- und Entscheidungsprozess überfluten und letztlich zu einer Diskreditierung der Vorausschau führen.

Für eine solche Interpretation und Priorisierung steht eine Vielzahl verschiedener Instrumente zur Verfügung. Wir wollen nachfolgend zwei wichtige Werkzeuge vorstellen. Die *Trendanalyse* ist ein einfaches Instrument zur Bewertung neuer Entwicklungen, und mit einer *Vernetzungsanalyse* lassen sich die Zusammenhänge in einem komplexen System offen legen.

Trendanalyse – einfach, aber wirksam

Die Trendanalyse ist ein leicht einsetzbares Werkzeug zur Interpretation vorliegender Zukunftsentwicklungen – so genannter *Trends*. Ein Trend ist dabei eine – deutlich oder als schwaches Signal – aufgenommene Früherkennungsinformation. Diese Trends werden anhand mehrerer Dimensionen bewertet:

1. *Auswirkungsstärke* des Trends auf das Unternehmen: Wie stark würden wir von einer solchen Entwicklung getroffen?
2. *Auswirkungsrichtung* des Trends auf das Unternehmen. Wie hoch ist das Chancenpotenzial? Wie hoch ist das Gefahrenpotenzial?
3. *Eintrittswahrscheinlichkeit* des Trends: Wie hoch ist die Wahrscheinlichkeit, dass eine solche Entwicklung zu einem spezifischen Zeitpunkt eintritt? Alternativ kann auch nach dem erwarteten Zeitpunkt des Eintretens gefragt werden.
4. *Unsicherheit* des Trends. Diese Dimension kann entweder direkt abgefragt oder auch aus den Abweichungen der Wahrscheinlichkeitsbewertungen mehrerer Personen errechnet werden.

Aus diesen Dimensionen der Trendanalyse lassen sich verschiedene Portfolios erstellen, die je nach Einsatzgebiet kombiniert werden können:

- *Trendportfolio:* In diesem klassischen Ansatz werden sechs maßgebliche Felder unterschieden, von denen vor allem die rechten oberen Felder für die Entwicklung von Handlungsoptionen verwendet werden. Im oberen linken Feld finden sich Trends mit einer hohen Auswirkung bei gleichzeitig geringer Eintrittswahrscheinlichkeit. Solche »wild cards« werden in der Praxis gerne mit Hinweis auf die geringe Eintrittswahrscheinlichkeit verdrängt.[2]
- *Auswirkungsportfolio:* Hier werden zunächst Chancen- und Gefahrenpotenziale miteinander kombiniert. Damit lässt sich identifizieren, ob es sich bei einem Trend vornehmlich um eine Chance, eine Gefahr oder eine komplexe Entwicklung mit Chancen

und Gefahren handelt. Kombiniert mit der Eintrittswahrscheinlichkeit werden Krisenpotenziale, Erfolgspotenziale und komplexe Zukunftsthemen sichtbar.

- *Risikoportfolio:* Fokussiert man sich mithilfe der Auswirkungsrichtung auf die Gefahren, so lässt sich ein Risikoportfolio aufspannen, in dem die strategisch relevanten Verlustgefahren positioniert sind. Eine Verfeinerung ist möglich, indem aus dem Gefahrenpotenzial ein Verlustpotenzial in Prozent des Eigenkapitals ermittelt wird. Besonders kritische Risikobereiche finden sich im oberen rechten Teil des Portfolios.[3]

Abbildung 34: *Werkzeuge der Trendanalyse*

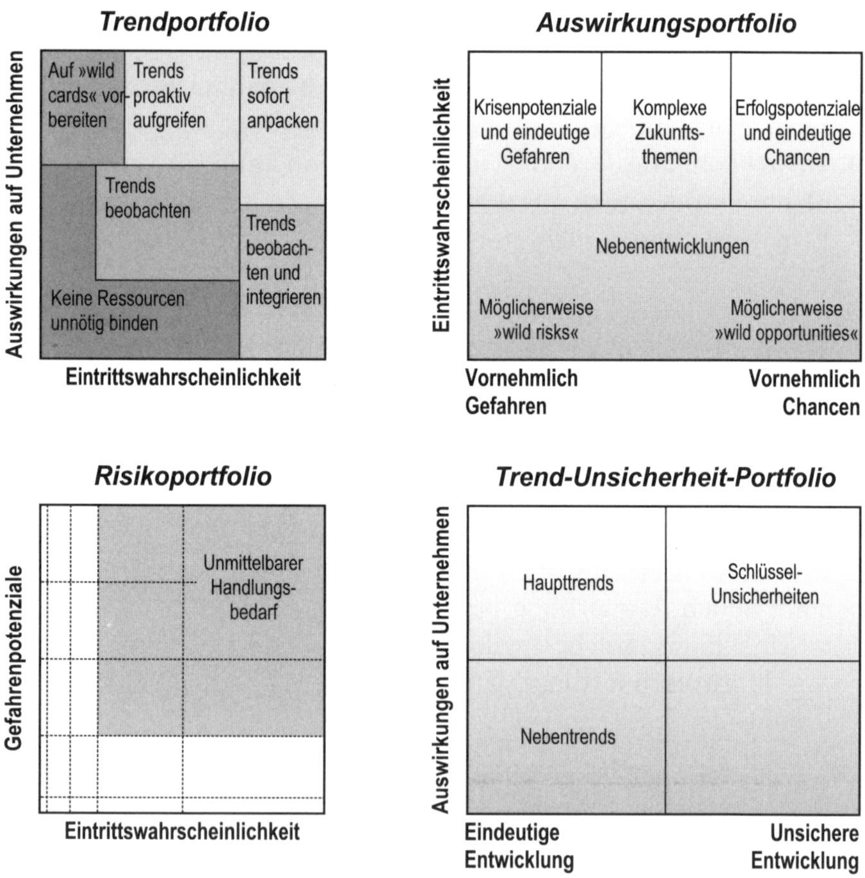

- *Trend-Unsicherheits-Portfolio:* Mithilfe dieses Ansatzes werden vor allem Schlüsselunsicherheiten identifiziert. Solche Entwicklungen sind häufig Grundlage für eine einfache Auswahl von Schlüsselfaktoren im Rahmen von Szenarioentwicklungen.

Vernetzungsanalysen – Stellhebel und Systemknoten identifizieren

Um vernetzte Systeme zu verstehen, muss die Verknüpfung der einzelnen Elemente untersucht werden. Im Rahmen einer Vernetzungsanalyse wird auf eine Einflussmatrix zurückgegriffen, in der die Wirkbeziehung der einzelnen Elemente verzeichnet ist. Eine Vernetzungsanalyse verknüpft Faktoren (beispielsweise »Welthandel«) und wird zur Auswahl von Schlüsselfaktoren im Rahmen einer Szenario-Entwicklung eingesetzt. Eine weitere Form der Vernetzungsanalyse verbindet Trends und Entwicklungen (beispielsweise »Entstehung von Handelsblöcken« oder »Zunehmende Handelshemmnisse«). Die im Folgenden näher beschriebene Faktorenvernetzung lässt sich grundsätzlich auch auf die zweite Form der Vernetzungsanalysen übertragen.

Eine Vernetzungsanalyse beginnt mit dem Aufbau einer *Einflussmatrix*. In deren Zeilen und Spalten werden die Kurzbeschreibungen aller Faktoren des betrachteten Systems eingetragen. Dann werden die *direkten* Beziehungen oder Beeinflussungen zwischen den Faktoren bewertet. Dazu muss für jedes Faktorenpaar der Einfluss bewertet werden, mit dem der eine Faktor auf den anderen wirkt – und umgekehrt. Im Vordergrund steht dabei die Frage: »*Wenn sich der Faktor A verändert, wie stark oder wie schnell verändert sich durch die direkte Einwirkung von A der Faktor B?*« Die Bewertung der Einflüsse erfolgt anhand der folgenden Skala:

0 = *keine oder sehr schwache Wirkung*, das heißt, wenn sich Faktor A sehr stark verändert, wirkt sich dies gar nicht oder nur sehr schwach auf Faktor B aus.

1 = *schwache oder zeitlich verzögerte Wirkung*, das heißt, wenn sich Faktor A verändert, wirkt sich dies schwach auf Faktor B aus.

2 = *mittlere Wirkung*, das heißt, wenn sich Faktor A stark verändert, beeinflusst das den Faktor B mit mittlerer Stärke.

3 = *starke oder sehr starke Wirkung*, das heißt, wenn sich Faktor A leicht verändert, wirkt sich dies sehr stark auf Faktor B aus.

Aus der Einflussmatrix werden die folgenden Kennwerte ermittelt:

- Die *Aktivsumme* eines Faktors ist die Zeilensumme aller Beziehungswerte. Sie zeigt die Stärke an, mit der der Faktor direkt auf alle anderen Faktoren wirkt.
- Die *Passivsumme* eines Faktors ergibt sich aus der Spaltensumme. Sie ist ein Maß dafür, wie stark der jeweilige Faktor durch alle übrigen Faktoren beeinflusst wird.

Abbildung 35: *Aufbau einer Einflussmatrix*

Einflussmatrix **Fragestellung: »Wie stark beeinflusst Einflussfaktor A (Zeile) Einflussfaktor B (Spalte)?«** Bewertungsmaßstab: 0 = kein Einfluss 1 = schwacher, verzögerter Einfluss 2 = mittlerer Einfluss 3 = starker, unmittelbarer Einfluss	1 Einkaufsmotivation	2 Kaufkraft	3 Größe der Einkaufsstätten	4 Home-Shopping	5 Ladenöffnungszeiten	6 Marktstrukturen	7 Einsatzmöglichkeiten des BZV	8 Kreditkartengebrauch	9 Nutzung von POS-Netzwerken	10 Scheckgebrauch	11 Gebrauch von Consumer-Cards	...	43 Medienkultur	44 Soziale Entwicklung	45 Werteentwicklung	**Aktivsumme**
1 Einkaufsmotivation		0	2	3	3	3	3	2	2	1	2		1	0	0	**38**
2 Kaufkraft	3		0	1	0	1	2	1	1	0	0		0	2	1	**25**
3 Größe der Einkaufsstätten	1	1		3	2	1	3	1	2	1	2		0	0	0	**24**
4 Home-Shopping	2	0	2		2	2	3	3	1	1	1		1	0	0	**26**
5 Ladenöffnungszeiten	3	0	2	3		1	2	1	1	0	0		1	1	0	**19**
6 Marktstrukturen	2	0	0	1	0		1	0	0	0	0		0	0	0	**7**
7 Einsatzmöglichkeiten des BZV	2	0	0	1	1	0		3	3	2	2		0	0	0	**49**
8 Kreditkartengebrauch	3	0	0	3	0	0	2		1	0	1		0	0	0	**23**
9 Nutzung von POS-Netzwerken	2	0	0	2	0	0	2	1		3	3		0	0	0	**31**
10 Scheckgebrauch	1	0	0	0	0	0	0	1	1		2		0	0	0	**11**
11 Gebrauch von Consumer-Cards	2	0	1	0	0	0	2	2	2	1			0	0	0	**14**
⋮																
43 Medienkultur	1	0	0	2	0	1	1	2	0	0	0			2	3	**25**
44 Soziale Entwicklung	2	2	1	2	0	1	2	2	1	0	1		3		3	**40**
45 Werteentwicklung	2	0	0	0	0	0	1	0	0	0	0		2	3		**25**
Passivsumme	**47**	**18**	**16**	**49**	**20**	**19**	**69**	**45**	**42**	**22**	**33**		**26**	**20**	**18**	**1189**

- Mithilfe von *Wirkungssummen* lässt sich die Stärke des Einflusses eines Faktors auf spezifische Betrachtungsbereiche ermitteln. So gibt eine auf die Menge aller Lenkungsfaktoren bezogene Wirkungssumme an, wie stark ein Faktor direkt auf das Gestaltungsfeld wirkt.
- Den *Proaktivitäts-Index* erhält man durch Division von Aktiv- durch Passivsumme. Er ist ein Maß für die Eigenkräfte, die von einem Faktor ausgehen. Die Faktoren mit den größten Quotienten werden daher als proaktive Größen, diejenigen mit den niedrigsten Quotienten als reaktive Größen bezeichnet.
- Der *Dynamik-Index* errechnet sich durch die Multiplikation von Aktiv- und Passivsumme. Er ist ein Maß für die Einbindung des Faktors in das Gesamtsystem. Ein hoher Dynamik-Index bedeutet, dass dieser Faktor sehr stark im System vernetzt ist. Die Faktoren mit dem größten Dynamik-Index werden als dynamische Größen oder interaktive Größen bezeichnet.

Bei der bisherigen Vernetzungsanalyse wurden lediglich direkte Beziehungen berücksichtigt. Daneben gibt es aber auch eine Vielzahl von Wirkungsketten, aus denen indirekte Beziehungen resultieren. Diese sind in einer Einflussmatrix nur indirekt enthalten. Daher werden mithilfe eines Software-Tools die in der Einflussmatrix enthaltenen indirekten Beeinflussungen identifiziert und in die Analyse einbezogen. Als Ergebnis ergeben sich modifizierte Kennwerte (Aktivsumme, Passivsumme, Dynamik-Index et cetera), die jetzt neben den direkten auch die indirekten Beeinflussungen berücksichtigen.

Die Kennwerte der Einflussanalyse sind häufig unübersichtlich. Zur Veranschaulichung der Ergebnisse wird daher ein *Aktiv-Passiv-Grid* erstellt. Darin werden die einzelnen Faktoren entsprechend ihrem Systemverhalten positioniert. Dazu wird auf der Abszisse die Rangziffer entsprechend der Passivsumme aufgetragen. Faktoren mit einer hohen Passivsumme liegen also auf der rechten Seite des Grids. Parallel wird auf der Ordinate die Rangziffer entsprechend der Aktivsumme aufgetragen. Folglich liegen Faktoren mit einer hohen Aktivsumme im oberen Teil des Grids. In dem so entstandenen Grid werden acht charakteristische Felder unterschieden.

Systemgrid

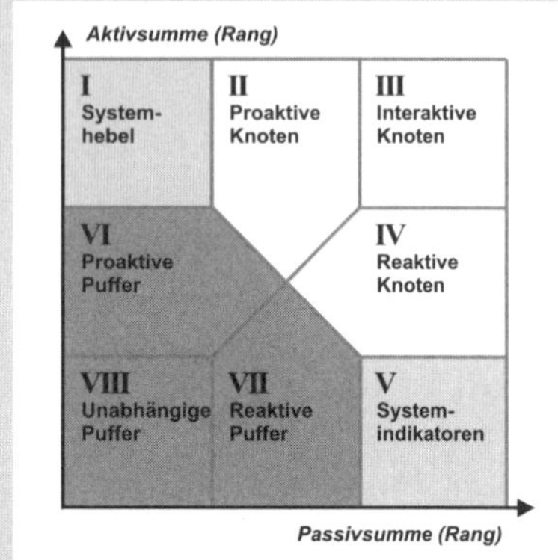

Im Systemgrid werden die einzelnen Faktoren bezüglich Aktiv- und Passivsumme positioniert. Daraus ergeben sich sieben Felder:
Systemhebel (Feld I) üben einen starken Einfluss auf das betrachtete System aus, während sie von diesem nahezu nicht beeinflusst werden. Werteentwicklung oder die Leistungsfähigkeit der Informationstechnik sind typische Systemhebel und – falls lenkbar – ideal für Lenkungseingriffe.
Proaktive Knoten (Feld II) üben ebenfalls erhebliche Hebelkräfte aus, die allerdings durch die Systemdynamik kompensiert werden können. Proaktive Knoten eigenen sich häufig für direkte Lenkungseingriffe.
Interaktive Knoten (Feld III) sind besonders stark in das Systemgefüge eingebunden. Lenkungseingriffe sind präzise zu beobachten, da häufig unerwartete Folgewirkungen eintreten können. Interaktive Knoten drücken aufgrund ihrer starken Vernetzung mit anderen Faktoren (= hoher Dynamik-Index) einen großen Teil der Systemdynamik aus und sind insofern ideale Schlüsselfaktoren im Rahmen von Szenario-Entwicklungen.
Reaktive Knoten (Feld IV) sind reaktive Größen, die über eine mittlere Aktivität verfügen. Entsprechende Umfeldgrößen sind häufig maßgeblich durch andere Umfeldeinflüsse geprägt. Hier finden sich häufig lenkbare Größen, mit denen sich die Folgen von Systemdynamik beschreiben lassen.
Systemindikatoren (Feld V) sind extrem reaktive Größen. Lenkungseingriffe gleichen einer Symptombehandlung und sind nicht sinnvoll. Solche Umfeldgrößen spielen aber im Rahmen der Früherkennung eine große Rolle.
Proaktive Puffer (Feld VI) sind Faktoren mit mittlerer Aktivität und geringer Passivität. Aufgrund ihres hohen Proaktivitäts-Indexes sind sie genauer zu untersuchen. Häufig ergeben sich aus diesem Feld verborgene Hebelkräfte.
Reaktive Puffer (Feld VII) sind Faktoren mit geringer Aktivität und mittlerer Passivität. Sie sind nur selten von Interesse für die Systementwicklung.
Unabhängige Puffer (Feld VIII) haben nur eine geringe Aktivität bzw. Passivität und beeinflussen das Systemgefüge nur wenig.

Vernetzungsanalysen lassen sich an verschiedenen Stellen der strategischen Vorausschau einsetzen. Dazu zählt zunächst die Unterstützung der Schlüsselfaktorenauswahl im Rahmen von Szenario-Entwicklungen. Darüber hinaus können Früherkennungszusammenhänge auch direkt betrachtet werden. Ein Beispiel dafür liefert der Büromöbel-Hersteller *WINI.* Er stand 1996 vor der Entscheidung, ins Geschäft mit »Besprechungsmöbeln« einzusteigen. Mithilfe einer Vernetzungsanalyse wurden Zusammenhänge zwischen Entwicklungstrends identifiziert und Indikatoren für den erfolgreichen Einstieg ins Geschäft gefunden:[4]

> »Um den richtigen Zeitpunkt für den Einstieg in die Produktion von Besprechungsmöbeln ausfindig zu machen, mussten wir auf die Entwicklung der Datenübertragungsleistung von Modemgeräten achten. ... Ab einer Datenübertragungsrate von 128.000 Baud lässt sich annähernd Fernsehqualität erreichen. Diesen Wert haben wir als Schwelle definiert. ... Wir gehen daher davon aus, dass bei Erreichen dieses Schwellenwertes das Interesse der heute potenziellen Kunden stark ansteigen dürfte.«

Ein weiteres Einsatzfeld für Vernetzungsanalysen hat die *DASA* erschlossen. Sie betrachtet im Vorfeld von Großprojekten die Vernetzung der Faktoren, die auf den Projekterfolg wirken. Daraus ergeben sich beispielsweise Indikatoren, die während der Projektlaufzeit zu beobachten sind, um bei Veränderungen im Umfeld frühzeitig gegensteuern zu können.[5]

Spezifische Indikatoren gezielt beobachten

Das Beobachten ist ein kontinuierlicher Prozess. Er liefert allerdings nicht ungerichtet eine Vielzahl neuer Trends, sondern zielgerichtete Informationen über die Entwicklung *spezifischer Beobachtungsbereiche.* Systeme zur kontinuierlichen Beobachtung sind keine Erfindung des modernen Managements. Bereits im alten Ägypten war ein solches Beobachtungssystem im Einsatz.[6] Es bestand aus einem Tempel, der hinter dem fünften Katarakt im heutigen Sudan stand. In dieser Region liefen der aus den südlichen Provinzen kommende Weiße Nil, der Blaue Nil sowie der aus den äthiopischen Bergen gespeiste Nahr Atbara zusammen. In jedem Frühjahr überprüften die dortigen Priester die Farbe des Nilwassers und meldeten ihre Ergebnisse den Pharaonen: War das Wasser klar, so dominierte das aus dem Victoria-See gespeiste Wasser des Weißen Nils. Die Überschwemmung des Nildeltas würde erst spät eintreffen und gering ausfallen. Hier hatten sich die Bauern auf eine geringe Ernte einzustellen. Dunkles Wasser wies auf eine Dominanz des Blauen Nils hin. In diesem Fall konnten die Bauern mit einer guten Ernte rechnen – und die Pharaonen konnten ihre Steuern entsprechend anheben. Schlug allerdings das grün-braune Wasser des Nahr Atbara durch, so musste mit einer sehr frühen und katastrophal hohen Flut gerechnet werden. Wir unterscheiden heute zwei zentrale Elemente des Beobachtens: (1) die Festlegung der Beobachtungsbereiche und (2) den Beobachtungsprozess selbst.

Festlegung von Beobachtungsbereichen

Für die Beobachtung ist es zunächst wichtig festzustellen, ob externe Umfeldentwicklungen oder unternehmensinterne Größen zu beobachten sind. Dies führt zur Unterscheidung von Indikatoren und Kennzahlen:

Indikatoren sind externe Größen, anhand deren sich die Entwicklung eines Umfeldsystems beschreiben lässt. Indikatoren können vom Unternehmen nicht signifikant beeinflusst werden. Sie antworten beispielsweise auf die folgenden Fragen: »Was weist auf das Eintreten eines bestimmten Szenarios hin?« (Szenario-Indikatoren); »Welche Einflüsse wirken auf eine strategische Option?« (Options-Indikatoren); »Stimmen die einer Strategie zugrunde liegenden Prämissen noch?« (Strategie-Indikatoren).

Kennzahlen sind interne Größen, anhand deren sich die Entwicklung eines lenkbaren Systems beschreiben lässt. Kennzahlen können vom Unternehmen signifikant beeinflusst werden. Sie antworten vornehmlich auf die folgenden Fragen: »Wie entwickeln sich die Steuergrößen?« (Früh-Kennzahlen) sowie »Welche Ergebnisse werden erzielt?« (Spät-Kennzahlen).

Aufbauend auf dieser Kategorisierung lassen sich verschiedene Formen von Beobachtungssystemen unterscheiden:

- Ein *Szenario-Beobachtungssystem* konzentriert sich auf die kontinuierliche Beobachtung der relevanten Szenario-Indikatoren und liefert damit die Grundlage für regelmäßige »Szenario-Reviews«.
- Ein *strategisches Umfeldbeobachtungssystem* schließt demgegenüber alle Formen von Indikatoren ein. Verbindendes Element ist hier die Umfeldbeobachtung – unabhängig von der Herkunft der Indikatoren.
- Ein *strategisches Beobachtungssystem* bezieht darüber hinaus auch die Frühkennzahlen ein. Ein solches System definiert sich nicht mehr über den Umfeldfokus, sondern über die strategische Relevanz der gewonnenen Informationen. Hier wird sozusagen alles betrachtet, was dem Unternehmen eine frühzeitige Reaktion auf strategisch relevante Fragestellungen ermöglicht.
- Ein *integriertes Beobachtungssystem* bindet alle Formen von Indikatoren und Kennzahlen ein. Es ist insofern Bestandteil eines strategischen Controlling-Systems.

Abbildung 36: *Indikatoren, Kennzahlen und Beobachtungssysteme*

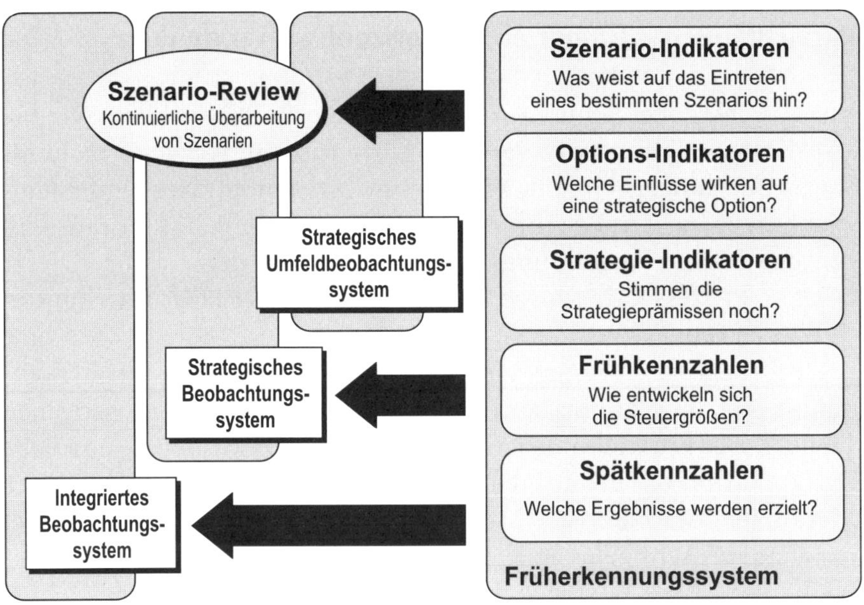

Wie man beobachtet ...

Die Art der Beobachtung hängt entscheidend vom zu beobachtenden Indikator oder der entsprechenden Kennzahl ab. Grundlegend lassen sich jedoch die folgenden drei Schritte identifizieren:

Toleranzbereiche festlegen (Schritt 1): Zunächst wird der Toleranzbereich des Indikators oder der Kennzahl festgelegt. Dieser umfasst Warnbereiche, bei deren Erreichen eine gezielte Zusatzbeobachtung einsetzen soll, sowie Aktionsgrenzen, bei deren Überschreiten konkrete Eingriffe notwendig sind.

Eventualplanungen erstellen (Schritt 2): Anschließend ist festzulegen, was beim Erreichen der verschiedenen Toleranzbereiche zu geschehen hat. Dies beinhaltet die verschiedenen Formen der Zusatzbeobachtung sowie die konkreten Maßnahmen beim Überschreiten der Aktionsgrenzen.

Kontinuierliche Beobachtung (Schritt 3): Der dritte Schritt ist schließlich die eigentliche Beobachtung des Indikators, auf die bei der Beschreibung des Aufbaus eines Früherkennungssystems näher eingegangen wird.

Vorausdenken – Immer einen Horizont weiter denken

Viele »schwache Signale« oder Beobachtungsergebnisse werden erst dann zu zukunftsrelevanten Informationen, wenn sie nicht als Status quo hingenommen, sondern im Licht möglicher Umfeldentwicklungen weitergedacht werden. Damit ähnelt das Vorausdenken der Projektionsbildung bei der Szenario-Entwicklung. Dieser kreative Prozess kann durch eine Reihe einfacher Hilfsmittel unterstützt werden:[7]

Entwicklungen fortschreiben oder simulieren: Ein Früherkennungssignal beschreibt häufig einen auf einen Faktor bezogenen Trend. Diese Entwicklung kann fortgeschrieben werden. Eine solche Extrapolation basiert auf der geradlinigen Weiterentwicklung eines Merkmals oder mehrerer Merkmale, während Umfeldeinflüsse bewusst außer Acht gelassen werden. Bei sehr trägen Faktoren wie der Weltbevölkerung lässt sich anhand weniger Merkmale wie Geburten- und Sterberaten, Schwangerschaftsabbrüchen und Krankheiten eine solche Extrapolation durchführen. Bei anderen Faktoren wie beispielsweise der Rechnerleistung stellt die Fortschreibung eher einen herausfordernden Denkansatz dar. Das Beispiel dazu liefert David A. Patterson, der 1996 den möglichen Fortschritt so beschrieb:[8]

»Alles spricht dafür, dass sich bis über die Jahrtausendwende hinaus die Leistung von Mikroprozessoren etwa alle 18 Monate verdoppeln wird. Bedenkt man, dass diese Entwicklung bereits alle in der Vergangenheit gestellten Prognosen übertroffen hat, fällt es schwer, weitergehende Fortschritte abzuschätzen. Doch ist anzunehmen, dass der Fortschritt in den kommenden 25 Jahren mindestens so groß sein wird wie in den vergangenen 50. Dies würde bedeuten, dass im Jahre 2020 ein Tischrechner dieselbe Leistung böte wie heute alle Rechner im kalifornischen Silicon Valley, der Hochburg der Computerentwicklung, zusammen. Die Konsequenzen derartig atemberaubender Fortschritte scheinen allein durch unsere Vorstellungskraft beschränkt zu sein.«

Entwicklungen überzeichnen und beschleunigen: Eine weitere Möglichkeit besteht darin, die Entwicklung eines Faktors beziehungsweise Früherkennungssignals bewusst zu überzeichnen oder zu beschleunigen, um so dessen Auswirkungen zu untersuchen und den Entwicklungstrend besser zu kommunizieren. Ein Beispiel hierfür ist der von Faith Popcorn geprägt Begriff des »Cocooning«, der eine zunehmende Individualisierung der Gesellschaft und den Rückzug der Menschen in die Privatsphäre mit einem »Einspinnen in einen Kokon« vergleicht.[9] Eine weiteres Beispiel für die Technik ist der bereits 1962 von Marshall McLuhan geprägte Begriff des »globalen Dorfes«.[10]

Umfeldentwicklungen bewusst einbeziehen: Eine weitere Vorausschautechnik ist die bewusste Einbeziehung von Umfeldentwicklungen. Insbesondere für stark passive Faktoren können Projektionen gefunden werden, indem die Konsequenzen relevanter Umfeldeinflüsse auf diesen Faktor überprüft werden. Diese Technik ähnelt dem Vorgehen im traditionellen Controlling, wo häufig mögliche Ergebnisse – also stark passive Größen – durch Rückgriff auf einzelne Umfeldeinflüsse fortgeschrieben werden.

Entwicklungen an zukünftigen Ereignissen festmachen: Häufig können Entwicklungsmöglichkeiten eines Signals oder Faktors an konkreten Ereignissen oder Entscheidungen festgemacht werden. Beispielsweise hängt die Entwicklung der Kernenergie von Wahlergebnissen ab und der zukünftige Neuwagenvertrieb in Deutschland von den Entscheidungen der Europäischen Union zur gesetzlichen Markenbindung im Rahmen der so genannten Gruppenfreistellungsverordnung.

Vom zielgerichteten Umgang mit Zukunftsthemen

Der Früherkennungsprozess ist auf zwei Arten mit dem strategischen Planungsprozess verknüpft:

Abbildung 37: *Verknüpfung von Früherkennung und Planung*

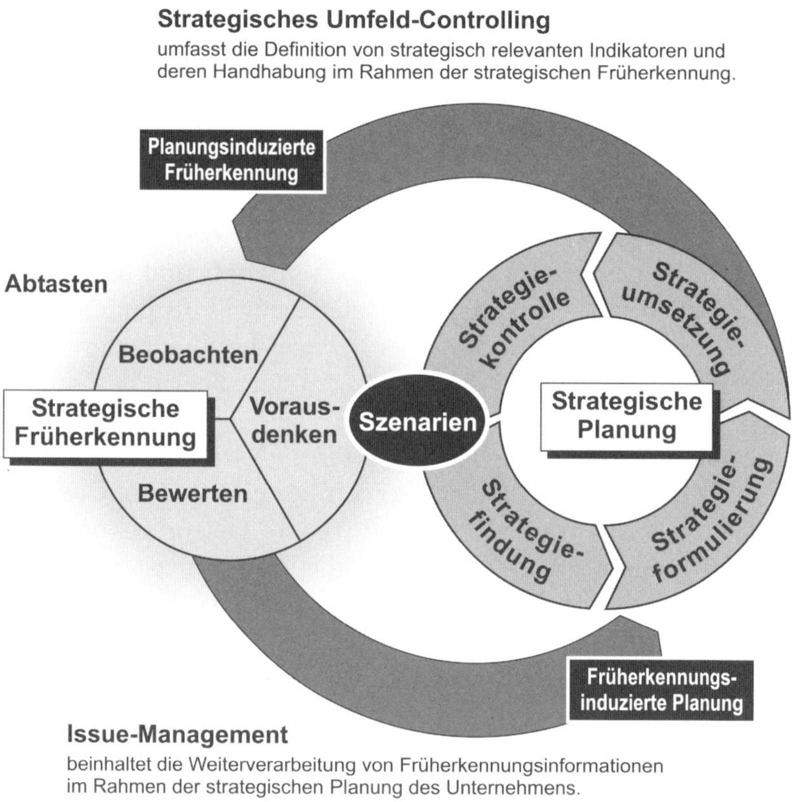

- Aus dem Früherkennungsprozess ergeben sich neue Themen und Handlungsfelder, auf die das Unternehmen im Rahmen seiner strategischen Planung schnell und flexibel reagieren muss. Dieses *Issue-Management* ist sozusagen eine »früherkennungsinduzierte Planung«.[11]
- Auf der anderen Seite stellt die strategische Planung konkrete Anforderungen an den Prozess der Früherkennung – beispielsweise über die Definition spezifischer Indikatoren. Bei diesem *strategischen Umfeldcontrolling* handelt es sich sozusagen um eine »planungsinduzierte Früherkennung«.

In beiden Fällen müssen die aus dem Früherkennungsprozess – dem Abtasten, Interpretieren, Beobachten und Vorausdenken – gewonnenen Informationen letztlich wieder konkrete Handlungen des Unternehmens anstoßen.

Issue-Management

Für relevante Früherkennungsinformationen mit Entscheidungspotenzial wird häufig der Begriff des »Issue« (Themas) verwendet. Sie entstehen durch Interpretieren, Beobachten und Vorausdenken. Ihre Integration in den strategischen Planungsprozess kann auf fünf Arten erfolgen:

1. durch Korrektur der Ressourcenplanung;
2. durch Neudefinition, Veränderung oder Unterlassen konkreter Maßnahmen, Programme und Projekte;
3. durch Ziehung grundlegend neuer Konsequenzen im Rahmen der bestehenden Strategie;
4. die Induzierung einer Bewertung, Weiterentwicklung oder Neuentwicklung der unternehmerischen Vision (Leitbild, strategische Positionen, strategische Kompetenzen) im Rahmen der strategischen Planung sowie
5. durch den Anstoß der Überarbeitung oder Neuentwicklung von Szenarien inklusive der Bewertung der bestehenden Strategie.

Dabei lassen sich die ersten drei Integrationsarten als »*strategiekonforme Früherkennung*« bezeichnen, da hier der Wandel im Rahmen der existierenden Strategie sowie der dieser Strategie zugrunde liegenden Annahmen über zukünftige Entwicklungen erfolgt. Die Integrationsarten 4 und 5 stellen demgegenüber eine »*integrative Früherkennung*« dar, da hier die existierende Strategie und gegebenenfalls die der Strategie zugrunde liegenden Szenarien infrage gestellt werden.

Strategisches Umfeld-Controlling

Im Gegensatz zum Issue-Management, bei dem die Früherkennung selbstständig zukunftsrelevante Informationen aufnimmt und verarbeitet, gibt es beim strategischen Umfeld-Controlling einen »Früherkennungsauftrag«. Hier definieren die Unternehmensführung oder die strategische Planung konkrete Anforderungen an die Früherkennungsverantwortlichen. Solche Aufträge können folgende Fragen beinhalten:

Wie entwickeln sich bestimmte Szenarien? Jetzt werden die den Szenarien zugrunde liegenden Schlüsselfaktoren und Projektionen beobachtet. Im Rahmen von Szenario-Reviews werden die Zukunftsbilder fortgeschrieben. Häufig definiert die Planung auch einen spezifischen Beobachtungsfokus. Dies ist beispielsweise dann der Fall, wenn ein kritisches Szenario im Rahmen der eigenen Strategie nicht berücksichtigt wurde.

Gelten die Strategieprämissen noch? Hier geht es darum, die einer Strategie zugrunde liegenden Annahmen kontinuierlich zu beobachten. Basiert eine Wachstumsstrategie auf einer bestimmten Veränderung des Käuferverhaltens – beispielsweise der Zunahme von Internetanschlüssen in Privathaushalten –, so ist dieser Strategieindikator regelmäßig zu beobachten.

Wie entwickeln sich »wild cards«? Ein weiterer Gegenstand des strategischen Umfeld-Controllings ist die regelmäßige Beobachtung von Entwicklungen mit geringer Eintrittswahrscheinlichkeit und hoher Relevanz für das Unternehmen.

Wie entwickelt sich ein strategisches Innovationsfeld? Zukünftige Geschäftsfelder können nur dann erfolgreich erschlossen werden, wenn die dazu notwendigen Technologien rechtzeitig erkannt und entwickelt werden. Dies geschieht durch die Definition von strategischen Innovationsfeldern, für die ein intensives Technologie-Monitoring notwendig ist.

Verknüpfung von Früherkennung und Szenarien

Die strategische Früherkennung sollte eng mit den Szenario-Prozessen im Unternehmen gekoppelt sein. Diese Verknüpfung basiert zunächst einmal auf den Ähnlichkeiten (1) zwischen der Interpretation von Früherkennungsinformationen und der Szenario-Feld-Analyse sowie (2) zwischen dem Vorausdenken und der Szenario-Prognostik. Diese potenziellen Synergien können im Rahmen methodisch und organisatorisch verknüpfter Prozesse genutzt werden.

Früherkennungsinformationen als Input für die Szenario-Entwicklung: Die strategische Früherkennung sollte die Entwicklung von Szenarien unterstützen. Dazu zählt beispielsweise die Bereitstellung von neuen Einfluss- oder Schlüsselfaktoren sowie die Entwicklung oder Aufbereitung von Zukunftsprojektionen.

Rückfluss der Szenarien in die Früherkennung: Ein wesentlicher Erfolgsfaktor der strategischen Vorausschau ist der Rückfluss der während der Szenario-Entwicklung gewonnenen Informationen in das Früherkennungssystem. Entwickelt ein Unternehmen unter Verwendung vielfältiger Früherkennungsinformation Szenarien, die die Entwicklungsmöglichkeiten der Nanotechnologie verdeutlichen, so repräsentieren diese Szenarien neues Wissen, das in anderen Szenarien – zum Beispiel als Projektionen eines Faktors »Nanotechnologie« – weiterverwendet werden kann.

Aufbau eines Früherkennungssystems

In den Aufbau eines Früherkennungssystem sollte das gesamte Unternehmen – vom Vorstandsvorsitzenden oder Geschäftsführer bis zum aufmerksamen Mitarbeiter – einbezogen werden. Umso erstaunlicher ist es, dass sich ein solches System anhand von lediglich drei Ebenen beschreiben lässt:[12]

1. Auf der *Beobachtungsebene* werden zukunftsrelevante Informationen aufgenommen. Die zentralen Tätigkeiten sind hier Abtasten und Beobachten. Wesentlicher Akteur ist ein Beobachtungssystem aus Scannern und Beobachtern.

Abbildung 38: *Zusammenspiel in der Früherkennung*

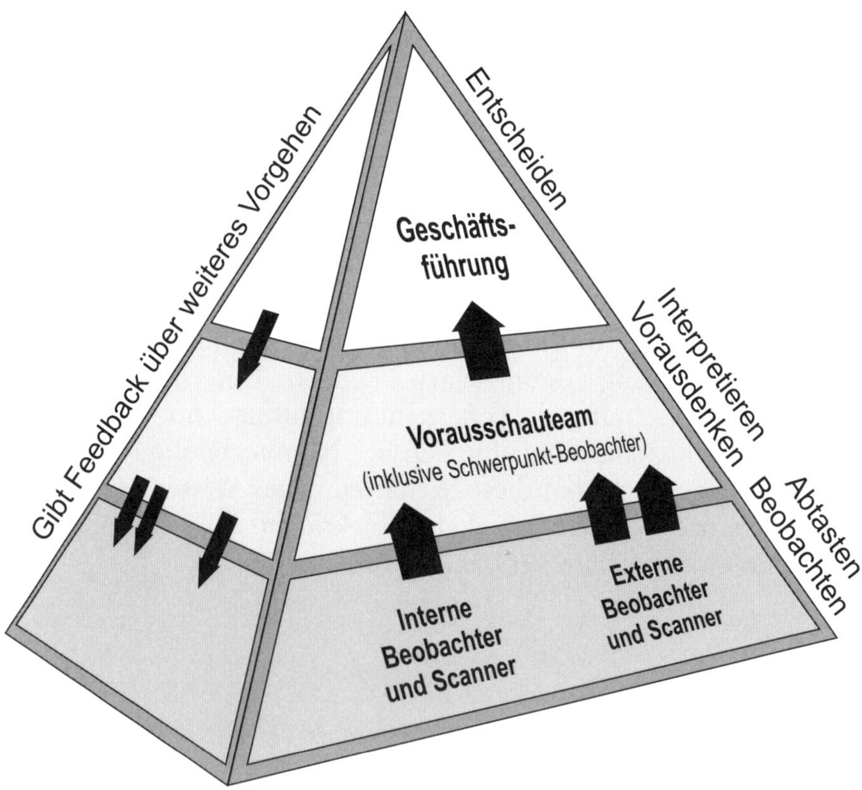

2. Auf der *Bewertungsebene* werden diese Informationen in entscheidungsrelevantes Wissen übersetzt. Hier geht es neben dem Interpretieren und Vorausdenken auch um das Reporting in Richtung der Entscheidungsträger. Dies erfolgt durch ein Vorausschauteam.
3. Auf der *Entscheidungsebene* geht es schließlich darum, aus dem aufbereiteten Zukunftswissen konkrete Entscheidungen abzuleiten.

Wichtig für den Erfolg eines Früherkennungssystems ist die Erkenntnis, dass Information nicht einseitig von der Beobachtungs- über die Bewertungs- zur Entscheidungsebene fließen darf. Notwendig ist vielmehr ein *mehrfaches Feedback*: Die Geschäftsleitung darf die Früherkennungsinformationen nicht isoliert nutzen, sondern muss eine intensive Kommunikation mit dem Vorausschauteam pflegen. Und das Vorausschauteam darf die Beobachtungsergebnisse nicht einfach nur aufnehmen, sondern muss die einzelnen Beobachter über die erfolgreiche Verwendung dieser Information auf dem Laufenden halten. »Dieses Feedback«, so lautet beispielsweise das Credo der Früherkennung bei der *DASA*, »ist ein erfolgversprechenderer Motivator als jede Entlohnung der beteiligten Beobachter.«

Nachfolgend werden wir zunächst darauf eingehen, warum Unternehmen Szenarien für den Einstieg in ein Früherkennungssystem nutzen sollten. Anschließend werden wir einzelne Elemente eines solchen Systems und schließlich die mögliche Software-Unterstützung über ein *»Future Warehouse«* vorstellen.

Einstieg über eine Szenario-Entwicklung

Die Parallelen zwischen strategischer Früherkennung und Szenario-Entwicklung machen es möglich, die systematische Entwicklung von Umfeldszenarien als Vorstufe zum Aufbau eines Früherkennungssystems zu nutzen. Dafür sprechen mehrere handfeste Vorteile:

- Strategische Früherkennung ist für viele Entscheider nur schwer greifbar. Die Notwendigkeit einer kontinuierlichen strategischen Vorausschau erschließt sich demgegenüber fast automatisch, wenn man gemeinsam und zielgerichtet in die Zukunft geblickt hat.
- Die Entwicklung von Umfeldszenarien führt in einem für Entscheider absehbaren Zeitraum zu konkreten und strategisch relevanten Ergebnissen. Die Früherkennung wird so vom häufig festzustellenden »Eindruck des ungenauen und ziellosen Informationssammelns« befreit.
- Die im Rahmen eines Szenario-Projektes entwickelte »strategische Umfeldarchitektur« – das heißt, das System aus Einflussebenen, -bereichen und -faktoren – kann später als inhaltlicher Grundstein für ein Früherkennungssystem verwendet werden.
- Aus dem Szenario-Projekt ergeben sich erste konkrete Indikatoren, die zum Aufbau eines Beobachtungssystems genutzt werden können.
- Das Szenario-Team lässt sich häufig so aufbauen, dass es bereits die Keimzelle des späteren Vorausschauteams darstellt.

Den mit dem Aufbau eines Früherkennungssystems beauftragten Personen ermöglicht ein solches Szenario-Projekt darüber hinaus, die Spezifika des Unternehmens im Umgang mit zukunftsrelevanten Informationen aufzunehmen und die Konzeption des Früherkennungssystems daran anzupassen.

Aufbau eines Beobachtersystems

Zukunftsrelevante Informationen generiert ein Früherkennungssystem durch das Abtasten und Beobachten. Daraus ergeben sich drei verschiedene Formen der Einspeisung von Informationen:

- *Interne Beobachter* gehören zum Unternehmen. Sie konzentrieren sich auf ausgewählte Indikatoren und Kennzahlen. Dabei werden Frühkennzahlen in der Regel durch sehr unterschiedliche

Stellen im Unternehmen aufgenommen, während Spätkennzahlen im Controlling zusammenlaufen.

- *Externe Beobachter* gehören zum Unternehmensumfeld. Sie fokussieren auf Indikatoren. Dabei werden externe Beobachter insbesondere dort eingesetzt, wo keine internen Beobachter zur Verfügung stehen.
- Natürlich beteiligen sich die internen und externen Beobachter auch am Abtasten des Unternehmensumfeldes. Darüber hinaus sind aber *alle Mitarbeiter* aufgerufen, schwache Signale aufzunehmen und in ein Früherkennungssystem einzuspeisen.

Das Vorausschauteam hat die Aufgabe, ein leistungsstarkes Beobachtersystem aufzubauen und den Einsatz der verschiedenen Beobachter zu koordinieren. Dazu identifiziert es die einzelnen Kennzahlen und Indikatoren, legt Warnbereiche und Aktionsgrenzen fest und vergibt *Beobachtungsaufträge.* Die einzelnen Beobachtungsergebnisse werden dann in Form von *Trendmeldungen* an das Vorausschauteam geleitet.

Einrichtung eines Vorausschauteams

Ein allgemein gültiges Modell für den Aufbau eines Vorausschauteams lässt sich nicht entwickeln. Die Form der strategischen Vorausschau hängt einfach zu stark von der Kultur des jeweiligen Unternehmens ab.

Ein Beispiel für die Gestaltung der systematischen Vorausschau ist das »Traumteam« von *Audi.* Es besteht aus sechs Mitgliedern, die aus verschiedenen Bereichen kommen und sich regelmäßig treffen. Mehrere Mitglieder des Traumteams sind zugleich in den zentralen Strategieentwicklungsprozess eingebunden. Der Fokus des Traumteams liegt auf dem Vorausdenken zukünftiger Erfolgsfaktoren des Unternehmens, dem Aufspüren relevanter Produkt- und Geschäftsfeldoptionen sowie der Initiierung grundsätzlicher Denk- und Umdenkprozesse. Daher versteht sich das Traumteam als Ergänzung zu den konventionellen Planungsprozessen.

Einen anderen Weg geht *DaimlerChrysler*. Der Automobilkonzern hat 1979 eine »Forschungsgruppe Berlin« gegründet, deren Aufgabe die Bereitstellung zukunftsbezogenen Orientierungswissens zur Unterstützung strategischer Entscheidungen ist. Heute umfasst diese Gruppe als »Forschung Gesellschaft und Technik« etwa 30 Personen mit Sitz in Berlin und Palo Alto. Sie beschäftigt sich zentral mit den Entwicklungen, die die Märkte von morgen bestimmen werden. Der überwiegende Teil ihrer Projekte wird durch die Unternehmensbereiche des Konzerns direkt beauftragt.

Über diese Beispiele hinaus gibt es eine Vielzahl von Möglichkeiten zur Einrichtung eines solchen Vorausschauteams. Eine zunehmende Zahl von Unternehmen wie beispielsweise die finnische *Metsä-Serla-Gruppe* oder das Chemie-Unternehmen *Dow Chemical* arbeiten mit eigenen Zukunftsforschern. Selbst kleinere oder mittlere Unternehmen können mit relativ geringem Aufwand eine eigene Vorausschau etablieren. So treffen sich beispielsweise die Führungskräfte des Möbelherstellers *WINI* zweimal im Jahr, um über die relevanten Trends in ihren Geschäftsfeldern zu sprechen.

Entscheidend sind bei der Einrichtung eines Vorausschauteams die Freiräume, die die Unternehmensleitung sich selbst und den einzelnen Teammitgliedern bietet. Dabei sind viele Formen der Ausgestaltung denkbar. Was strategische Vorausschau allerdings nicht verträgt – und auch das haben wir bei einem Weltkonzern erlebt –, ist ein fensterloses Kellerbüro.

Generierung von Reporting-Standards

Die zweite Schnittstelle im Früherkennungsprozess ist das Verhältnis von Vorausschauteam und Entscheidungsebene. Auch bei diesem *Reporting* verbietet sich eine exakte Handlungsanleitung, da sich die Planungssysteme und Entscheidungskulturen in den Unternehmen zu stark unterscheiden.

Bei der Einrichtung eines Früherkennungssystems geht es daher zunächst darum, den Informationsbedarf der Führungsebene einzuschätzen und geeignete Formen zu finden, wie neue Themen und Entscheidungsvorlagen transportiert werden können. Dabei ist die

Frage zu klären, ob regelmäßig oder situationsbedingt berichtet werden soll. Eine einfache Form des Reportings wendet die *DASA* an. In ihren regelmäßigen Früherkennungs-Reports werden die einzelnen Informationen mithilfe einer Ampel kategorisiert:

- *Rot* bedeutet, dass hier eine Entwicklung beschrieben wird, aus der heraus sich akuter Handlungsbedarf ergibt.
- *Gelb* bedeutet, dass diese Entwicklung vom Vorausschauteam weiterhin beobachtet wird.
- *Grün* bedeutet, dass hier bereits Maßnahmen zur Chancennutzung beziehungsweise Gefahrenhandhabung eingeleitet wurden. Hier besteht also derzeit weder auf der Entscheidungs- noch auf der Bewertungsebene ein Handlungsbedarf.

In der Einführungsphase eines Früherkennungssystems werden verschiedene Formen des Reportings getestet. Als Ergebnis ergibt sich eine spezifische Kommunikationsweise zwischen Vorausschauteam und Unternehmensführung. Dabei hat es sich als Erfolgsfaktor erwiesen, dass neben dem formellen Reporting »ein kurzer Draht« zwischen den beiden Gruppen besteht.

Unterstützung durch ein Future-Warehouse-System

Eine strategische Früherkennung ist dann erfolgreich, wenn es gelingt, das im Unternehmen vorhandene *Zukunftswissen* zu strukturieren, zu mehren und für den Entscheidungsprozess zu erschließen. Diese Aufgabe kann durch ein entsprechendes Softwaresystem – wir sprechen von einem *»Future Warehouse«* – unterstützt werden. Ein Future Warehouse besteht aus drei Ebenen.

1. Auf der *Strukturebene* werden entsprechend dem Fokus des Future-Warehouse-Betreibers Bereiche und Themen definiert, die den Tätigkeitsbereich des Betreibers strukturieren und langfristigen Bestand haben.
2. Auf der *Netzwerkebene* werden von den Nutzern im Laufe des

Abbildung 39: *Aufbau eines Future Warehouse*

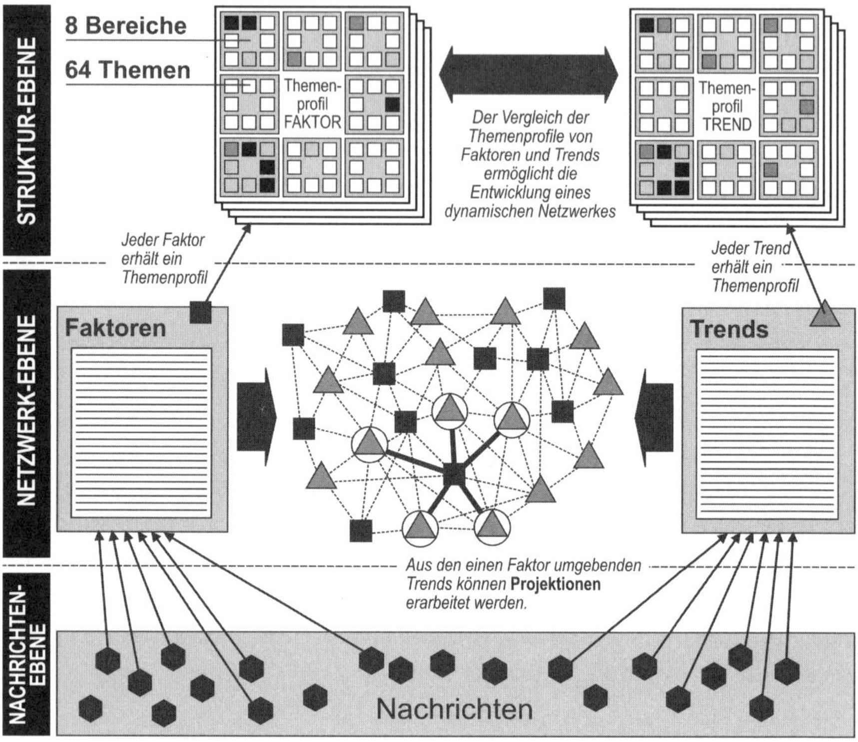

Betriebs immer wieder neue Trends, Faktoren und deren Projektionen identifiziert, beschrieben und durch Einbindung in ein sich dynamisch veränderndes Netzwerk in das System eingepflegt.

3. Auf der *Nachrichtenebene* werden schließlich von Scannern und Beobachtern einzelne Informationen eingepflegt und mit den Elementen der Struktur- und Netzwerkebene vernetzt.

Wie ist ein Future Warehouse strukturiert?

Jedes Unternehmen und jede Organisation, die ein Früherkennungssystem aufbaut und durch ein Future Warehouse unterstützt, hat einen spezifischen Fokus. Diesen Fokus gilt es durch eine einfache Systemstruktur abzubilden. Dafür stehen in einem Future Warehouse acht Bereiche mit jeweils acht Themen zur Verfügung. Dies zwingt die Nutzer dazu, sich auf die wesentlichen Themen zu konzentrieren. Nach unserer Erfahrung ist eine solche Begrenzung nicht störend, sondern hilfreich bei der Gestaltung des Früherkennungsprozesses.

Zudem ermöglicht dieses Vorgehen eine intuitive Visualisierung mithilfe der so genannten Lotosblütentechnik. Sie orientiert sich an den Blumenblättern einer Lotosblüte, die um einen Kern angeordnet sind. Im Zentrum der Blüte steht eine zentrale Thematik oder Problemstellung – eben der Fokus des Unternehmens. Die acht Blätter der ersten Ebene sind die zentralen *Bereiche* – beispielsweise die strategischen Geschäftsfelder des Unternehmens. Diese lassen sich auf der zweiten Ebene wiederum durch acht *Themen* charakterisieren. Diese einfache Struktur ist im Unternehmen leicht zu kommunizieren und ermöglicht darüber hinaus die Kombination mehrerer Future Warehouses.

Wie entsteht ein Netzwerk aus Trends und Faktoren?

Die zentralen Objekte, mit denen strategische Vorausschau betrieben wird, sind Faktoren und Trends. Ein *Faktor* ist eine messbare oder beschreibbare Größe, deren Ausprägung sich verändern kann. »Einstellung zur Technik« ist beispielsweise ein Faktor. Ein *Trend* ist demgegenüber eine sich zeitlich ändernde Entwicklung eines oder mehrerer Faktoren. Dies sind beispielsweise die »Bildung von Wissenseliten« oder die »Zunahme von Technik-Skepsis«. Die meisten Unternehmen arbeiten vornehmlich mit Trends, weil sie darin bereits einen direkten Bezug zur Zukunft erkennen. Demgegenüber sind mit der Orientierung an Faktoren neben dem Nachteil des höheren Abstraktionsniveaus auch eine Reihe von Vorteilen verbunden:

- Faktoren lassen sich leichter als Trends in eine systemische Ordnung aus Bereichen und Themen einordnen.
- Die häufig in Trends denkenden Nutzer müssen sich überlegen, die Entwicklung welchen allgemeinen Faktors ein Trend be-

schreibt. Damit wird letztlich das Denken in Alternativen unterstützt, weil sich alternative Entwicklungen eines Faktors leichter finden und besser strukturieren lassen als reine »Gegentrends«.
- Die Fokussierung auf tagesaktuelle Trends wird abgebaut.

In einem Future Warehouse können verschiedene Nutzer – allen voran die Mitglieder des Vorausschauteams – neue Faktoren und Trends einpflegen. Diese können sich aus verschiedenen Anwendungen – natürlich auch aus entsprechenden Szenario-Projekten – ergeben. Mit der Aufnahme ins Future Warehouse erhalten jeder Faktor und jeder Trend ein *Themenprofil.* Dazu wird bewertet, wie groß ihre Verbindung zu den 64 Themen in der Warehouse-Struktur ist. Folglich entscheidet der Nutzer nicht direkt über die Zuordnung der Faktoren oder Trends zu einem Bereich oder Thema. Die Zuordnung ergibt sich vielmehr durch Vergleich der Themenprofile aller Faktoren und Trends.

Der zentrale Vorteil dieser Vernetzung von Faktoren und Trends liegt darin, dass jetzt die verschiedenen Sichtweisen der Nutzer nicht mehr durch eindeutige Zuordnungen harmonisiert werden müssen, sondern dass sich stattdessen eine unscharfe Ordnung herausbildet. So können ähnliche Faktoren oder ähnliche Trends in Form eines Mappings visualisiert werden. Ein Themenverantwortlicher erhält dadurch beispielsweise die Möglichkeit, schnell auf die Faktoren und Trends im Umfeld seines Themas zuzugreifen.

Den einzelnen Faktoren in einem Future Warehouse können zusätzlich – entsprechend dem Vorgehen bei der Szenario-Entwicklung – mehrere Zukunftsprojektionen zugeordnet werden. Diese Projektionen sind über den Faktor mit den Bereichen und Themen verknüpft. Zu ihrer Ermittlung können automatisch die einen Faktor umgebenden Trends identifiziert werden.

Wie wird kontinuierlich Information eingebunden und genutzt?

Der kontinuierliche Informationsfluss in ein Future Warehouse erfolgt über *Nachrichten.* Solche Nachrichten werden vornehmlich von den Beobachtern und Scannern eingegeben. Eine Nachricht enthält in der Regel vier Elemente:

- *Inhalt*: Zunächst ist es notwendig, den fachlichen Inhalt zu erfassen. Dies erfolgt in prägnanter und allgemein verständlicher Form.
- *Bezüge*: Anschließend wird die inhaltliche Nachricht in Beziehung zu den Bereichen, Themen, Trends, Faktoren und Projektionen des Future Warehouse gestellt. Dabei können intuitiv verschiedene Verbindungen eingegeben werden.
- *Quellen*: Wichtig ist natürlich die Quelle für die entsprechende Nachricht. Dabei kann auf ein Quellenverzeichnis zurückgegriffen werden.
- *Anhänge*: Die eigentliche Quelle oder weitere Informationen können an die Nachricht angehängt werden.

Durch die Bezüge wird eine Nachricht mit dem bestehenden Future Warehouse verknüpft. Dies erlaubt den Anwendern eine vielfältige Nutzung. So ermöglichen persönliche Interessenprofile aus Bereichen, Themen, Trends und Faktoren eine zielgenaue Versorgung einzelner Anwender mit zukunftsrelevanten Informationen.

Vorteile bietet ein Future Warehouse auch *Szenario-Teams*. Sie können sich bei der Identifikation von Einflussfaktoren und Zukunftsprojektionen von einem Future Warehouse in verschiedener Weise unterstützen lassen. Dazu zählt beispielsweise die Ausgabe aller Faktoren oder Nachrichten im Umfeld eines bestimmten Themas. Sie können aber auch kritische Szenario-Indikatoren als Faktoren in das Future Warehouse einstellen und diese durch Beobachter gezielt observieren lassen.

Fazit

- Durch das frühzeitige Erkennen »schwacher Signale« können die Entscheidungs- und Gestaltungsmöglichkeiten von Unternehmen deutlich verbessert werden.
- Strategische Früherkennung besteht aus vier Prozessen: dem ungerichteten Abtasten des Unternehmensumfeldes, der gezielten Beobachtung von Indikatoren und Kennzahlen, der Interpretation und Priorisierung von Faktoren und Trends sowie der gezielten Vorausschau.
- Für die Interpretation von zukunftsrelevanten Systemen steht eine Vielzahl von Instrumenten wie beispielsweise Trend-, Auswirkungs- und Risikoportfolios sowie Vernetzungsanalysen zur Verfügung.
- Der Früherkennungsprozess ist auf zwei Arten mit der strategischen Planung verknüpft: Im Issue-Management erfolgt der Transfer von Früherkennungsinformationen in die Planung, und das strategische Umfeld-Controlling richtet die Früherkennung auf die Bedürfnisse des Planungsprozesses aus.
- Strategische Früherkennung erfolgt auf drei Ebenen: der Beobachtungsebene (Abtasten und Beobachten), der Bewertungsebene (Interpretieren und Vorausdenken) sowie der Entscheidungsebene.
- Früherkennung und Szenario-Entwicklung sind eng miteinander verknüpft. Dies beinhaltet einzelne Elemente sowie den Hin- und Rückfluss von Ergebnissen.
- Die Einführung eines Früherkennungssystems erfolgt idealerweise mit einem Szenario-Projekt oder einer Szenario-Konferenz.
- Strategische Früherkennung kann durch ein Future-Warehouse-System unterstützt werden, in dem das Zukunftswissen der Organisation strukturiert, gemehrt und für die Entscheidungsprozesse aufbereitet wird.

6 Wie man mit Szenarien neue Marktchancen erkennt und nutzt

In der kardiologischen Abteilung der *Universitätsklinik Basel* begann Anfang 1999 ein Pilotversuch, bei dem Herzinfarktpatienten erstmals rund um die Uhr mithilfe einer Mobilfunkverbindung überwacht wurden. Ein zigarettenschachtelgroßes mobiles EKG ermittelt durch fünf am Körper angebrachte Elektroden die elektrischen Signale des Herzens. Diese werden alle 30 Minuten über ein integriertes D-Netz-Mobilfunkteil an den Überwachungs-PC in der Uniklinik gefunkt.

Dank einer ausgeklügelten Kompressionstechnik der *Schiller AG* aus dem schweizerischen Zug ist es möglich, über die nur 9.600 Baud schnelle Verbindung genügend aufschlussreiche Information der kompletten EKGs in nur zwei Minuten zu übermitteln. Einige Fluggesellschaften – darunter *Quantas* und *Lufthansa* – sind dabei, ihre Infrastruktur so auszubauen, dass in Notfällen Daten von Fluggästen via Satellitenübertragung an einen Rettungsmediziner am Boden weitergeleitet werden können.

Solche Innovationen und daraus resultierende Geschäftsfelder lassen sich nicht aus isolierten technischen Betrachtungsweisen heraus entwickeln. Notwendig ist vielmehr ein integrativer Ansatz, der den turbulenten Märkten gerecht wird. Dies hat auch die *Deutsche Telekom* erkannt und mit *der T-Nova* ein Netzwerk von Innovationskompetenzen geschaffen. Unter dem Dach von *T-Nova* haben die Software-Entwicklungszentren der *Deutschen Telekom*, *Berkom*, das *Technologiezentrum* und die *Multimedia Software GmbH Dresden* eine gemeinsame Plattform gefunden. Entstanden ist ein neues Unternehmen mit vernetzten und flexiblen Strukturen: Jedes Zentrum bringt seine speziellen Kompetenzen in das Gesamtunternehmen ein.

Ein wesentliches Aktionsfeld der *T-Nova* ist die Telematik. Hier entwickeln sich Technik und Märkte mit explosiver Dynamik. Produkt- und Technologiezyklen werden immer kürzer. Entscheidungen müssen schneller getroffen, Ergebnisse schneller erzielt werden. Eine zusätzliche Herausforderung ist die Verschmelzung der Märkte für Telekommunikation und Informationstechnologie sowie Medien, Erlebniswelt und telematische Sicherheit – kurz TIMES.

Um unter diesen Bedingungen erfolgreiche Produkte zu entwickeln und neue Märkte zu erschließen, nutzt die *T-Nova* das Instrumentarium des Szenario-Managements – beispielsweise im Rahmen der Studie »*Anwendungsszenarien und Marktpotenzialabschätzung von Telematik-Produkten und -Dienstleistungen*«. Darin wurden zukünftige Kundengruppen sowie Anwendungsplattformen für neue Telematik-Produkte und -Dienstleistungen entwickelt und daraus frühzeitig neue Geschäftsfelder abgeleitet.

Business Development – Systematisch zu den Geschäftsmöglichkeiten von morgen

Business Development ist nichts allein für die Marktforschung. Es ist vielmehr eine *Führungsaufgabe*. Business Development ist auch nichts allein für die visionärsten Ideen eines Technikvorstandes. Es geht vielmehr um reale *Marktchancen*. Business Development ist auch nichts für die Sommerpause. Es ist eine *kontinuierliche Aufgabe für alle Geschäftsfelder*. Zusammengefasst: Nach unserer Auffassung geht es beim Business Development um das, was seine Übersetzung treffend ausdrückt – um *Geschäftsentwicklung*. Oder anders ausgedrückt: um die frühen Phasen der Geschäftsplanentwicklung.

Das bedeutet, die zukünftigen Möglichkeiten eines Geschäfts zu untersuchen – und zwar gleichgültig ob es seit 150 Jahren existiert

Abbildung 40: *Business Development*

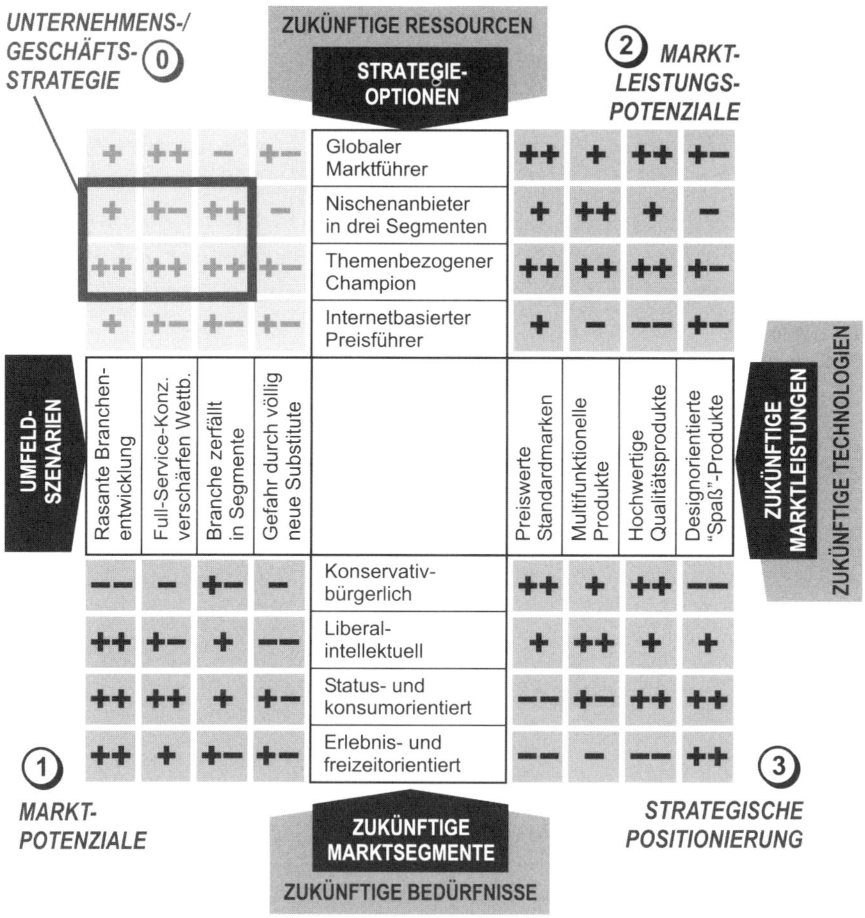

oder vorerst nur eine vage Geschäftsidee darstellt. Folglich kann Business Development einerseits als Bestandteil der Entwicklung von Unternehmens- und Geschäftsstrategien und andererseits auch als eigenständige Aufgabe gesehen werden.

Im Rahmen des Business Development geht es zunächst auf der Nachfrageseite um die Identifikation *zukünftiger Marktpotenziale.* Diese beziehen sich in der Regel auf einzelne *Marktsegmente*, die im Lichte globaler Markt-, Branchen- und Umfeldentwicklungen bewertet werden. Dabei kann darauf eingegangen werden, welche dieser Umfeldentwicklungen vom Unternehmen im Rahmen seiner Strategie besonders berücksichtigt werden. Bei der Identifikation der Marktsegmente wird vielfach auf Anspruchsgruppen und deren Bedürfnisse zurückgegriffen.

Auf der Angebotsseite müssen die *zukünftigen Marktleistungen* ermittelt und unter Berücksichtigung der vom Unternehmen ins Auge gefassten Strategien und Strategieoptionen bewertet werden. Diese Bewertung führt zu den *zukünftigen Marktleistungspotenzialen*. Ein zentrales Element bei der Identifikation der zukünftigen Marktleistungen ist die Betrachtung von Produkt- und Prozesstechnologien.

Die Verknüpfung der aus Unternehmenssicht bewerteten Markt- und Marktleistungspotenziale – das heißt, die spezifische Verknüpfung von Nachfrage und Angebotsseite – führt zu *zukünftigen Geschäftsfeldern*. Dabei kann es sich um strategische Geschäftsfelder des Unternehmens, aber auch um *neue Geschäftsfelder* handeln, die eine strategische Entwicklungsperspektive aufweisen.

Zukünftige Marktpotenziale erkennen

Das erste Element des Business Development ist die Identifikation *zukünftiger Marktpotenziale*. Dieser Begriff ist mit Bedacht gewählt, denn ein Markt definiert sich weitestgehend über ein Kundenbedürfnis, das durch verschiedenartige Produkte oder Dienstleistungen erfüllt werden kann. Davon lassen sich engere Marktbegriffe wie folgt abgrenzen:[1]

- Das *Marktvolumen*, auf dem die meisten traditionellen Marktbetrachtungen beruhen, basiert auf dem *realistisch erreichbaren Markt* (REM). Er beschreibt den Teil des Gesamtmarktes, der vom Unternehmen aufgrund seiner gegenwärtigen Programm- und Kundenstruktur sowie seiner Vertriebskanäle erreicht werden kann.
- Die *Marktpotenziale* beschreiben demgegenüber die maximalen Umsätze, die mit den eigenen Leistungen sowie den Leistungen

der direkten Wettbewerber erreicht werden könnten. Insofern hängt dieser *potenzielle erreichbare Markt* (PEM) nicht mehr von den eigenen Vertriebsaktivitäten ab, sondern stellt die gegenwärtige Aufnahmefähigkeit des Marktes in den Mittelpunkt der Betrachtung.

- Das *zukünftige Marktpotenzial* stellt demgegenüber den grundsätzlichen, in der Zukunft denkbaren Bedarf dar, der durch alle denkbaren Produkte und Leistungen gedeckt werden kann. Folglich kann dieser *zukünftig erreichbare Markt* (ZEM) auch als Gesamtmarkt bezeichnet werden.

Durch diese Definition wird die Notwendigkeit deutlich, im Rahmen des Business Developments die *zukünftigen Bedürfnisse potenzieller Kunden* zu erkennen, um daraus Nutzen stiftende – das heißt die Bedürfnisse befriedigende – Marktleistungen abzuleiten. Im Mittelpunkt steht hier nicht eine Technologie, die es zu erschließen gilt, oder ein interner Prozess, der sich optimieren lässt, sondern Kundengruppen mit ihren Ansprüchen. Dabei spielt es noch keine Rolle, ob das Unternehmen diese Marktpotenziale zum Zeitpunkt der Betrachtung auch erschließen kann. Zukünftige Marktpotenziale sind eine externe und nicht eine unternehmensspezifische Größe.

Um zukünftige Marktpotenziale bei der Geschäftsentwicklung – aber auch innerhalb einer Strategieentwicklung oder als Ausgangspunkt des Produktmanagements – einsetzen zu können, müssen sie systematisch erarbeitet werden. Dies erfolgt in vier Schritten. Zunächst wird die Markt- und Wettbewerbsperspektive festgelegt. Anschließend wird der zu betrachtende Gesamtmarkt nach zukunftsrelevanten Kriterien in einzelne Marktsegmente aufgeteilt, die im dritten Schritt analysiert werden können. Die einzelnen Marktsegmente werden abschließend anhand verschiedener Kriterien – vor allem der zuvor erstellten Umfeldszenarien – bewertet.

Markt- und Wettbewerbsperspektive festlegen (Schritt 1)

Die Suche nach zukünftigen Marktpotenzialen beginnt mit der Festlegung des zu betrachtenden Marktes. Diese *Marktperspektive* kann auf mehrere Arten definiert werden:[2]

- *Marktdefinition über Bedürfnisse*: Hier steht ein ökonomisch wirksames Primärbedürfnis im Mittelpunkt der Marktdefinition – beispielsweise »Kleidung von Menschen«.
- *Marktdefinition über Ansprüche*: In diesem Fall definiert sich der Markt nicht mehr ausschließlich über Bedürfnisse, sondern zusätzlich über weitergehende, von sozialen, kulturellen und ökonomischen Umfeldern beeinflusste Anforderungen. Solche Anforderungen kommen beispielsweise in der Definition »modische Bekleidung« zum Ausdruck.
- *Marktdefinition über den Bedarf*: Lässt sich diesen Ansprüchen eine Kaufkraft zuordnen, so wird von Bedarf gesprochen. Eine entsprechende Marktdefinition wie beispielsweise »Sportbekleidung« ist ebenfalls in die Zukunft gerichtet, da die Kaufkraft schwanken kann und insofern nicht unmittelbar zu realen Kaufhandlungen und damit zu gegenwärtiger Nachfrage führt.
- *Marktdefinition über Technologien*: Zudem ist es möglich, einen Markt aus Technologien heraus zu definieren. Dies geschieht beispielsweise bei der Betrachtung von »wearable Computers«.

Nach der Klärung der Marktperspektive müssen sich Unternehmen Gedanken darüber machen, auf welcher Ebene des Gesamtmarktes sie wettbewerbsrelevante Entscheidungen treffen wollen. Bei der Festlegung dieser *Wettbewerbsperspektive* geht es um Form und Grad der Marktsegmentierung. Dabei wird räumlich zwischen lokalen, regionalen, überregionalen, nationalen, internationalen, multinationalen und Weltmarktstrategien unterschieden. Außerdem kann die Unterschiedlichkeit der Bedürfnisse – von Massenmarktstrategien bis zu kundenindividueller Marktstimulierung – betrachtet werden. Letztlich führen diese beiden Dimensionen zu verschiedenen Formen der Marktbearbeitung:

- Bei der *Bedürfnissegmentierung* konzentriert sich das Unternehmen auf die Identifikation von räumlich nicht näher spezifizierten Kundengruppen mit ähnlichen Bedürfnissen, Ansprüchen oder Bedarfslagen.
- Bei der *regionalen Segmentierung* geht das Unternehmen auf die Unterschiede in verschiedenen Ländern oder Regionen ein und differenziert so seine Wettbewerbsaktivitäten.
- Im Rahmen der *integrierten Segmentierung* werden beide Ansätze miteinander kombiniert.

Ergänzt werden kann die Festlegung von Markt- und Wettbewerbsperspektive durch eine *Marktstromanalyse.*[3] Sie verbindet den Kreis der Hersteller einer bestimmten Marktleistung mit deren Endnutzern. Dadurch werden einzelne *Marktkanäle* sichtbar, für die sich Marktvolumina, eigene Umsatzvolumina und auch eigene Anteile am Marktkanal beschreiben lassen. Aus der Struktur der Marktkanäle lassen sich auch Rückschlüsse darauf ableiten, wie Markt- und Wettbewerbsperspektive gewählt und kombiniert werden sollten.

Marktsegmente ermitteln (Schritt 2)

Je nach Größe und Ausprägung des Planungsinstrumentariums verfügt ein Unternehmen intuitiv oder in aufbereiteter Form über eine Gliederung seiner Märkte. Diese kann neben den oben beschriebenen Bedürfnissen, Ansprüchen oder Regionen auch nach weiteren Kriterien wie Lebensstilen, kaufbeeinflussenden Kräfte oder demografischen Merkmalen erfolgen. Häufig reicht dabei eine aus dem Tagesgeschäft abgeleitete oder zumindest daran verifizierte Gliederung nicht mehr aus, um die *zukünftigen* Märkte zu beschreiben. Vor allem stellt sich immer häufiger die Frage: Wie kann ein Unternehmen mit Märkten umgehen, die noch gar nicht existieren, sondern die gerade erst entstehen?

In vielen Fällen bedarf es weitergehender Ansätze, um zukünftige Marktsegmente zu ermitteln. Wir wollen im Folgenden auf drei zentrale Ansätze näher eingehen: (1) die Segmententwicklung aus bestehenden Kundenanforderungen, (2) die Segmententwicklung aus zukünftigen Bedürfnisstrukturen und (3) die Integration von regionalen Marktunterschieden.

Marktsegmente aus Kundenanforderungen ableiten

Zur Ermittlung von Marktsegmenten werden hier zunächst die Anforderungen bestehender und gegebenenfalls auch potenzieller Kunden anhand verschiedener Kriterien erfasst. Mithilfe statistischer Verfahren wie der Clusteranalyse werden dann homogene Kundengruppen mit ähnlichen Anforderungen ermittelt. Da jede Gruppe über ein spezifisches Profil von Anforderungen – zum Beispiel die Herkunft der Kunden, ihre Kaufkraft oder ihre Konsumgewohnheiten – verfügt, kann auch von *Anforderungssegmenten* gesprochen werden.

General Motors führte Ende der achtziger Jahre eine solche Anforderungssegmentierung ein, nachdem die einzelnen Konzernmarken immer austauschbarer wurden. Heute positioniert *GM* seine verschiedenen Fahrzeuge so, dass sie jeweils spezifische Anforderungssegmente bedienen: *Pontiac* zielt auf ein junges, unbeschwertes Spaßpublikum, *Chevrolet* bedient junge Familien mit begrenzten finanziellen Spielräumen, *Oldsmobile* ist für etwas ältere und abgesicherte Familien – und *Buick* ist die konservative Marke.[4]

Marktsegmente aus zukünftigen Bedürfnisstrukturen ableiten

In der Automobilindustrie ist die Marktsegmentierung zwar nicht starr, aber doch bekannt und relativ kalkulierbar. Dies gilt nicht für alle Branchen. In der Telekommunikation oder im Konsumgüterbereich finden Verschiebungen sehr viel schneller statt. In vielen anderen Fällen existieren die hinterfragten und zu segmentierenden Märkte noch gar nicht oder sie befinden sich gerade in der Entstehung. Folglich gibt es auch keine Kunden, die sich in großem Stil befragen lassen. Daher werden hier systematisch die zukünftigen Bedürfnisstrukturen untersucht:

Anspruchsgruppen identifizieren: Zunächst werden Gruppen mit potenziellen, homogenen Bedürfnissen im definierten Gesamtmarkt identifiziert. Sie gehen deutlich über den Begriff der »Kundengruppe« hinaus. Zunächst gehören dazu neben den eigentlichen Käufern auch die Nutzer der Leistungen sowie die Beeinflusser des Kaufprozesses. Dies sind beispielsweise für die Pharmaindustrie die Ärzte. Hinzu kommen auch Gruppen, die gar nicht in den eigentlichen Kaufentscheidungsprozess involviert sind. Einige dieser Anspruchsgruppen sind lediglich Nutznießer beziehungsweise Leidtragende der häufig erst schemenhaft erkennbaren Leistungen. Dabei reicht der Katalog möglicher Anspruchsgruppen von großen Gruppen wie Frauen, Eltern oder Senioren über Berufsgruppen wie Polizisten oder Architekten bis hin zu kleinen Anspruchsgruppen wie Skatern, Tierschützern oder »Early adaptors« – den so genannten »Gadgetarians«. Die Identifikation solcher Anspruchsgruppen erfolgt zum einen auf Basis einer systematischen Umfeldanalyse von Technik, Gesellschaft, Politik und Wirtschaft und zum anderen auf Basis der Zielgruppen bereits heute erkennbarer, ähnlicher Marktleistungen.

Bedürfnisse identifizieren: Im Anschluss werden Bedürfnisse identifiziert, die möglicherweise durch entsprechende Marktleistungen erfüllt werden. Typische Beispiele solcher Bedürfnisse sind »miteinander kommunizieren« oder »seine Gesundheit fördern«.

Bedürfnisstruktur entwerfen: Aus der Verknüpfung von Anspruchsgruppen mit einzelnen Bedürfnissen entsteht eine Bedürfnisstruktur, aus der sich die Marktsegmente in Form *homogener Anspruchsgruppen* – das heißt Gruppen mit ähnlichen Bedürfnissen – ableiten lassen. Ein einzelnes Segment lässt sich jeweils durch ein charakteristisches *Bedürfnis-Profil* beschreiben. Wenn also beispielsweise ein Marktsegment »spaßorientierte Kunden« entsteht, so besteht dieses zunächst aus mehreren Anspruchsgruppen wie Jugendlichen, Singles, Vergnügungssuchenden und »early adaptors«. Das dazugehörige Bedürfnisprofil gibt an, dass dieses Segment vor allem durch die Bedürfnisse »sich selbst unterhalten« und »gemeinsam Kontakte pflegen« charakterisiert ist. Zusätzlich besteht die Möglichkeit, auch *homogene Bedürfnis-Cluster* – das heißt Gruppen von Bedürfnissen mit ähnlichen Nutzergruppen – zu identifizieren. Insofern entsteht aus der Kombination beider Sichtweisen eine Frühsegmentierung für neue Märkte.

Integrierte Marktsegmente ermitteln

In vielen Fällen bedarf es neben der Bedürfnissegmentierung auch einer Betrachtung der regionalen Marktunterschiede. So erging es beispielsweise einem Automobilhersteller, der zunächst die Entwicklung des europäischen Markts betrachtet und mithilfe von Szenarien näher untersucht hatte. Als Ergebnis erhielt er die zukünftigen Marktpotenziale in acht Marktsegmenten.

Einige Monate später stellte er abermals die gleiche Frage nach zukünftigen Marktpotenzialen – jetzt allerdings für Nordamerika. Hier führte die Szenarioentwicklung zu elf Marktsegmenten. Da die Ermittlung beider Marktsegmente auf gleichen Datenformaten der Kundenanforderungen beruhte, konnten anschließend die 18 Marktsegmente miteinander verglichen und in einer Clusteranalyse auf Ähnlichkeit untersucht werden. Als Ergebnis ergaben sich acht globale Marktsegmente, von denen allerdings lediglich drei Segmente Kundengruppen aus beiden Märkten (Europa und Nordamerika) enthielten.

Marktsegmente analysieren (Schritt 3)

Marktsegmente können zunächst durch ein *Marktportfolio* analysiert werden, in dem die Attraktivität der Segmente sowie die eigene derzeitige Wettbewerbsposition miteinander verknüpft werden. Für dieses von *McKinsey* im Auftrag von *General Electric* entwickelte Instrumentarium gibt es eine Vielzahl verschiedener Varianten. Wichtig ist nach unserer Erfahrung, dass ein Marktportfolio anhand des direkten Vergleichs von Marktsegmenten – und nicht bereits von Geschäftsfeldern – entwickelt wird.

Ergänzt werden kann die Analyse der Marktsegmente durch eine genauere Betrachtung der von den entsprechenden Kundengruppen nachgefragten Produkte und Leistungen. Dies ist natürlich nur dort möglich, wo die entsprechenden Kundengruppen bereits existieren. Hier wird dann ein *Marktleistungsportfolio* entwickelt, das auf der Abszisse den Marktanteil der eigenen und fremden Produkte im betrachteten Marktsegment und auf der Ordinate den Umsatzan-

Abbildung 41: *Marktportfolio und Marktleistungsportfolio*

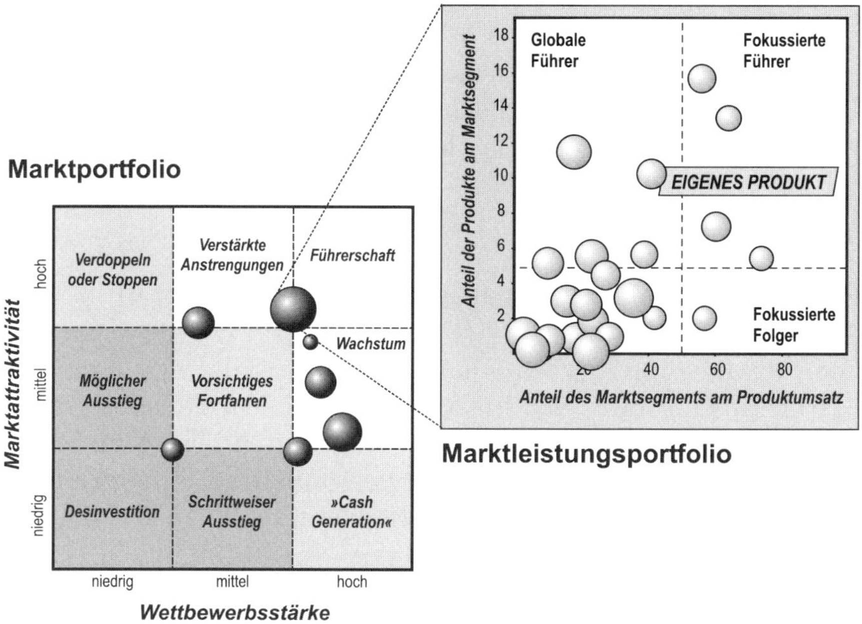

teil des betrachteten Segments am Gesamtumsatz der Marktleistung aufträgt. Daraus ergeben sich im Portfolio drei charakteristische Bereiche:

- *Globale Führer* sind Marktleistungen, die in dem betrachteten Marktsegment eine führende Position einnehmen, obwohl sie den größten Teil ihres Umsatzes in anderen Segmenten machen. Sie werden häufig in kleineren Segmenten identifiziert und weisen auf die Möglichkeit hin, mit einer spezifischeren Marktleistung an die entsprechende Kundengruppe heranzutreten.
- *Fokussierte Führer* sind Marktleistungen, die innerhalb der betrachteten Kundengruppe eine führende Position einnehmen und gleichzeitig den größten Teil ihres Umsatzes in diesem Segment machen. Häufig dominieren solche Marktleistungen das betrachtete Segment. Sie können dann nur über globale Strategien, Preisdifferenzierung, eine weitere Spezifizierung oder im Rahmen von Bedürfnisveränderungen angegriffen werden.

- *Fokussierte Folger* sind Marktleistungen, die in dem betrachteten Segment eine mittlere Position einnehmen, aber gleichzeitig den größten Teil ihres Umsatzes in diesem Segment machen. Notwendig ist hier eine weitergehende Segmentierung, um herauszufinden, ob diese Produkte noch spezifischere Kundenbedürfnisse befriedigen oder ob sie eine leicht angreifbare Position innehaben.

Potenziale der Marktsegmente abschätzen (Schritt 4)

Die Abschätzung der Möglichkeiten innerhalb der einzelnen Marktsegmente führt zu den Marktpotenzialen. Dabei wird auf zuvor erstellte Umfeldszenarien zurückgegriffen. Dies sind in der Regel *Marktentwicklungsszenarien*, die mögliche Entwicklungen des Gesamtmarktes innerhalb seiner relevanten Umfelder darstellen.

Das zentrale Werkzeug zur Entwicklung von Marktpotenzialen ist die *Marktsegmente-Umfeld-Matrix*, die im linken unteren Teil von Abbildung 40 dargestellt ist. Innerhalb der einzelnen Felder wird bewertet, inwieweit ein Marktsegment von der Umfeldentwicklung betroffen wäre. Die dabei verwendete Bewertungsskala reicht von starker Begünstigung (+ +) bis zu starker Gegenläufigkeit (– –)

Die *Marktsegmente-Umfeld-Matrix* kann in zwei Richtungen gelesen werden: Betrachtet man ein einzelnes Marktsegment gegenüber den verschiedenen Umfeldszenarien, so lassen sich besonders zukunftsrobuste Marktsegmente identifizieren, auf die sich ein Unternehmen konzentrieren kann. Betrachtet man demgegenüber ein einzelnes Umfeldszenario gegenüber den verschiedenen Marktsegmenten, so können die Marktstrukturen (*»Welche Segmente verändern sich wie?«*) für eine spezifische Umfeldentwicklung herausgearbeitet und im Rahmen der strategischen Ausrichtung des Unternehmens verwendet werden.

Mithilfe der Matrix lassen sich besonders wachstumsträchtige Segmente sowie besonders wachstumsfördernde Gesamtmarkt- und Umfeldentwicklungen identifizieren. Sie bilden den Ausgangspunkt für die Entwicklung der Marktpotenziale. So kann beispielsweise das Wachstumspotenzial eines bestehenden Segments mit bekannter Größe anhand des besonders positiven Umfeldszenarios abgeschätzt werden.

Zukünftige Marktleistungspotenziale erkennen

Im Business Development müssen neben den Marktpotenzialen selbst auch die denkbaren Marktleistungen – das heißt die Produkte, Dienstleistungen und integrierten Angebote – berücksichtigt werden. Daher geht es im zweiten Element um die Identifikation *zukünftiger Marktleistungskonzepte* und deren Bewertung vor dem Hintergrund der eigenen Möglichkeiten. Daraus ergeben sich die *Marktleistungspotenziale.*

Zukünftige Marktleistungskonzepte beschreiben (Schritt 1)

Angesichts der grundsätzlichen Verschiedenartigkeit von Produkten und Dienstleistungen steht es nicht zur Debatte, ein einzelnes Verfahren zu deren Entwicklung zu beschreiben. Grundsätzlich können aber verschiedene Formen von Marktleistungen anhand ihres Anteils an dem gesamten Wertschöpfungsprozess beschrieben werden.[5]

- *Kernprodukte* sind Marktleistungen, die sich über einen Funktionskatalog klar definieren lassen. Sehr viele Marktleistungen fallen unter diese Kategorie, die nicht mit dem gerne verwendeten Begriff der »commodities« im Sinne undifferenzierter Produkte zu verwechseln ist.
- Im Laufe der Zeit führen Marktveränderungen sowie das entstehende Branchenwissen bei vielen Unternehmen zu einer *Erweiterung der Marktleistung*. Häufig erfolgt dies über Dienstleistungen, die eng mit den Kernprodukten verbunden sind.

- Eine dritte Form der Marktleistung besteht darin, den Kunden *Gesamtlösungen* für bestimmte Bedürfnisse anzubieten. Dabei kommt es allerdings auf eine exakte Abgrenzung der Zielgruppe an, um nicht »allen Kunden alles anzubieten« und dabei den Fokus zu verlieren.

Die Beschreibung von Marktleistungskonzepten kann – neben anderen Verfahren – auch in Form von Marktleistungsszenarien (im allgemeinen Sprachgebrauch auch *Produktszenarien*) erfolgen. Dies sind in den meisten Fällen parallele Lenkungsszenarien. Demnach beschreiben sie einzelne Angebote, die ein Unternehmen priorisieren und zu einem Produktprogramm zusammenfassen kann.

Ein prägnantes Beispiel hierfür liefert die *INPRO*, die sich intensiv mit möglichen Leichtbaufahrzeugen beschäftigt hat, um daraus Rückschlüsse auf mögliche Produktionstechnologien abzuleiten.[6]

Ausgangspunkt der Entwicklung von Produktszenarien waren systematisch identifizierte Merkmale von Leichtbaufahrzeugen. Dies waren zum einen *spezifische Elemente* wie Außenhaut, Fahrwerk und Tragstruktur, aber auch *Gesamtcharakteristika* wie Gewicht, Kosten und Stückzahlen. In einer Einflussmatrix wurden die gegenseitigen Beeinflussungen zwischen allen Elementen und Gesamtcharakteristika erfasst. Mithilfe der Kennwerte wurden die Merkmale identifiziert, die für die zukünftige Entwicklung eines Leichtbaufahrzeugs besonders relevant sind. Diese wurden als *Schlüsselmerkmale* bezeichnet.

Nach der Festlegung des Jahres 2010 als Zukunftshorizont wurden für alle Schlüsselmerkmale mögliche zukünftige Entwicklungen ermittelt. So kann ein Schlüsselmerkmal »*Antriebssysteme*« beispielsweise durch die folgenden Projektionen beschrieben werden.

- *Konventioneller, kleiner Verbrennungsmotor*: Hier wird das Fahrzeug von verbrauchsoptimierten Motoren geringerer Leistung – beispielsweise einem Dreizylinder-Zweitaktmotor – angetrieben. Solche Antriebe sind primär für Stadtfahrzeuge geeignet. Die Energiespeicherung erfolgt über konventionelle Kraftstoffe in Kraftstoffbehältern.

- *Konventioneller, großer Verbrennungsmotor*: Konventionelle, optimierte Verbrennungsmotoren höherer Leistung werden für unterschiedliche Pkw-Konzepte wie Reiselimousinen, Großraumlimousinen, Tourenwagen oder Sportwagen eingesetzt. Auch hier erfolgt die Energiespeicherung über konventionelle Kraftstoffe in Kraftstoffbehältern.
- *Elektromotor mit Batterie*: Die Fahrzeuge werden von einem Elektromotor angetrieben. Die Speicher- und Ladeeigenschaften von elektrochemischen Batterien (Nasszellen) sind so weit verbessert, dass sie für einen Einsatz in Großserienfahrzeugen verwendet werden.
- *Elektromotor mit Brennstoffzelle*: Die Brennstoffzelle setzt kontinuierlich chemische in elektrische Energie für den Elektromotor um. Eine Zwischenenergiespeicherung ist nicht notwendig. Die Energiespeicherung für die Brennstoffzelle wird über Speichermodule für Wasserstoff beziehungsweise Methanol mit ausreichender Kapazität realisiert.
- *Hybridantrieb*: Hybridantriebe sind Kombinationen von mindestens zwei verschiedenen Antriebssystemen (etwa Verbrennungsmotor und Elektromotor) und sowohl für das »Nur-Stadt-Auto« als auch für Reiselimousinen geeignet. Es sind zwei Energiespeichersysteme erforderlich.
- *Alternativer Antrieb*: Alternative Antriebe können Schwungrad, Wanderwellenmotor, Scheibenläufer, Gasturbinen, Elektromotoren für Radnaben oder Memory-Metalle sein.

Diese Projektionen der Schlüsselmerkmale stellen alternative Elemente möglicher Produktkonzepte dar, deren Kombinationen im Rahmen einer Konsistenzanalyse auf Verträglichkeit überprüft werden. Dabei werden Fragen gestellt wie beispielsweise: »*Wie passen Elektromotoren mit Brennstoffzelle zu einem wesentlich geringeren Abgasausstoß?*« Die Gruppen widerspruchsfreier Kombinationen werden als Produktszenarien bezeichnet. Sie beschreiben mögliche, in sich konsistente Produktkonzeptionen.

Abbildung 42 zeigt sechs Produktszenarien in einem Szenario-Mapping. Exemplarisch gekennzeichnet ist darin das Produktszenario I »Traditionelles Massenfahrzeug mit Leichtbauelementen«.

Abbildung 42: *Sechs Produktszenarien möglicher Leichtbaufahrzeuge*

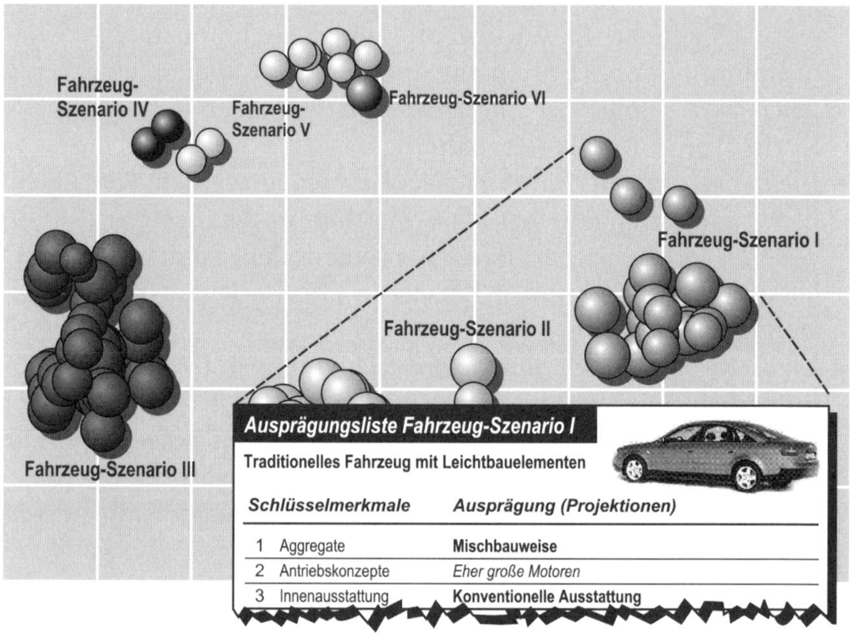

Ausgehend von einem solchen Fahrzeug kann die Produktentwicklung in verschiedene Richtungen erfolgen.

Marktleistungspotenziale abschätzen (Schritt 2)

Nicht jedes Produktkonzept, das durch ein Szenario beschrieben wurde, ist für die Umsetzung im Unternehmen geeignet. Einige Produkte sind fester Bestandteil der strategischen Ausrichtung, während andere keine prägende Funktion in der Strategie haben oder aber der eigenen Positionierung sogar zuwider laufen. Daher ist eine unternehmensspezifische Bewertung der identifizierten Marktleistungsvarianten vorzunehmen. Dafür stehen verschiedene Ansätze zur Verfügung:

- *Bewertung der Marktleistungen anhand der Strategieoptionen:* Gemäß Abbildung 40 (oben rechts) ist es möglich, die Verträglichkeit der Marktleistung mit den infrage kommenden oder ausgewählten Strategieoptionen des Unternehmens zu ermitteln.

- *Bewertung der Marktleistungen anhand der Kernkompetenzen:* Darüber hinaus können die Produkt- und Dienstleistungskonzepte daraufhin überprüft werden, ob sie zum Kompetenzspektrum des Unternehmens passen.
- *Bewertung der Marktleistungen anhand der benötigten Ressourcen:* Nicht alle Produktkonzepte lassen sich umsetzen. Häufig sind die personellen oder finanziellen Ressourcen begrenzt, sodass sich auch dieses Kriterium zur Priorisierung von Marktleistungen heranziehen lässt.
- *Bewertung der Marktleistungen anhand des Technologiespektrums des Unternehmens:* Zudem können die Marktleistungsvarianten auf ihre Verträglichkeit mit dem Technologiespektrum des Unternehmens untersucht werden. Darauf werden wir in Kapitel 8 näher eingehen.

Eine besondere Variante ergibt sich aus der Verknüpfung der Produktszenarien mit spezifischen *Technologiefeldszenarien.* So können beispielsweise die verschiedenen Leichtbaufahrzeuge im Lichte möglicher Entwicklungen der Brennstoffzellentechnik bewertet werden. Dabei handelt es sich, im Gegensatz zu den zuvor dargestellten Varianten, um ein *externes* Bewertungskriterium. Folglich kann eine solche Bewertung auch unabhängig von dem die Leistungen anbietenden Unternehmen erfolgen.

Das Gleiche gilt für die Bewertung der Marktleistungen anhand allgemeiner Umfeldentwicklungen. So dienten die von der *INPRO* erstellten Produktszenarien zukünftiger Leichtbaufahrzeuge vornehmlich zur Auswahl und Bewertung der zukünftigen Produktionstechnologien. Dennoch stellte sich dem dortigen »Technology-Watch«-Team die Frage, welche Produktszenarien in der Zukunft besonders relevant sind – schließlich kommt den darin enthaltenen Technologien eine besondere Bedeutung zu. Dazu wurden von der *INPRO* zusätzlich Umfeldszenarien entwickelt, die denkbare Zukünfte von Automobilbranche, Verkehr und globalen Umfeldern darstellen. Diese fünf Umfeldszenarien wurden mit den zuvor erstellen Produktszenarien verknüpft. Dabei wurde beispielsweise deutlich, welche Fahrzeugkonzepte bei bestimmten Entwicklungsmöglichkeiten des Umfeldes dominieren und wie robust bestimmte Produktkonzepte gegen alternative Umfeldentwicklungen sind.

Geschäftsmöglichkeiten herausarbeiten

An dieser Stelle liegen den »Business Developern« zwei Vorarbeiten vor: Auf der Nachfrageseite wurden mögliche *Kundengruppen* identifiziert und anhand denkbarer Umfeldszenarien priorisiert. Auf der Angebotsseite wurden mögliche Produkt- oder Servicekonzepte identifiziert und im Lichte der Strategieoptionen bewertet.

Die Verknüpfung der in Form von Marktsegmenten beschriebenen Kundengruppen mit den möglichen Marktleistungen führt zu zukünftigen Geschäftsfeldern. Das Business Development interessiert sich hier vor allem für markterweiternde, angebotserweiternde oder völlig neue Geschäftsfelder.

Vielen Unternehmen reichen die so beschriebenen Produkt-Markt-Kombinationen zur Charakterisierung zukünftiger Geschäftsmöglichkeiten nicht mehr aus. Sie setzen zunehmend auf drei Erweiterungsformen, die in Abbildung 43 grafisch dargestellt sind:

- *Innovationsfelder* entstehen durch die Kombination von zukünftigen Marktleistungen oder Geschäftsfeldern mit zukünftigen Technologiefeldern. Da diese Technologien die Grundlage mehrerer Marktleistungskonzepte sein können, ermöglicht die Betrachtung von Innovationsfeldern eine längerfristige Positionierung.
- *Bedürfnisfelder* entstehen durch die Kombination von zukünftigen Marktsegmenten oder Geschäftsfeldern mit zukünftigen Bedürfnissen. Diese haben häufig einen noch längeren Lebenszyklus, sodass eine Betrachtung solcher Bedürfnisfelder ebenso zur Stabilisierung einer strategischen Positionierung eingesetzt werden kann. Dieser Ansatz äußert sich exemplarisch in vielen modernen Leitbildern, in denen nicht mehr die Erstellung spezifi-

Abbildung 43: *Möglichkeiten zur Beschreibung zukünftiger Geschäfte*

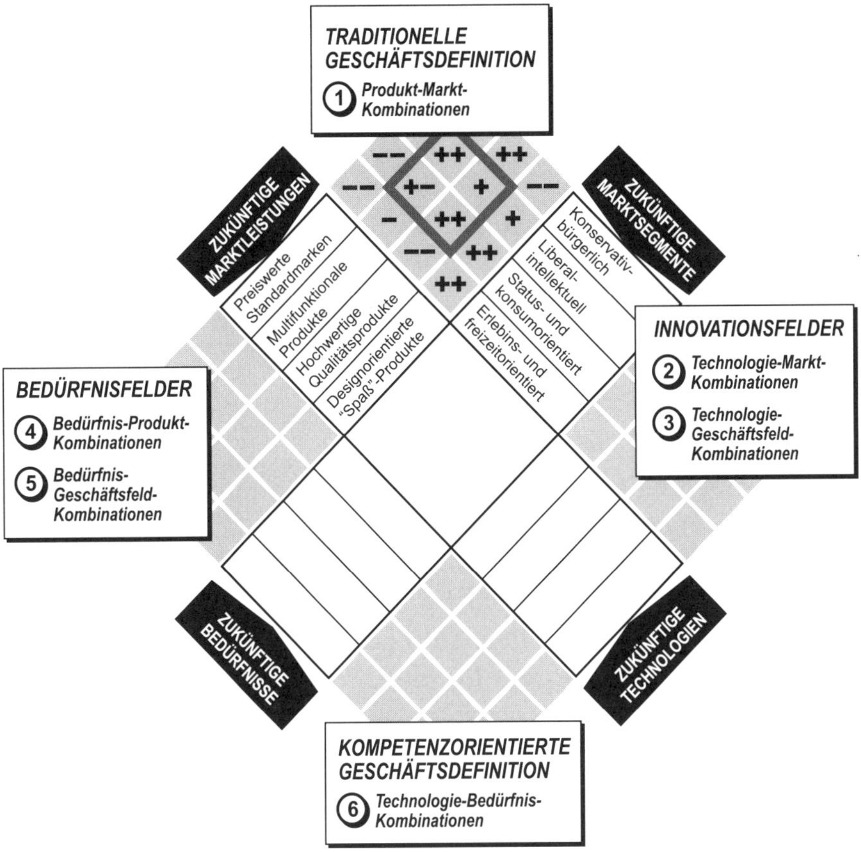

scher Produkte oder die Bedienung spezifischer Kundengruppen, sondern die Befriedigung spezifischer Bedürfnisse als langfristige Unternehmensmission auf den Schild gehoben wird. Ein Beispiel hierfür ist *die C. Kreul GmbH & Co. KG* aus Hallerndorf. Ihre Erfolge in einer Reihe neuer Geschäftsfelder sind eng mit dem neuen Verständnis als »Problemlöser für kreative und kommunikative Lebenszeitgestaltung« verbunden.

- *Technologie-Bedürfnis-Kombinationen* bringen die beiden zuvor dargestellten Ansätze zusammen. Sie sind gleichzeitig von der strategischen Positionierung weitgehend losgelöst. Versteht man den hier verwandten Technologiebegriff im Sinne unternehmerischer Kompetenzen, so lassen sich die *Technologie-Bedürfnis-Kombinationen* zur Ermittlung oder Verifikation der strategischen Kompetenzen eines Unternehmens einsetzen.

Ein zukünftiges Geschäft lässt sich demnach auf sehr unterschiedliche Art beschreiben:

1. als *Produkt-Markt-Kombination*;
2. als *Technologie-Markt-Kombination*, wenn es auf einem langfristigen Technologiezyklus aufsetzt, der keine spezifische Produktgestaltung vorgibt;
3. als *Technologie-Geschäftsfeld-Kombination*, wenn es auf einem langfristigen Technologiezyklus innerhalb eines erkennbaren Produkt-Markt-Feldes aufsetzt;
4. als *Bedürfnis-Produkt-Kombination*, wenn mit einem Produktkonzept ein langfristiges Kundenbedürfnis bei instabilen Marktlagen befriedigt werden kann;
5. als *Bedürfnis-Geschäftsfeld-Kombination*, wenn ein Produkt-Markt-Feld eng an ein Bedürfnis gekoppelt ist und
6. als *Technologie-Bedürfnis-Kombination*, wenn das Geschäft unabhängig von Produktkonzepten und Marktsegmenten der langfristigen Bedürfnisbefriedigung durch spezifischen Technologieeinsatz dient.

Im Anschluss an die Beschreibung des zukünftigen Geschäfts erfolgt die Konkretisierung in Form eines Geschäftsplanes.

Fazit

- Business Development – oder anders ausgedrückt: Geschäftsentwicklung – ist eine kontinuierliche Aufgabe für alle Akteure im Unternehmen.
- Business Development kann einerseits als Bestandteil der Entwicklung von Unternehmens- und Geschäftsstrategien und andererseits auch als eigenständige Aufgabe gesehen werden.
- Zukünftige Marktsegmente ergeben sich nicht automatisch aus bestehenden Kundengruppen. Daher wird bei der Entwicklung von Marktsegmenten vielfach auf Kundenanforderungen sowie Anspruchsgruppen und deren Bedürfnisse zurückgegriffen.
- Die Identifikation zukünftiger Marktpotenziale erfolgt durch Bewertung der Marktsegmente im Licht globaler Markt-, Branchen- und Umfeldentwicklungen, die sich in Form von Szenarien beschreiben lassen.
- Zukünftige Marktleistungskonzepte können in Form von Produktszenarien systematisch beschrieben werden. Dies kann unternehmensspezifisch oder unternehmensübergreifend erfolgen.
- Die Bewertung der Marktleistungen kann unter Berücksichtigung der vom Unternehmen ins Auge gefassten Strategien und Strategieoptionen, verfügbarer Ressourcen oder der Produkt- und Prozesstechnologien erfolgen.
- Die Verknüpfung der aus Unternehmenssicht bewerteten Markt- und Marktleistungspotenziale führt zu *zukünftigen Geschäftsfeldern*. Dabei kann es sich um traditionelle, markterweiternde, angebotserweiternde oder völlig neue Geschäftsfelder des Unternehmens handeln.
- Zukünftige Geschäftsmöglichkeiten können zudem als Innovationsfelder, Bedürfnisfelder oder Technologie-Bedürfnis-Kombinationen beschrieben werden.

7 Wie man mit szenariogestützten Geschäftsmodellen eine Organisation strategisch ausrichtet

Ob in einem deutschen Fachgeschäft, auf einem Basar in Teheran oder in einem Factory-Outlet am Lake Tahoe – Glaswaren aus Bad Driburg-Siebenstern sind weltweit gefragt. Produziert werden sie von *Walther-Glas*, einem über mehrere Generationen gewachsenen Spezialisten für Haushalts- und Wirtschaftsglas. Eine konsequente Nischenpolitik, ein hoher Exportanteil sowie internationale Technologieführerschaft charakterisieren die Marktstellung der Westfalen. Aufgrund eines immer intensiveren Wettbewerbs auf den globalen Märkten sah sich die Geschäftsführung um Volker Walther am Ende der neunziger Jahre gezwungen, umfangreiche Umstrukturierungsmaßnahmen durchzuführen und vorhandene Rationalisierungspotenziale konsequent auszuschöpfen. Im Rahmen dieses Veränderungsprozesses wurden die traditionellen Geschäftsprozesse des Unternehmens optimiert und mit neuen Informationssystemen unterstützt.

Wen wundert es, dass diese Umstrukturierungen nicht ohne Auswirkung auf die Mitarbeiterschaft von *Walther-Glas* blieben? Trotzdem war die Veränderungsbereitschaft der 580 Mitarbeiter noch immer hoch. Um die vielfältigen Neuerungen in einen strategischen Kontext einzubetten, griffen die Führungskräfte auf das Instrumentarium des *Szenario-Managements* zurück. Ihr Ziel war dabei allerdings nicht die Neuentwicklung der Unternehmensstrategie, sondern vielmehr die Visualisierung denkbarer Geschäftsmodelle der

Zukunft und deren Verknüpfung mit der vorliegenden Positionierung des Unternehmens. Als greifbares Ergebnis entstanden ein Geschäftsleitbild sowie weitere strategisch motivierte Konsequenzen, die die bisherigen Umstrukturierungsmaßnahmen sinnvoll ergänzten. Als weiteres Ergebnis wurden die Kräfte im Unternehmen gebündelt und auf dieses Geschäftsleitbild hin ausgerichtet.

Damit demonstriert *Walther-Glas* die Möglichkeit, Organisationen mithilfe von szenariogestützt entwickelten Geschäftsmodellen und Geschäftssystemen neue Orientierung zu geben. Dieser Ansatz, den wir als *strategische Organisationsausrichtung* bezeichnen, ermöglicht es, die vielfältigen Einzelmaßnahmen zu einer konsistenten, strategischen Stoßrichtung zu verbinden. Dabei stellt er keinen Ersatz, sondern eine sinnvolle Ergänzung der strategischen Planung – ja eher sogar der strategischen Führung – dar. Natürlich benötigt *Walther-Glas* eine schlagkräftige Unternehmensstrategie und muss sich in diesem Zusammenhang mit den Markt- und Umfeldkräften auseinander setzen. Aber dies ist nicht zwingend ihre erste »Baustelle«. Sie stehen vielfach in einem taktisch oder sogar operativ geprägten Effizienzwettbewerb und suchen händeringend nach einer Verknüpfung ihrer dortigen Aktivitäten mit einer strategischen Ausrichtung.

Vielen Unternehmen hilft keine noch so gute Strategie, weil sie sich nicht einfach über die derzeitigen Aktivitäten und Denkstrukturen stülpen lässt. Hier ist der Boden für strategisches Denken noch längst nicht bereitet. Ein visionärer Geschäftsführer hat hier weniger die Aufgabe vorauszueilen, sondern im Sinne des einen Vogelschwarm von hinten steuernden Leitvogels »die Organisation mitzunehmen«. Geschäftsmodelle geben ihm hierzu ein Werkzeug, weil sie allen Beteiligten ermöglichen, langsam die drei in der Einführung geschilderten Grenzen zu überwinden:

- An greifbaren Beispielen aus ihrem Tätigkeitsbereich wird deutlich, dass selbst unternehmerische Entscheidungen in sehr unterschiedlichen Feldern eng miteinander verzahnt sind (vernetztes Denken).
- Durch Abwägung verschiedener Optionen wird deutlich, dass es für das Unternehmen mehr als nur eine, vom Geschäftsführer

bereits vorausgedachte Zukunft gibt (zukunftsoffenes Denken). Diese Erkenntnis bereitet letztlich den Weg für den späteren Umgang mit alternativen Umfeldern.

- Die Existenz alternativer Geschäftsmodelle ermöglicht den Führungskräften, ihre taktischen und operativen Aktivitäten in einem strategischen Kontext zu sehen und zu diskutieren (strategisches Denken).

Über diese Erfahrungen bei vielen mittelständischen Unternehmen hinaus haben wir festgestellt, dass mithilfe des Szenario-Managements entwickelte Geschäftsmodelle eine sinnvolle – in vielen Fällen sogar eine notwendige – Ergänzung zur traditionellen Positionierung darstellen. Damit bietet sie nicht nur kleineren Unternehmen einen Einstieg ins strategische Denken und Handeln (Abbildung 44, rechts), sondern letztlich allen Unternehmen die

Abbildung 44: *Geschäftsmodelle als Bindeglied zwischen Strategieentwicklung und Organisationsausrichtung*

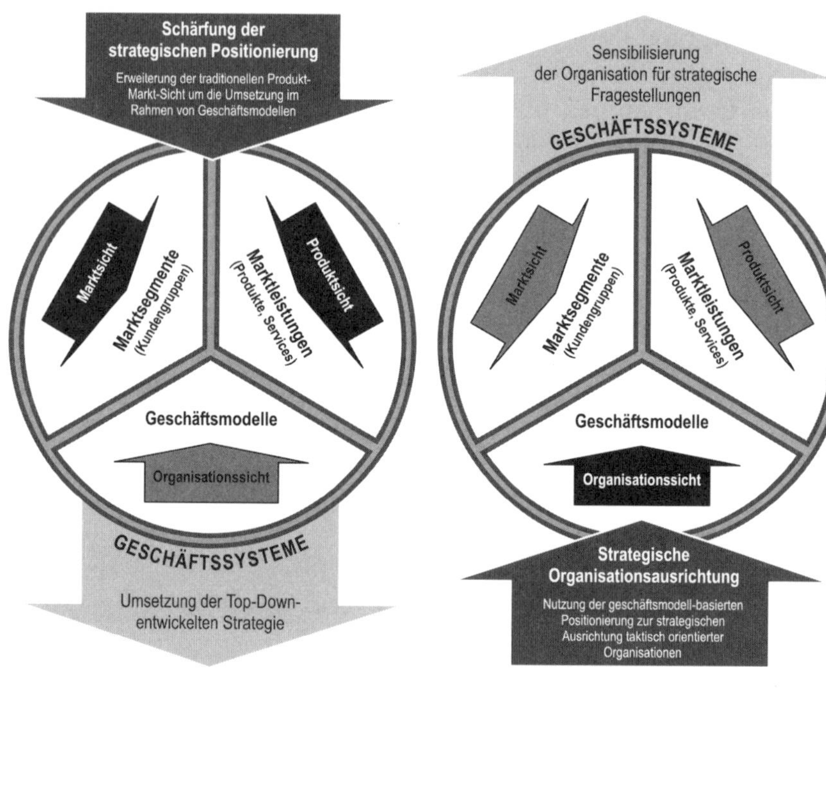

Möglichkeit, eine Lücke in den traditionellen Ansätzen zur Strategieentwicklung beziehungsweise im Business Development zu schließen (Abbildung 44, links).

Wir werden daher zunächst verdeutlichen, welche Vorzüge mit einer Ergänzung der traditionellen Produkt-Markt-Sicht verbunden sind. Sodann stellen wir dar, wie *Geschäftsmodelle* systematisch entwickelt werden. Abschließend wird deutlich, wie eine strategische Positionierung durch die Integration solcher Geschäftsmodelle in komplexe *Geschäftssysteme* geschärft werden kann.

Mit Geschäftsmodellen die Produkt-Markt-Sicht ergänzen

Die klassische Positionierung konzentriert sich an zukunftsfähigen Produkt-Markt-Kombinationen. In seinem 1996 unter dem Titel »*What is strategy?*« veröffentlichten Beitrag für die *Harvard Business Review* erweitert Michael Porter diesen klassischen Ansatz und spricht von drei getrennten Quellen strategischer Positionen, die sich wechselseitig keineswegs ausschließen, ja sogar häufig zusammentreffen:[1]

Zunächst beschreibt er die *bedarfsbezogene Positionierung*, bei der die Marktsicht dominiert. Hier orientiert sich das Unternehmen an einzelnen Marktsegmenten und ist bestrebt, die wesentlichen Anforderungen der entsprechenden Kundengruppe zu erfüllen. Genau andersherum verhält es sich bei der mit der *variantenbezogenen Positionierung* ausgedrückten Produktsicht. Hier fokussiert das Unternehmen auf bestimmte Produkt- und Servicevarianten. Dabei werden diese Marktleistungen in der Regel mehreren strategisch relevanten Kundengruppen angeboten. Offensichtlich wird diese Unterscheidung, wenn ein Unternehmen seine strategischen Geschäftsfelder festlegt. Dann zeigt sich in der erweiterten Geschäftsstrukturmatrix eine bedarfsorientierte Positionierung anhand von produktübergreifenden *Querschnittsleistungen* und eine variantenbezogene Positionierung anhand von segmentübergreifenden *Systemleistungen*.

Eine bedeutsame Erweiterung erfährt das Konzept der Positionierung durch die *zugangsbezogene Positionierung*, die sich aus einem spezifischen Vertriebskanal ergibt. Die Frage lautet hier: »*Wie kommt die Leistung zum Abnehmer?*« Bereits dieser Aspekt kommt in der traditionellen Produkt-Markt-Sicht vieler Strategen zu kurz. Zwar finden sich einzelne Aspekte sowohl unter Marktleistungen (Produkte, die sich nur über einen bestimmten Vertriebskanal absetzen lassen) als auch unter Marktsegmenten (Kundengruppen, die nur über einen bestimmten Vertriebskanal versorgt werden können) – aber für eine strategische Diskussion reicht dies nicht aus. Die Frage des Zugangs kann im Rahmen der strategischen Positionierung nicht länger unter den Tisch gekehrt werden.[2]

Wir erweitern diese Sichtweise hier auf die »Handhabung einer Produkt-Markt-Kombination durch die gesamte Organisation«. Daher sprechen wir auch in Ergänzung zur Markt- und Produktsicht von der Organisationssicht, die den Raum für neue Geschäftsmodelle freigibt.

Eine Zeit neuer Geschäftsmodelle

Es gehört zu den Trivialitäten unserer Tage, dass wir uns in einer Zeit rasanten Wandels befinden. Es gibt viele Gründe für diese hohe Veränderungsgeschwindigkeit. Zwei zentrale und immer wieder zitierte Gründe sind die technologische Entwicklung – vor allem die der Informationstechnik – sowie die Globalisierung der Märkte. Diese beiden Megatrends haben letztlich vielen neuen Geschäftsmodellen den Weg geebnet. Ein wesentlicher Grund dafür ist in einer Auflösung des traditionellen Zusammenhangs von *Reichhaltigkeit* und *Reichweite der Marktkommunikation* zu sehen.[3]

Danach konnte ein Unternehmen bisher eine Markterweiterung (= Ausweitung der Reichweite) nur über einen Verlust an Reichhaltigkeit, das heißt eine gelockerte Beziehung zu seinen Kunden erreichen. Andersherum war eine stärkere Kundenbindung per definitionem mit einer stärkeren Fokussierung auf ein Marktsegment – und damit mit einer geringeren Reichweite – verbunden. Dieser durch eine Gerade ausgedrückte Zusammenhang ist heute aufgehoben.

So ermöglicht das Internet selbst kleinen oder mittleren Unternehmen die Ansprache sehr großer Kundengruppen. Viele Internet-

Abbildung 45: *Raum für neue Geschäftsmodelle*

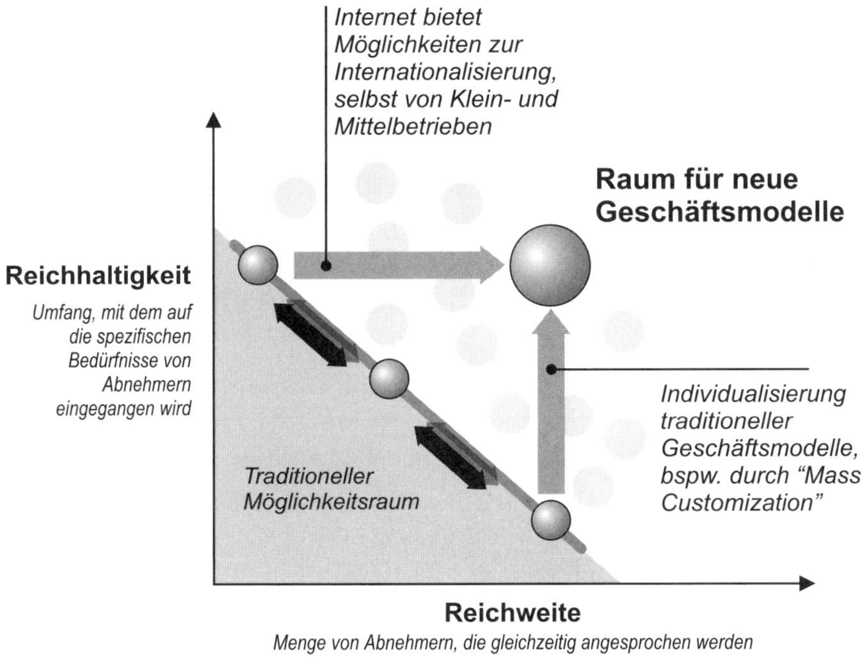

Unternehmen sind unter Zugrundelegung der traditionellen Maßstäbe nur Zwerge – in den Augen der kapitalgebenden Märkte allerdings Riesen.

Auf der anderen Seite lassen sich traditionelle Angebote über Konzepte wie die kundenindividuelle Massenproduktion spezifizieren. Wenn Sie heute regelmäßiger Gast in den Hotels der *Ritz-Carlton Hotel Company* sind, so kennen diese Ihre persönlichen Wünsche und können Sie empfangen, als wären Sie in einem Landgasthof, den Sie bereits seit 20 Jahren mit steter Regelmäßigkeit besuchen.

Abbildung 45 verdeutlicht, dass sich oberhalb der traditionellen Linie von Reichhaltigkeit und Reichweite der Marktkommunikation eine Vielzahl neuer Geschäftsmodelle ergibt. Sie konzentrieren sich in der Regel auf die innovative Verknüpfung von Marktleistungen und Märkten, die es bisher in dieser Form nicht gab. Folglich entziehen sich viele Phänomene der Internet-Ökonomie der klassischen Planung und strategischen Positionierung. Erst mit der systematischen Betrachtung zukünftiger Zugangskonzepte und Geschäftsmodelle und deren Verknüpfung mit den Marktleistungen und Marktsegmenten werden zukünftige Geschäftssysteme sichtbar, aus denen sich in vielen Fällen entscheidende Wettbewerbsvorteile ableiten lassen.

Systematisch neue Geschäftsmodelle entwickeln

Die Entwicklung neuer Geschäftsmodelle kann durch die Anwendung des Szenario-Managements systematisiert und unterstützt werden. Ausgangspunkt ist auch hier die Definition des *Szenariofeldes*. Sie kann sich top-down aus der Unternehmensstrategie entwickeln (»*Wie könnte die Organisation das Geschäftsfeld erschließen?*«) oder bottom-up aus der Organisation selbst entstehen (»*Wie könnte das Geschäft aussehen, das die Organisation in der Zukunft betreibt?*«). In beiden Fällen erfolgt die Entwicklung von Geschäftsmodelle entsprechend dem Vorgehen im Szenario-Management.

Identifikation und Auswahl von Geschäftselementen

Geschäftselemente beschreiben mögliche Aktivitäten des Unternehmens und können insofern aus verschiedenen Bereichen kommen:

- *Prozesse* sind eine wesentliche Quelle für Geschäftselemente: Wie könnte der Entwicklungsprozess in der Zukunft aussehen? Wie sieht das Personalmanagement aus?
- *Vertriebskanäle* und deren Gestaltung spielen als Geschäftselemente eine große Rolle, weil sie die direkte Verknüpfung zwischen Produkten und Märkten darstellen. Daher lassen sich auch einzelne Akteure im Wertschöpfungsprozess sowie die Beziehungen zu oder zwischen diesen Gruppen als Geschäftselemente verwenden.

- *Kompetenzen* – insbesondere deren Bedeutung für die Weiterentwicklung der Organisation – kommen ebenfalls in vielen Geschäftsmodellen vor. Welche Bedeutung hat Liefertreue? Dominiert Effizienzorientierung oder Innovationsfreude?
- *Technologien* kann man zwar als Untergruppe zu den Kompetenzen verstehen, in bestimmten Fällen können sie aber durchaus eigenständige Geschäftselemente darstellen.

Für die Auswahl der Geschäftselemente kann ebenfalls auf die Instrumente des vernetzten Denkens zurückgegriffen werden. In vielen Fällen erfolgt die Auswahl aber eher intuitiv durch das Szenarioteam.

Entwicklung von Geschäftsoptionen

Im zweiten Schritt werden für diese Geschäftselemente denkbare zukünftige Zustände beschrieben. Da diese weitestgehend vom Unternehmen beeinflusst werden können, sprechen wir von *Geschäftsoptionen.* Dabei gilt, dass diese Optionen im Rahmen eines komplexen Geschäftsmodells als wünschenswert angesehen werden müssen. Weiterhin eine unbefriedigende Personaldecke zu haben ist keine Geschäftsoption, denn niemand würde so etwas wünschen. Weiterhin Lieferzeiten von über acht Wochen zu haben kann demgegenüber sehr wohl wünschenswert sein – zwar nicht für den Kunden, aber im Rahmen einer auf Fertigungsoptimierung zielenden Geschäftsoption für das Unternehmen.

Beispielsweise arbeiteten in einem mittelständischen Möbelunternehmen die Führungskräfte heraus, welche grundsätzlichen Handlungsmöglichkeiten bezüglich der zuvor idenfizierten Geschäftselemente für das Unternehmen bestanden. So wurden zwei Grundfragen identifiziert, anhand deren sich die alternativen Gestaltungsmöglichkeiten für das Image beschreiben lassen: Auf welche Bezugsgruppe (Endkunden; Handel) sollten wir unsere Marketingaktivitäten fokussieren? Sollten wir eher ein produkt- oder unternehmensbezogenes Image aufbauen (Bezugsobjekt)? Allein aus der Verknüpfung dieser Teilaspekte ließen sich vier grundsätzliche Geschäftsoptionen ableiten:

Abbildung 46: *Entwicklung von Geschäftsoptionen*

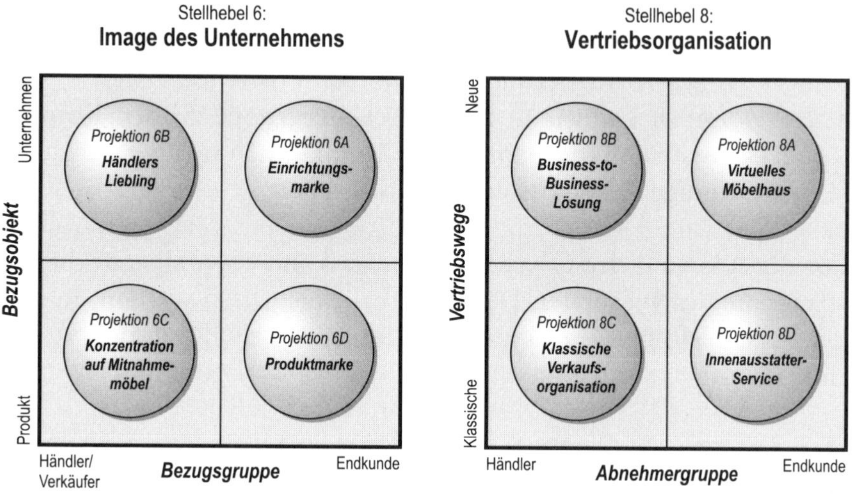

A) *Einrichtungsmarke:* Die Marketingaktivitäten zielen darauf ab, ein bestimmtes Bild des Unternehmens in den Köpfen der Endkunden zu verankern. Konkrete Produkte treten gegenüber allgemeinen Charakteristika der Marke wie Produktqualität, Angebotsvielfalt und Stilrichtung in den Hintergrund.

B) *Händlers Liebling:* Oberstes Ziel des Marktauftritts ist es, ein positives Image des Unternehmens im Handel aufzubauen. Händler sollen als feste Partner langfristig an das Unternehmen gebunden werden und ein möglichst breites Spektrum von Produkten beziehen.

C) *Konzentration auf Mitnahmemöbel:* Die Marketingaktivitäten werden auf die Platzierung einzelner Produkte im Handel fokussiert. Dieser bezieht nicht das komplette Produktionsprogramm, sondern kooperiert in zeitlich begrenzten Vermarktungsaktionen für bestimmte Produkte oder Modellreihen – im vorliegenden Fall auf zerlegte Mitnahmemöbel.

D) *Produktmarke:* Die Produkte des Unternehmen werden zum Beispiel nach Stilrichtungen und Preisklassen zu Produktmarken zusammengefasst. Diese Marken werden direkt beim Endkunden beworben, sodass das Unternehmen an sich nicht direkt in Erscheinung tritt.

Auf die gleiche Weise wurden vier Alternativen für die Gestaltung der Vertriebsorganisation beziehungsweise der Vertriebswege abgeleitet.

A) *Virtuelles Möbelhaus*: Aufbau eines eigenen Internetvertriebs für den Direktverkauf an den Endkunden unter Umgehung des Handels.

B) *Business-to-Business-Lösungen*: Schaffung neuer Formen beziehungsweise Ausweitung der elektronischen Geschäftsabwicklung mit dem Handel und Beteiligung an entsprechenden Handelsplattformen der Branche.

C) *Klassische Verkaufsorganisation*: Weitere Fokussierung auf den traditionellen Vertrieb durch Verkäufer beziehungsweise Vertreter, die enge Kontakte zu den Händlern pflegen.

D) *Innenausstatter-Service*: Ausbildung von Kundenberatern, die in direktem Kontakt mit dem Endkunden jeweils individuelle Einrichtungslösungen entwickeln.

Bildung von Geschäftsmodellen

Nach Abschluss des zweiten Arbeitsschritts lagen insgesamt 63 Geschäftsoptionen für 16 Geschäftselemente vor. Um diese Optionen zu in sich schlüssigen Geschäftsmodellen zu verbinden, war es notwendig, die gegenseitige Verträglichkeit der Optionen zu prüfen. Jede mögliche Kombination von zwei Geschäftsoptionen wurde dazu in einer Konsistenzmatrix bewertet. Dabei wurde deutlich, dass große Interdependenzen zwischen den einzelnen Handlungsalternativen bestehen. Während die Einrichtung eines virtuellen Möbelhauses (Geschäftsoption 8A) eine nahezu ideale flankierende Maßnahme zur Schaffung einer Einrichtungsmarke (6A) darstellt, ist dies im Fall einer Fokussierung auf den Handel (6B) als langfristigen Partner eher kontraproduktiv. Werden hingegen gezielte Verkaufsaktionen für bestimmte Produkte mit dem Handel angestrebt (6C), ist ein eigener Internetvertrieb als Parallelveranstaltung durchaus vorstellbar.

Die Auswertung der Konsistenzbewertung erfolgte analog zum bereits geschilderten Prozess der Szenario-Bildung. Als Ergebnis lagen vier alternative Geschäftsmodelle vor. Abbildung 47 zeigt

Abbildung 47: *Mapping der Geschäftsmodelle*

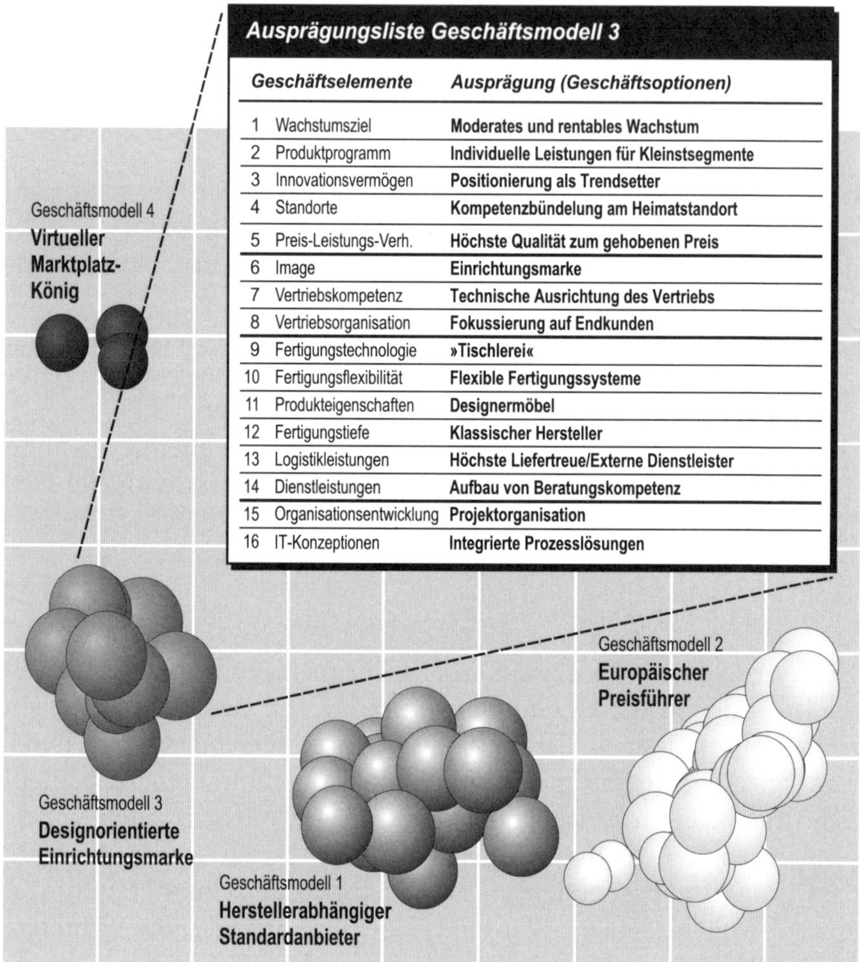

Ausprägungsliste Geschäftsmodell 3

	Geschäftselemente	Ausprägung (Geschäftsoptionen)
1	Wachstumsziel	Moderates und rentables Wachstum
2	Produktprogramm	Individuelle Leistungen für Kleinstsegmente
3	Innovationsvermögen	Positionierung als Trendsetter
4	Standorte	Kompetenzbündelung am Heimatstandort
5	Preis-Leistungs-Verh.	Höchste Qualität zum gehobenen Preis
6	Image	Einrichtungsmarke
7	Vertriebskompetenz	Technische Ausrichtung des Vertriebs
8	Vertriebsorganisation	Fokussierung auf Endkunden
9	Fertigungstechnologie	»Tischlerei«
10	Fertigungsflexibilität	Flexible Fertigungssysteme
11	Produkteigenschaften	Designermöbel
12	Fertigungstiefe	Klassischer Hersteller
13	Logistikleistungen	Höchste Liefertreue/Externe Dienstleister
14	Dienstleistungen	Aufbau von Beratungskompetenz
15	Organisationsentwicklung	Projektorganisation
16	IT-Konzeptionen	Integrierte Prozesslösungen

ein Mapping dieser Geschäftsmodelle. Dabei wurden die einzelnen Alternativen – wie am Beispiel des Geschäftsmodells 3 verdeutlicht – zunächst durch eine Tabelle der darin enthaltenen Geschäftsoptionen dargestellt. Aus der Diskussion dieser Ausprägungsliste innerhalb des Führungskreises ergab sich die im Kasten dargestellte Beschreibungen dieser Option, die schließlich eine entscheidende Orientierungshilfe für die Ausrichtung der Organisation geben konnte.

Geschäftsmodell 3: Mit Design zur Einrichtungsmarke

Kernziel aller Aktivitäten ist die Weiterentwicklung zu einem Produzenten individueller Designermöbel. Dabei wollen wir moderat und rentabel wachsen. Eine wesentliche Grundlage hierfür ist die Steigerung der Innovationsfähigkeit. Durch Kreativität und gezielte Eigenentwicklung müssen zukünftig Trends im Markt gesetzt werden.

Durch ein überlegenes Design, die Individualität der Produkte und eine hohe Qualität sollen die Abhängigkeit vom allgemeinen Preiskampf der Möbelbranche gemildert und hochpreisige Nischen erschlossen werden. Hierfür ist es erforderlich, durch erhöhte Marketinganstrengungen eine Einrichtungsmarke in den Köpfen der Endverbraucher zu verankern. Das Marketing einzelner Produkte tritt dabei gegenüber der Vermittlung allgemeiner Charakteristika der Marke wie der Produktqualität, Angebotsvielfalt und Stilrichtung in den Hintergrund.

Die Produkte werden über zwei parallele Kanäle verkauft. Zum einen erfolgt die Ausbildung eigener Berater, die den Endkunden vor Ort bei der Auswahl der Innenausstattung unterstützen und die kundenindividuelle Anpassung der Möbel unter Berücksichtigung technischer Restriktionen der Fertigung vornehmen. Andererseits erfolgt der Aufbau eines eigenen Internetvertriebs in Form eines virtuellen Möbelhauses, in dem der Endkunde die von ihm gewünschten Produkte selbst anpassen und bestellen kann.

Die Fertigung moderner, designorientierter Möbel nach individuellen Kundenanforderungen führt zur Losgröße eins. Die Produktion muss daher in der Hauptsache manuell durch gut ausgebildetes Fachpersonal erfolgen und ist termingesteuert. Die eigene Fertigungskompetenz und die Fertigungstiefe sind hoch. Nur im Bedarfsfall werden Teile zugekauft und das zu fertigende Produkt quasi veredelt. Für den Transport der Waren zum Kunden werden vielfach externe Dienstleister eingesetzt. Als Puffer und zur Erhaltung einer höheren Flexibilität wird ein eigener kleiner Fuhrpark vorgehalten. Höchste Liefertreue ist für einen Hersteller im Hochpreissegment obligatorisch.

Organisatorisch muss die bestehende funktionale Gliederung durch eine verstärkte Projektorientierung aufgeweicht werden. Die Bearbeitung individueller Kundenprojekte beruht auf dem Zusammenspiel der Kräfte in Teams, die über spezielle Anreizsysteme motiviert werden. Die Zusammenarbeit wird dabei durch ein integriertes IT-System unterstützt.

Schärfung der strategischen Positionierung mit Geschäftssystemen

Durch die Verknüpfung der Geschäftsmodelle mit den strategischen Geschäftsfeldern aus einer Unternehmens- oder Geschäftsstrategie ergeben sich Produkt-Markt-Geschäftsmodell-Kombinationen, die wir als *Geschäftssysteme* bezeichnen. Ihre Nutzung verdeutlicht das Beispiel eines traditionellen Herstellers von Küchenaccessoires. Dessen traditionelles Geschäftssystem war es, über Warenhäuser preiswerte Standardmarken vornehmlich an eine konservativ-bürgerliche Zielgruppe abzugeben. In den achtziger Jahren realisierte das Unternehmen eine erfolgreiche Diversifikation und produziert seither eine Serie multifunktioneller Artikel, mit denen zudem eine liberal-intellektuelle Kundengruppe gebunden wird. Dies erfolgt seither ebenfalls über Warenhäuser (siehe Abbildung 48).

Heute steht das Unternehmen an einem strategischen Wendepunkt.[4] Die bisherigen Kundengruppen sind rückläufig und das bezüglich der Wachstums- und Ertragsaussichten attraktivste Marktsegment – die status- und konsumorientierte Gruppe – wird bisher kaum bearbeitet. Dieses Segment lässt sich mit den bisherigen Produkten auch kaum erschließen. Im Rahmen der Geschäftsführung wird seit langem über die Entwicklung hochwertiger Qua-

Abbildung 48: *Strategische Positionierung mit Geschäftssystemen*

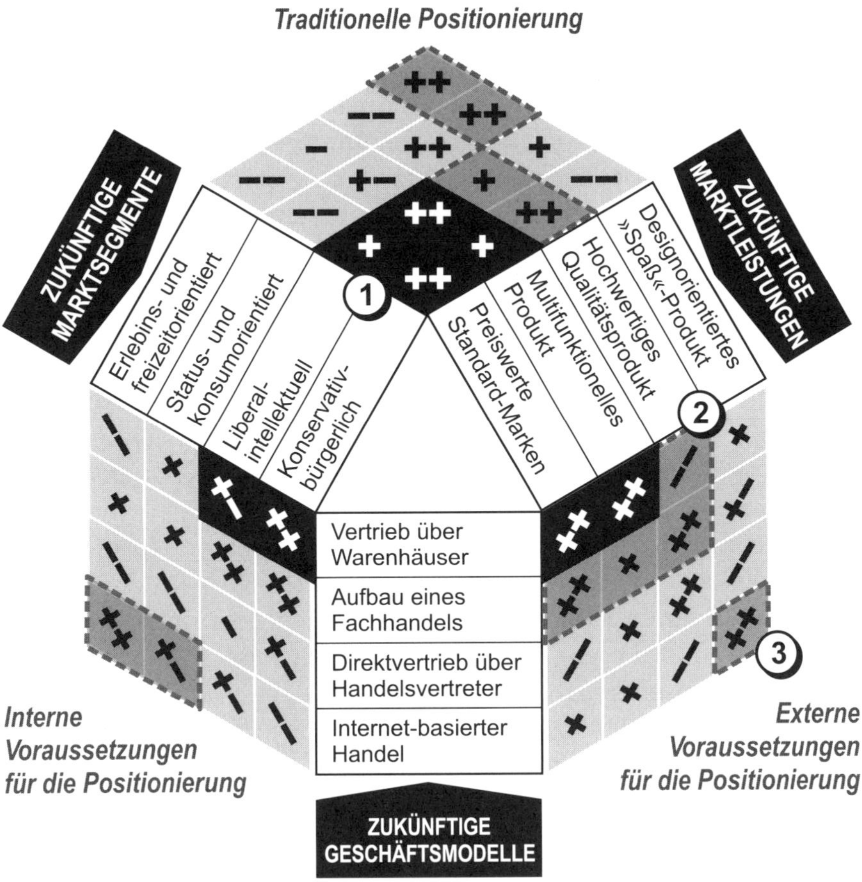

litätsprodukte diskutiert. Aber wie sollen diese eingeführt werden? Welche Auswirkungen hat dies auf den traditionellen Vertriebsweg?

Die Lösung brachte die systematische Entwicklung von Geschäftsmodellen. Der langsame Aufbau eines eigenen Facheinzelhandels ermöglicht die Entwicklung hochwertiger Qualitätsprodukte, die als zweite Produktmarke vertrieben werden. Dabei werden bewusst Substitutionseffekte zu den bisherigen Produkten einkalkuliert, um gegebenenfalls einen kompletten Umstieg auf eine eigene Fachhandelsorganisation realisieren zu können. Dies böte später die Möglichkeit, über die bisherigen Kundengruppen hinaus auch die grundsätzlich interessanten status- und konsumorientierten Kunden ansprechen zu können.

Damit ließen es die Planer allerdings nicht bewenden. Parallel zu der Erweiterung des alten Geschäftssystems entstand ein neues Geschäftsmodell – nämlich das eines Internet-basierten Vertriebs. Dieser Ansatz lässt sich zwar mit den bisherigen Produkten grundsätzlich realisieren, fände aber bei den bisherigen Kunden kaum Anklang. Trotz anfänglicher Skepsis sieht die Geschäftsleitung heute eine Möglichkeit, mit leicht zu erstellenden designorientierten »Spaß-Produkten« vor allem erlebnis- und freizeitorientierte Neukunden zu gewinnen. Außerdem – so die weitergehenden Überlegungen – entstünde über eine solche Diversifizierung eine Zangenbewegung, mit der das Unternehmen auf die letztendliche Zielgruppe – die status- und konsumorientierten Kunden – zugehen könnte.

Jede einzelne Kombination aus Marktsegmenten, Marktleistungen und Geschäftsmodellen stellt ein Geschäftssystem dar. Im beschriebenen Fall positioniert sich das Unternehmen über zwei Geschäftssysteme, die eng aufeinander abgestimmt sind. Außerdem ermöglicht dieser Ansatz die Priorisierung der einzelnen Geschäftssysteme. So verfolgt das Unternehmen einen Ansatz, wonach 15 Prozent aller Investitionen in das Geschäftssystem II – das internetbasierte Geschäftsmodell – gesteckt werden sollen.

Verknüpfung der Geschäftssysteme mit strategischen Kompetenzen

Der Kern der erfolgreichen Umsetzung einer unternehmerischen Vision besteht darin, deren Elemente – also im klassischen Sinne strategische Kompetenzen und strategische Positionen – durch ein schwer imitierbares Netzwerk von Tätigkeiten zu verknüpfen. Michael Porter beschreibt ein solches Netzwerk für *Southwest Airlines.*[5] So erreicht *Southwest* über kurze Bodenzeiten mehr Flugstunden als seine Wettbewerber. Dafür gibt es kein Essen an Bord, keine Platzreservierung, keine Teilstrecken-Gepäckabfertigung und keine besonderen Beförderungsklassen mit Extraservice. Da die

Abbildung 49: *Beispiel eines Netzwerks strategischer Kernaktivitäten*

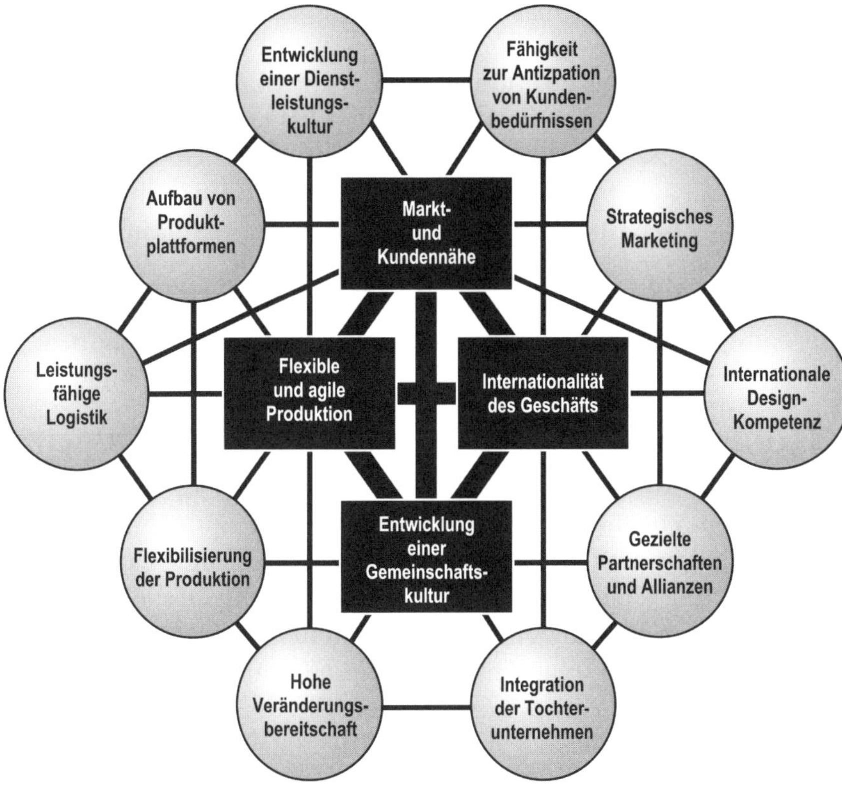

Southwest-Flotte nur aus gleichen Flugzeugen besteht, ist die Wartung hoch effizient. Mit diesem Netzwerk von Aktivitäten hat sich *Southwest* eine einzigartige strategische Position geschaffen. Keine andere Fluggesellschaft kann auf den von *Southwest* bedienten Strecken ähnlich wettbewerbsfähig operieren.

Mit der Erweiterung der strategischen Positionierung zu Geschäftssystemen lässt sich ein *Netzwerk strategischer Kernaktivitäten* besser identifizieren. Es enthält als maßgebliche Knoten die strategischen Kompetenzen sowie die zentralen Elemente der wirksamen Geschäftsmodelle. Um diesen Kern lassen sich weitere Tätigkeiten gruppieren. Abbildung 49 zeigt exemplarisch ein solches Netzwerk strategischer Kernaktivitäten für ein mittelständisches Unternehmen.

Fazit

- Die strategische Positionierung über Produkt-Markt-Kombinationen ist wichtig, aber in vielen Fällen nicht mehr ausreichend. Notwendig ist eine Erweiterung um Geschäftsmodelle, die beschreiben, *wie* eine Organisation sich innerhalb dieses Geschäftsfeldes aufstellen und ausrichten könnte.
- Insbesondere die Entwicklung der Informationstechnik und die Globalisierung haben den Widerspruch zwischen reichhaltiger Marktkommunikation und Reichweite aufgehoben. Dadurch ist eine Vielzahl neuer Geschäftsmodelle möglich geworden.
- Alternative Geschäftsmodelle können entsprechen dem Ansatz des Szenario-Managements systematisch entwickelt werden. Dazu werden alternative Geschäftsoptionen für die zentralen Geschäftselemente erarbeitet und kombiniert.
- Die sich ergebenden Produkt-Markt-Geschäftsmodell-Kombinationen bezeichnen wir als Geschäftssysteme.
- Unternehmen können mithilfe von Geschäftssystemen ihre bestehenden Strategien präzisieren. Bei diesem Top-down-Ansatz beziehen sich die Geschäftsmodelle auf ein vorab definiertes strategisches Geschäftsfeld.
- Geschäftssysteme werden auch eingesetzt, um operativ oder taktisch orientierte Unternehmen an strategische Denkweisen heranzuführen. Dabei bilden die alternativen Geschäftsmodelle den Ausgangspunkt für eine strategische Positionierung, die sich im Abgleich mit Produkten und Marktsegmenten ergibt.

8 Wie man Szenarien zur Planung von Produkten und Technologien einsetzt

Leichtbau ist seit Jahren ein zentrales Thema der Automobilindustrie. Heute besteht ein Fahrzeug zu über 70 Prozent aus Stahl – gefolgt von Kunststoff mit 14 Prozent und Aluminium mit etwa 5 Prozent. Am Horizont aber zeichnen sich Veränderungen ab. So ist der *Audi A2 1.2 TDI* – das Drei-Liter-Auto aus Neckarsulm – das erste Serienfahrzeug, bei dem konsequent auf Aluminium gesetzt wurde: Karosserie, Fahrwerk, Bremsenaufhängung. Und selbst bei einem »schwereren Bruder« wie der neuen S-Klasse von *Daimler-Chrysler* hat sich der Aluminium-Anteil auf 14 Prozent erhöht und der Stahlanteil auf 53 Prozent reduziert.

Der Stahlindustrie bereitet diese Entwicklung nicht erst seit der Vorstellung des kleinen Audi Schlaflosigkeit. Bereits im Frühjahr 1998 konterten die 35 größten Stahlhersteller. Am Rande des 68. Genfer Automobilsalons stellte die ULSAB (»Ultra light steel auto body«) – eine gemeinsame Initiative unter der Federführung der *Porsche Engineering Services* – eine neue Autokarosserie vor. Das leichte Stahlskelett sollte beweisen, dass eine umweltfreundliche Karosserie nicht zwingend aus Aluminium bestehen muss. Das Resultat war eine Gewichtsreduktion um bis zu 30 Prozent. Manche Experten halten sogar 40 Prozent als Zielmarke für realistisch. Und auch diese Entwicklungen zeigen sich in der neuen S-Klasse: Mit 38 Prozent hat sich der Anteil hochfester Bleche im Vergleich zum Vorgängermodell mehr als verdoppelt.

In diesem Spannungsfeld arbeitet die *INPRO Innovationsgesellschaft für fortgeschrittene Produktionssysteme in der Fahrzeugin-*

dustrie. Ihre Aufgabe als gemeinsame Tochtergesellschaft von *DaimlerChrysler* und *Volkswagen* sowie einer Reihe namhafter Zulieferer wie *BASF*, *IWKA* und *ThyssenKrupp* ist die Übertragung von Ergebnissen der Grundlagenforschung auf spezifische Anwendungen bei ihren Gesellschaftern. Zur zukunftsorientierten Betrachtung von Einzeltechnologien und deren Vernetzung hat *INPRO* vor einigen Jahren eine Technology-Watch-Gruppe eingesetzt. Sie soll neue Technologietrends aufspüren und in die anwendungsbezogene Arbeit von *INPRO* integrieren.

Im Rahmen eines Projektes »*Zukünftige Produktionstechnologien im Kfz-Leichtbau*« hat *INPRO* das Innovationsfeld »Kfz-Leichtbau« umfassend bearbeitet und dabei insbesondere die folgenden Fragestellungen aufgegriffen: Welche Fahrzeugkonzepte können die Entwicklung des Fahrzeugleichtbaus beeinflussen? Wie hängen diese Fahrzeuge mit den Markt- und Umfeldentwicklungen zusammen? Welche Produktionstechnologien sind aufgrund dieser Konzeptionen für den Kfz-Leichtbau entscheidend? Welche Erfolgsfaktoren bestimmen die Auswahl von Technologien im Leichtbau?[1]

Diese Fragen, mit denen sich die *INPRO* im Rahmen ihres Technologiemonitorings beschäftigt hat, machen deutlich, dass Technologien nicht isoliert betrachtet werden können. Sie sind vielmehr eng mit den Produkten und Märkten verknüpft. Daher wollen wir im Folgenden zunächst auf den systematischen Umgang mit Technologien eingehen, um anschließend den Bogen zur Entwicklung von Produktstrategien zu spannen.

Technologiemanagement

Technologien sind die Brücke zwischen der natur- und ingenieurwissenschaftlichen Forschung auf der einen Seite und der Produktplanung und -entwicklung auf der anderen Seite (siehe Abbildung 50). Zwei Tendenzen begründen die zunehmende Bedeutung des systematischen Umgangs mit Technologien. Zum einen nimmt die

Abbildung 50: *Innovationsarten*

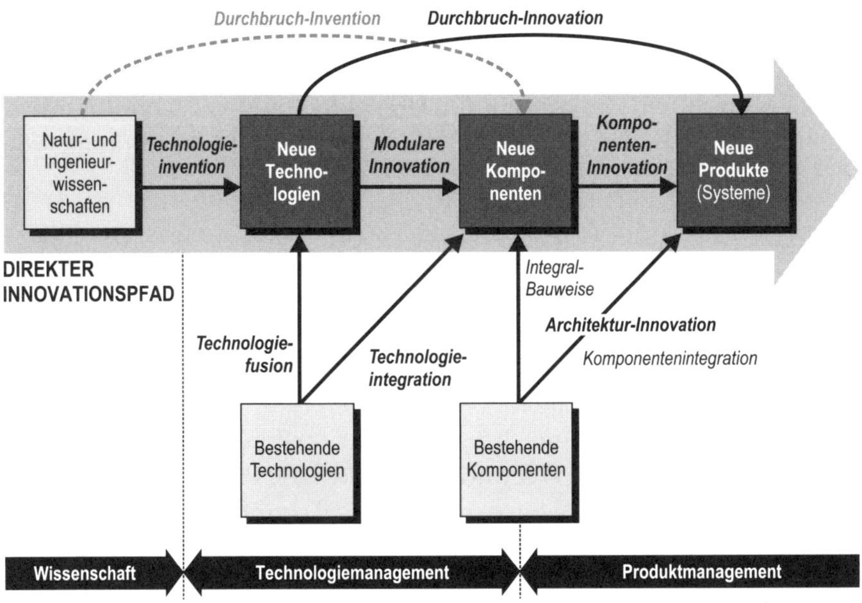

technische *Komplexität vieler Produkte* – und damit auch die Komplexität der darin enthaltenen und zu ihrer Herstellung benötigten Technologien – zu. Dies hat letztlich auch den Fokus der Produktplanung von einzelnen Produkten zu Modulen und Systemen sowie zur Betrachtung von Produktplattformen verschoben. Zum anderen ergeben sich viele Innovationen nicht mehr aus dem klassischen, direkten Innovationspfad, sondern aus einer Kombination von bestehenden Technologien oder Komponenten:

- *Technologiefusion* beschreibt das Zusammenwachsen mehrerer bekannter Technologien zu einer so genannten Hybridtechnologie, die dann in Komponenten und Produkten angewandt wird.[3]
- *Technologieintegration* beschreibt demgegenüber die Kombination bestehender Technologien zu neuen Komponenten.[4]
- *Architekturinnovationen* umfassen die Kombination bestehender Komponenten zu neuen Komponenten (Komponentenfusion) sowie neuen Produkten (Komponentenintegration).

Das Technologiemanagement umfasst vier zentrale Elemente: die *Technologieanalyse*, deren kontinuierliche Form das Technologiemonitoring ist, die *Technologievorausschau*, die *Technologiepotenzialanalyse* und die Entwicklung einer *Technologiestrategie*. Dabei können vor allem die beiden mittleren Elemente – Technologievorausschau und Technologiepotenzialanalyse – nicht unabhängig von den Umfeldern betrachtet werden.

Technologieanalyse (Schritt 1)

Jeder Prozess des Technologiemanagements beginnt mit einer Definition des zu gestaltenden *Technologiefeldes*. Dabei kann es sich um einzelne Technologie- oder Innovationsfelder handeln – oder aber um das gesamte Technologiespektrum des Unternehmens.[5] Die kontinuierliche Beobachtung dieses Technologiefeldes ist Gegenstand des *Technologiemonitorings*. Dabei handelt es sich letztlich um eine technologieorientierte Früherkennung, in deren Rahmen alle beschriebenen Instrumente des Scannings und der Beobachtung eingesetzt werden können. Hier sollen vor allem Antworten auf die folgenden Fragen gefunden werden:

- Welche Technologien betreffen heute unseren unternehmerischen Aktionsbereich – und welche könnten ihn in der Zukunft betreffen?
- Welche Entwicklungen dieser Technologien sind heute erkennbar?
- Wie weit sind einzelne Anbieter bei diesen Technologien?

Zur Analyse des Technologiefeldes stehen verschiedene Instrumente zur Verfügung. Wir wollen an dieser Stelle die Technologievernetzungsanalyse sowie einen erweiterten Ansatz des Technologieportfolios herausgreifen.

Analyse der Technologie-Umfeld-Vernetzung

Zur Analyse des Technologiefeldes werden zunächst die *Technologien*, die einen signifikanten Einfluss auf die Entwicklung des Technologiefeldes haben könnten, identifiziert und definiert. Für das Sprühkompaktieren kann eine solche Beschreibung so aussehen:

Beim Sprühkompaktieren erfolgt die Erzeugung von metallischen Schichten durch Zerstäuben von Metallschmelzen auf ein Substrat. Es entsteht ein sehr feinkörniges, homogenes Gefüge. Es sind Legierungen erzeugbar, die sich bei normaler Abkühlung entmischen würden. Auch endformnahe Bauteile sind erzeugbar. Da sprühkompaktierte Materialien höhere Festigkeiten besitzen als Gieß- oder Knetlegierungen, können Wanddicken reduziert werden und eine Gewichtsersparnis ist möglich.

Ergänzt wird der Technologiekatalog häufig durch konkrete Anwendungsbeispiele, die das Verständnis in die einzelnen Technologien erhöhen. In dem *INPRO*-Projekt zur Zukunft des Leichtbaus war es häufig so, dass die beteiligten Entwickler aufgrund ihrer Herkunft aus verschiedenen Unternehmen mit einem einzigen Oberbegriff unterschiedliche Aspekte verbanden. Hier konnten konkrete Beispiele – am besten anfassbare Teile – manchen gedanklichen Knoten lösen.

Zusätzlich zu den Technologien werden Größen identifiziert, die einen Einfluss auf die Entscheidung über deren Einsatz im Unternehmen haben könnten. Bei den *Entscheidungsgrößen* werden technische sowie ökonomische Aspekte berücksichtigt. Solche Entscheidungsgrößen sind beispielsweise die Eignung einer Technologie zur Massenproduktion, die Kosten zu ihrer Einführung, deren Ressourceneffizienz, ihre Recyclingfähigkeit sowie die Schützbarkeit der entsprechenden Innovationen.

In einer Vernetzungsmatrix werden im Folgenden die Einflüsse unter den Technologien, unter den Entscheidungsgrößen sowie zwischen Technologien und Entscheidungsgrößen bewertet. Die Analyse dieser Vernetzungen ermöglicht zunächst eine Charakterisierung der Entscheidungsgrößen nach den Kategorien des vernetzten Denkens als proaktive, interaktive oder reaktive Größen im Technologiefeld. Aus der Vernetzungsanalyse lassen sich im Folgenden *Innovationsfaktoren* ableiten. Darunter verstehen wir einzelne oder Gruppen von Entscheidungsgrößen, anhand deren über den Einsatz von Technologien entschieden wird. Diese Innovationsfaktoren können schließlich auch zu einer ersten Priorisierung innerhalb des Technologiefeldes genutzt werden. Eine solche Vorauswahl ist häufig sinnvoll, weil in der Regel nicht alle Technologien in der Tiefe betrachtet werden können. Bevorzugt werden dann Technologien untersucht, die eine enge Verknüpfung mit den Innovationsfaktoren aufweisen.

Erweitertes Technologieportfolio

Eine Technologie ist für ein Unternehmen dann von besonderem Interesse, wenn sie hohe Entwicklungspotenziale aufweist und das Unternehmen durch die Erschließung dieser Potenziale Wettbewerbsvorteile erlangen kann. Diese beiden Dimensionen werden im klassischen *Technologieportfolio* miteinander verknüpft. Bei den heute besonders interessanten Embryonal- und Schrittmachertechnologien versagt dieser Ansatz in der Regel, da sich hier noch gar keine Positionierung des Unternehmens beschreiben lässt.

Für Abhilfe sorgt in diesen Fällen ein *Technologieattraktivitätsportfolio* (siehe Abbildung 51, oben links). Darin werden zunächst ausschließlich die Entwicklungspotenziale der verschiedenen Technologien – und nicht die Positionierung des Unternehmens – betrachtet. Dabei beruht die *allgemeine Technologieattraktivität* auf dem allgemeinen Anwendungspotenzial, dem allgemeinen Weiterentwicklungspotenzial, dem allgemeinen Wettbewerbspotenzial sowie den gesellschaftlichen Potenzialen der Technologie. Die zweite Dimension im Portfolio ist die *spezifische Technologieattraktivität*. Sie beschreibt die unternehmenseigenen Entwicklungspotenziale und lässt sich ebenfalls anhand von vier Kriterien (spezifisches Anwendungspotenzial, spezifisches Weiterentwicklungspotenzial, spezifisches Wettbewerbspotenzial und Unterstützung strategischer Unternehmensziele) ermitteln. Mit dem Aufbau eines *Technologieattraktivitätsportfolios* sind zwei wesentliche Vorteile verbunden. Zum einen lässt sich so die Attraktivität der einzelnen Technologien genauer analysieren. Und zum anderen ermöglicht

Abbildung 51: *Entwicklung eines Technologieportfolios*

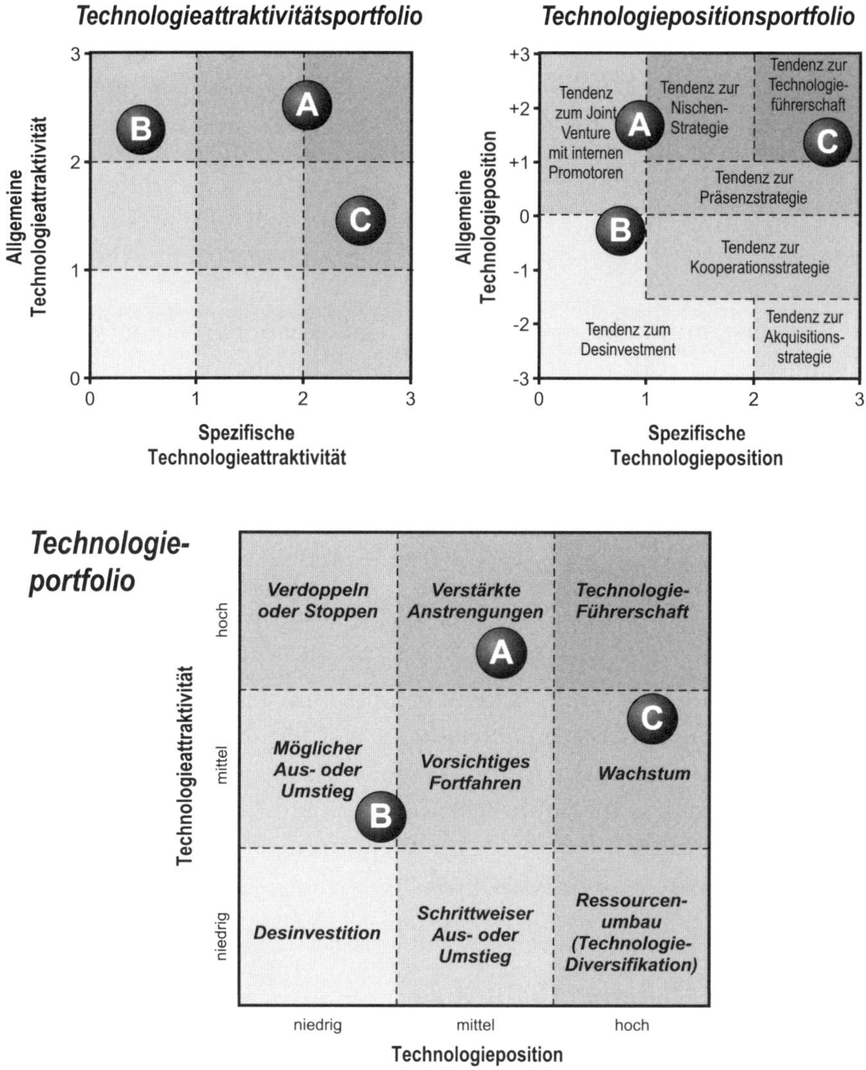

dieses Portfolio die Einordnung von noch nicht in der Anwendung befindlichen Technologien.

Auf ähnliche Art kann – insbesondere in großen Unternehmen – die Technologieposition spezifiziert werden: Dabei beschreibt die *allgemeine Technologieposition* die im Wettbewerb erkennbare Positionierung des Unternehmens. Sie basiert auf Kriterien wie der technisch-qualitativen Technologiebeherrschung und den verfügbaren Ressourcen. Die *spezifische Technologieposition* konzentriert sich demgegenüber auf die interne Positionierung der betrachteten Technologie. Dazu werden Kriterien wie die Unterstützung durch die Unternehmensführung und Integration in die Technologiestrategie verwendet. Aus diesen beiden Dimensionen wird anschließend ein *Technologiepositionsportfolio* ermittelt, aus dem sich interne Grundstrategien ableiten lassen (siehe Abbildung 51, oben rechts).

Aus der nunmehr spezifizierten und gesondert untersuchten Technologieattraktivität sowie Technologieposition lässt sich schließlich ein *Technologieportfolio* erstellen. Abbildung 51 verdeutlicht die Wirkungsweisen anhand eines Beispiels: Die Technologie A ist sowohl allgemein als auch für das Unternehmen von hoher Attraktivität. Die Position ist objektiv betrachtet auch gut; allerdings gibt es im Unternehmen noch immer Widerstände gegen die Weiterentwicklung. Hier legt das Technologieportfolio verstärkte Anstrengungen nahe. Die Technologie B ist zwar gerade *en vogue* – für das Unternehmen aber nicht sonderlich attraktiv. Folglich ist auch die Position schwach, und laut Technologieportfolio kann über einen Ausstieg nachgedacht werden. Bei der Technologie C ist das Unternehmen führend. Gleichzeitig ist die Technologie trotz allgemeiner »Ermüdungserscheinungen« für das Unternehmen sehr attraktiv. Hier bleibt man – zumindest aus gegenwärtiger Sicht – weiterhin auf Wachstumskurs

Technologieszenarien (Schritt 2)

Den Begriff »Technologieszenario« hören wir in der Praxis häufig – allerdings mit sehr unterschiedlichem Zungenschlag und nur selten sinnvollen Inhalten. Nicht selten handelt es sich schlichtweg um Produkt- oder Marktszenarien, die zusätzlich einige technische Schlüsselfaktoren enthalten. Deshalb sind diese Zukunftsbilder nicht unbrauchbar – aber sind es wirklich Technologieszenarien? Wir verstehen darunter vielmehr »prägnante Beschreibungen alternativer Entwicklungen eines Technologiefeldes«. Dabei lassen sich drei Formen unterscheiden: Komplexe *Technologiefeld-Szenarien*, *Prozessketten-Szenarien* als Formen möglicher Technologiekombinationen und *Technologie-Roadmaps* als dynamische Prozessszenarien.

Technologiefeld-Szenarien

Für ein gesamten Technologiefeld – beispielsweise Nanotechnologie oder digitale Produktionstechnologie – lassen sich unter Anwendung des Szenario-Managements alternative technologische Entwicklungen beschreiben. Dabei können einzelne Faktoren aus dem Produkt- oder Marktumfeld integriert werden; der Schwerpunkt der Szenarien sollte aber auf technologischen oder technischen Faktoren liegen.

Prozessketten-Szenarien

Angesichts der zunehmenden Bedeutung von Technologiefusion und Technologieintegration wenden sich viele Planer den denkbaren Kombinationen bestehender und neuer Technologien zu. Ein Hilfsmittel dazu sind Prozessketten-Szenarien, deren Entwicklung in vier Schritten erfolgt:

Ermittlung von Prozessketten-Elementen: Zunächst wird auch hier das Technologiefeld definiert. So betrachtete die *INPRO* das Technologiefeld »Außenhaut/Karosseriebau« mithilfe von Prozessketten-Szenarien. Die Analyse bestehender Außenhaut-Prozessketten führte zu einem System aus verschiedenen Prozesskettenelementen wie beispielsweise Vorbereitung, Formgebung oder Vereinigung.

Ermittlung von Technologien: Für die einzelnen Prozesskettenelemente werden anschließend gegenwärtig angewendete Technologien – so genannte Basis- beziehungsweise Schlüsseltechnologien – identifiziert. Hinzu kommen Embryonaltechnologien. Dies sind Technologien, die sich bereits näher beschreiben lassen, die aber heute noch nicht zur Gestaltung der einzelnen Prozesskettenelemente eingesetzt werden. In diesem Schritt ist es das Ziel, mit den identifizierten Technologien zukünftige Prozessketten möglichst weitgehend beschreiben zu können.

Bildung von Prozessketten: Anschließend werden mithilfe einer spezifischen Technologie-Konsistenzanalyse widerspruchsfreie Kombinationen der identifizierten Technologien ermittelt. Diese Kombinationen werden unter Verwendung von Clusteranalysen zu zukünftigen Prozessketten zusammengefasst und in einem Mapping visualisiert. Abbildung 52 zeigt auf diese Weise die zukünftigen Prozessketten im Bereich Karosseriebau. Darin sind exemplarisch der traditionelle Automobilbau mit seinen verschiedenen Schweißverfahren (Prozesskette 1) sowie die auf Mischbauweisen beruhenden Ansätze (Prozesskette 2) hervorgehoben.

Abbildung 52: *Mapping der zukünftigen Prozessketten für Außenhaut*

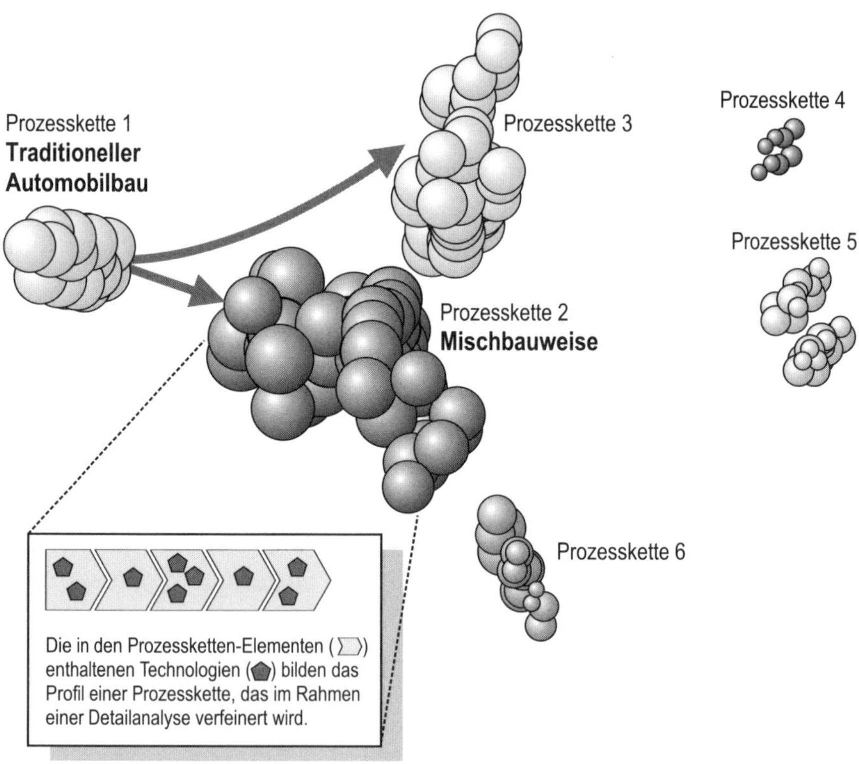

Detailanalyse der Prozessketten: Im Anschluss werden die konsistenten, aber teilweise noch groben Prozessketten im Detail analysiert. Daraus ergeben sich beispielsweise »robuste Technologien« sowie »kritische Technologiekombinationen«. Abschließend werden die Prozessketten – ähnlich wie andere Szenarien – in einer Form beschrieben, dass sie sich nach außen gut kommunizieren lassen.

Technologie-Roadmaps

Sowohl bei den Technologiefeld-Szenarien als auch den Prozessketten-Szenarien handelt es sich um Situationsszenarien – also Beschreibungen eines denkbaren Zustandes in der Zukunft. Durch die Entwicklung von Technologie-Roadmaps wird hier eine Dynamisierung zu Prozessszenarien erreicht. Solche Roadmaps können einerseits aus der gegenwärtigen Situation heraus entwickelt werden (explorativ) oder es kann unter Betrachtung der Technologiefeld- oder Prozessketten-Szenarien gefragt werden, welche Entwicklung zu diesen Szenarien führen könnte.

Technologiepotenzialanalyse (Schritt 3)

Technologien umfassen Kenntnisse, Fertigkeiten, Methoden und Einrichtungen zur Nutzung naturwissenschaftlicher Erkenntnisse. Daher sind mit jeder Technologie Anwendungsmöglichkeiten verbunden, deren Umfang und Struktur wir unter dem Begriff »*Technologiepotenzial*« zusammenfassen. Im Leichtbauprojekt war es beispielsweise das Ziel, Technologiepotenziale zu identifizieren und damit die unternehmensspezifischen Technologiestrategien der beteiligten Automobilhersteller und -zulieferer zu unterstützen.

Die Technologiepotenzialanalyse umfasst vier Schritte, wobei die ersten drei Schritte zur Identifikation von Innovationsfeldern und der vierte Schritt zu möglichen Optionen innerhalb dieser Felder führen. Am Beginn der Technologiepotenzialanalyse liegen drei grundlegende Vorarbeiten vor: (1) ein Katalog von zu betrachtenden Schlüsselfaktoren, (2) eine Übersicht denkbarer Produktkonzepte – beispielsweise ermittelt durch Produktszenarien – und (3) eine Aufstellung der wichtigsten Innovationsfaktoren im betrachteten Technologiefeld. Auf dieser Basis erfolgen drei Schritte:

- *Ermittlung allgemeiner Technologiepotenziale*: Zunächst werden die mit einzelnen Schlüsseltechnologien verbundenen Möglichkeiten hinsichtlich spezifischer Innovationsfaktoren bewertet. So wurde im Rahmen des Leichtbauprojektes beispielsweise deutlich, dass die Patchwork-Technologie, bei der eine Platine mit Blechstücken beliebiger Kontur bereichsweise aufgedickt und dann umgeformt wird, nur über ein geringes Potenzial zur Massenproduktion (= Innovationsfaktor) verfügt.
- *Spezifische Bedeutung der Innovationsfaktoren*: Anschließend wird die produktspezifische Bedeutung der Innovationsfaktoren – beispielsweise ihre Eignung zur Massenproduktion – in den einzelnen Produktkonzepten ermittelt. So ist die Produktivität (= Innovationsfaktor) für ein Massenfahrzeug wichtiger als für ein in Kleinstserie erstelltes Nischenfahrzeug. Durch diese Analyse lassen sich auch produktkonzeptrobuste Innovationsfaktoren identifizieren, die häufig die Grundlage für strategische Kompetenzen des gesamten Unternehmens bilden.
- *Ermittlung von Innovationsfeldern*: Einzelne Technologien eignen sich besonders für spezifische Produktkonzepte. Diese *produktspezifischen Technologiepotenziale* lassen sich ermitteln, indem die Technologien mit den Produktkonzepten verknüpft werden. Wir greifen dazu auf die Produktmerkmale aus den systematisch entwickelten Produktszenarien zurück. Die in der Matrix aus Schlüsseltechnologien und Produktszenarien als besonders erfolgversprechend gekennzeichneten Kombinationen werden als *Innovationsfelder* bezeichnet.

Im letzten Schritt der Technologiepotenzialanalyse werden einzelne Innovationsfelder näher betrachtet. In Abbildung 53 ist dies exemplarisch gezeigt. Dazu wurde ein Portfolio aufgespannt, in dem die im Rahmen der Technologieanalyse ermittelten Innovationsfaktoren platziert werden. Dazu wird auf der Abszisse das allgemeine

Abbildung 53: *Ermittlung von Innovationspotenzialen*

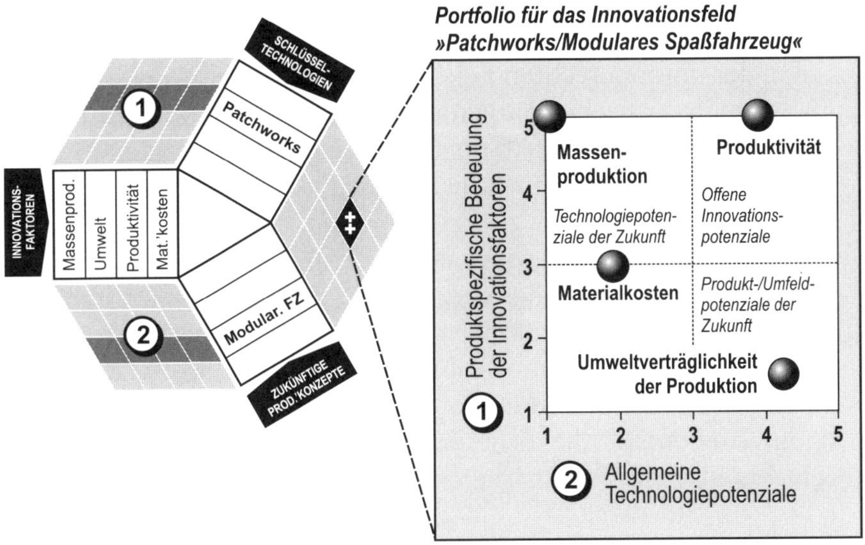

Technologiepotenzial und auf der Ordinate die spezifische Bedeutung im Rahmen des betrachteten Produktkonzepts aufgetragen. Aus diesem Portfolio können drei Arten von Innovationspotenzialen abgelesen werden:

- *Offene Innovationspotenziale:* Die obere, rechte Zone des Portfolios enthält die gegenwärtigen strategischen Innovationsfaktoren. Dies sind die Faktoren, denen bereits heute eine große Bedeutung für die Entwicklung des betrachteten Innovationsfeldes beigemessen wird. Diese Innovationspotenziale sollten in der Regel bereits heute erschlossen werden.
- *Technologiepotenziale der Zukunft:* Faktoren in der oberen linken Ecke des Portfolios gelten heute als technologiekritische Innovationsfaktoren. Sie sind zwar für das Produktkonzept von hoher Bedeutung, werden aber durch die betrachtete Technologie gegenwärtig nicht ausreichend unterstützt, um das Innovationsfeld entscheidend zu prägen. Als Beispiel wird hier die Eignung zur Massenproduktion genannt. Häufig enthalten diese Faktoren aber Technologiepotenziale der Zukunft – das heißt,

mit einem technologischen Durchbruch in diesem Bereich wären erhebliche Möglichkeiten verbunden.

- *Produkt- und Umfeldpotenziale der Zukunft:* Innovationsfaktoren in der unteren rechten Ecke des Portfolios gelten gegenwärtig als geschäftskritische Innovationsfaktoren. Hier können im betrachteten Innovationsfeld die allgemeinen Technologiepotenziale nicht voll erschlossen werden. Diese Faktoren können aber aus zwei Gründen ebenfalls zu Erfolgspotenzialen der Zukunft werden: (1) Es ist möglich, dass sich aufgrund von Umfeldentwicklungen die Bedeutung der spezifischen Innovationsfaktoren verschiebt, sodass diese Faktoren für das betrachtete Innovationsfeld zu strategischen Innovationsfaktoren werden. (2) Es kommt ebenso vor, dass sich die Produktkonzepte verändern und sich dadurch ebenfalls die Bedeutung der Innovationsfaktoren verschiebt.

Entwicklung von Technologiestrategien (Schritt 4)

Der Umgang mit Technologiepotenzialen ist zu einer nicht selten wettbewerbsentscheidenden Fähigkeit geworden. Daher stellt sich in vielen Unternehmen die Frage nach einer Technologiestrategie. Dabei lassen sich die folgenden grundlegenden Strategien unterscheiden:

Markteintritt: Ein erstes Kriterium zur Unterscheidung von Technologiestrategien ist der Markteintritt. Hier werden *Technologieführer* (»First-to-market«), *frühe Folger* (»Second-to-market«) und *späte Folger* unterschieden. Dabei lassen sich keine eindeutigen Vorteile für Technologieführer ausmachen, wie die Beispiele Nintendo und Nike zeigen, deren Markterfolge teilweise erst Jahrzehnte nach der Markterschaffung durch einen Technologieführer zum Tragen kamen.[6]

Marktaustritt: Vor allem Technologieführern stellt sich die Frage nach der Dauer des Marktbesitzes. So begleiten *Technologieausbeuter* eine einmal erfolgreich in den Markt eingeführte Technologie entlang ihres gesamten Lebenszyklus. Demgegenüber trennen sich *Technologiepioniere* nach der Realisierung von Innovationspotenzialen von etablierten Technologien und greifen stattdessen immer wieder neue Schlüssel- und Schrittmachertechnologien auf und versuchen, technische Innovationen am Markt durchzusetzen.

Eigene Innovation: Technologiefolger stehen entsprechend dem dritten Kriterium vor der Frage, ob sie über eine *Modifikationsstrategie* die von anderen eingeführten Technologien und die daraus basierenden Leistungen auf spezifische Kundenwünsche anpassen sollen. Dies wird auch als »kreative Nachahmung« bezeichnet. Alternativ dazu können Folger auch im Rahmen einer *Imitationsstrategie* die am Markt befindlichen Leistungen kopieren, wobei sie sich in der Regel auf die Erlangung von internen Kostenvorteilen konzentrieren, die sie dann im Rahmen ihrer Preispolitik zur Erringung von Marktanteilen nutzen.

Marktgröße: Ein weiteres Kriterium ist die relative Größe des mit einer Technologie erreichbaren Marktes. Hier werden *Gesamtmarktstrategien* und *Nischenstrategien* unterschieden. Letztere dienen vornehmlich der Wettbewerbsumgehung, um so unauffällig Gewinne abzuschöpfen. Dabei können die Nischen vollständig besetzt oder durch Spezialkönnen beziehungsweise spezielles Marktwissen abgesichert werden.

Entwicklung von Produktstrategien

Noch vor einigen Jahren reichte es für viele Unternehmen aus, eine Produktvision für das Geschäftsfeld festzulegen und daraus die Anforderungen für einige Einzelprodukte abzuleiten. Erst im Laufe des Lebenszyklus wurden aus diesen Produkten neue Varianten gebildet und eine Produktfamilie entstand. Doch mit dem schnellen technologischen Wandel, der Globalisierung und dem zunehmenden Verdrängungswettbewerb ist die Vielfalt der Produkte und Funktionalitäten drastisch angestiegen. Gleichzeitig haben sich die Produktlebenszyklen erheblich verkürzt, und der Umsatzanteil neuer Produkte ist schon bei der mittelfristigen Planung für den Unternehmenserfolg entscheidend. Unternehmen, die diesen He-

Abbildung 54: *Lebenszyklen und Ebenen der Produktstrategie*

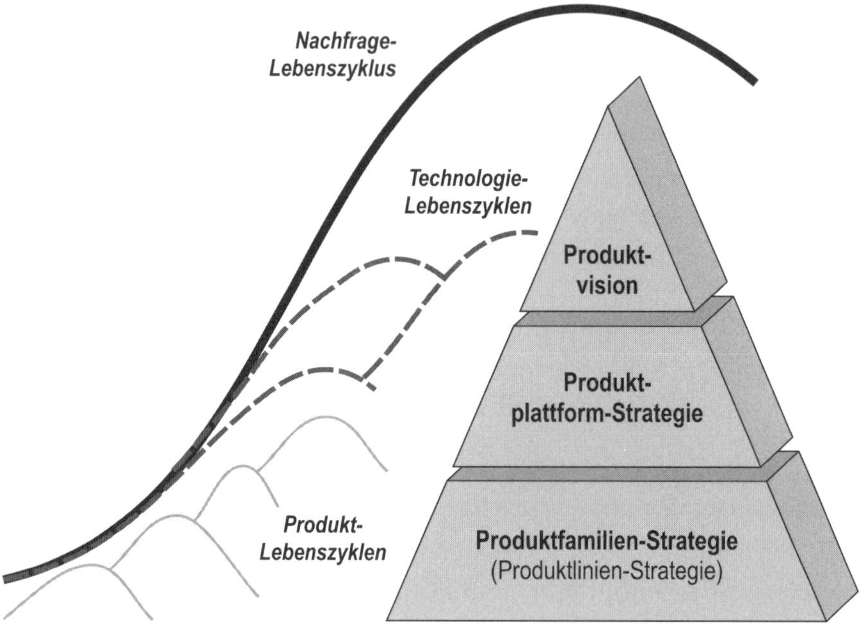

rausforderungen gerecht werden wollen, brauchen heute eine ausgefeilte Produktstrategie. Diese legt – ausgehend von der Vision – einige langfristige Produktplattformen mit den notwendigen Technologien und Kernkompetenzen fest.[7] Darauf aufbauend wird die mögliche Produktfamilie vorausgedacht und die Einzelprodukte werden geplant.

Die drei Ebenen einer Produktstrategie – Vision, Plattform und Familie – leiten sich aus den unterschiedlichen Zyklen von Nachfrage, Technologien und Produkten ab. So gibt es einen langfristigen *Nachfragezyklus* für ein grundlegendes Bedürfnis, mittelfristige *Technologiezyklen*, mit denen diese Nachfrage gedeckt werden kann, und kurzfristige *Produktzyklen*, die an die Dynamik und Vielfalt der Nachfrage angepasst sind. Dementsprechend beschreibt die *Produktvision* das langfristig geplante Geschäftsfeld mit den Grundbedürfnissen der zukünftigen Marktsegmente und den grundlegenden Funktionen der Marktleistung.

Die *Produktplattform* definiert darauf aufbauend das Lösungskonzept mit den grundlegenden Technologien und erforderlichen Kernkompetenzen. Je nach Umfang des Geschäftsfeldes und der Flexibilität der Lösungskonzepte können auch mehrere Plattformen oder Plattformvarianten notwendig sein, um die Nachfrage abzudecken. Häufig anzutreffen sind hier verschieden Leistungsstufen der unterschiedlichen Plattformen.

Die *Produktfamilie* beschreibt das durch die Plattform vorgegebene Spektrum der verschiedenen Produktvarianten und Ausstattungen für die Marktsegmente. Die Einzelprodukte dieser Familie werden kurzfristig geplant und entwickelt, um auf veränderte Anforderungen schnell und flexibel zu reagieren.

Eine solche Produktstrategie ermöglicht es den Unternehmen, die Nachfrage in einem Geschäftsfeld langfristig zu bedienen und gleichzeitig auf kurzfristige Schwankungen der Produktanforderungen flexibel zu reagieren. Im Folgenden werden die einzelnen Elemente der Produktstrategie näher erläutert.

Produktvisionen

Eine Produktstrategie beginnt mit einer klaren Vision. Sie verdeutlicht vor allem den Entwicklern das gemeinsame Ziel. Obwohl die meisten Unternehmen eine solche Produktvision haben, so ist sie in der Praxis häufig unpräzise oder nicht ausformuliert. Eine Produktvision sollte ein anspruchsvolles, aber erreichbares Geschäftsziel vorgeben. Sie muss präzise das Geschäftsfeld mit den grundlegenden Bedürfnissen in den Marktsegmenten und den Basisfunktionalitäten der Marktleistung beschreiben. Darüber hinaus sollte die Vision auch die wesentlichen Differenzierungsmerkmale im Wettbewerb beschreiben. Eine solche Vision ist die Leitlinie für alle Entscheidungen, die bei der Planung und Entwicklung der Produkte zu treffen sind.

Produktvisionen können aus verschiedenen externen Quellen gespeist werden. So ergibt sich aus der *Unternehmens- oder Geschäftsstrategie* eine Positionierung anhand verschiedener strategischer Geschäftsfelder, aus deren Beschreibung sich direkt eine Produktvision ableiten lässt. Zudem kann das Instrument des *Business*

Abbildung 55: *Möglichkeiten zur Entwicklung einer Produktvision*

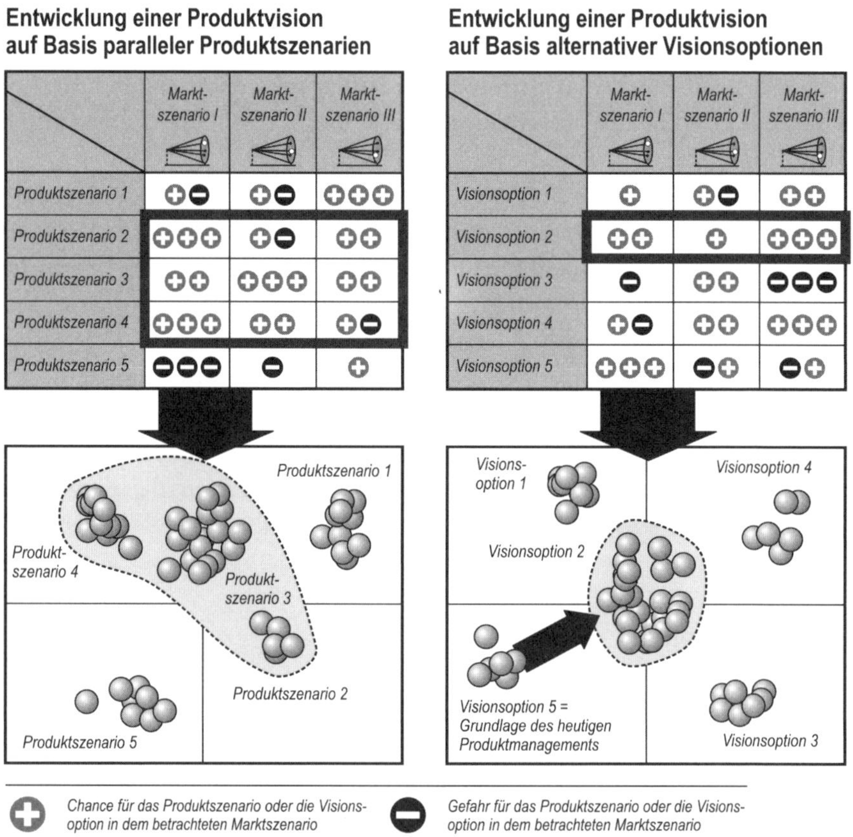

Development genutzt werden, um aus Markt- und Marktleistungspotenzialen neue Geschäftsfelder abzuleiten, die ebenfalls einen Ankerpunkt für die Produktplanung darstellen. Schließlich werden in zunehmendem Maße auch *Geschäftsmodelle und -systeme* angewandt, um Produktvisionen zu erzeugen, die neben den klassischen Produkt-Markt-Kombinationen auch die Form der Geschäftstätigkeit beinhalten. Ein Beispiel für die Produktvision eines Anlagenherstellers wäre:

Wir wollen in fünf Jahren einen Marktanteil von 20 Prozent erreichen. Wir helfen unseren Kunden, ihre Produktivität zu steigern, indem wir den Durchsatz unserer Maschinen erhöhen und die Logistik optimieren. Im Vorder-

grund unserer Bemühungen steht die beste Lösung für unsere Kunden und nicht der Anlagenpreis. Wir setzen modernste Technologien ein und bauen unsere Qualitätsführerschaft aus. Wir bieten unseren Kunden Gesamtlösungen und unterstützen sie bei der Optimierung ihrer Prozesse.

Eine Produktvision ergibt sich keineswegs nur passiv aus Unternehmensstrategie, Business Development oder Geschäftsmodellierung. In vielen Fällen kann sie auch als Startpunkt für eine strategische Weiterentwicklung des Produktprogramms genutzt werden. Dabei werden zwei Wege unterschieden:

In der ersten Variante werden zunächst systematisch *parallele Produktszenarien* entwickelt. Diese Szenarien können in einem Mapping visualisiert werden. Parallel zu den Produktszenarien werden Marktszenarien entwickelt, in denen die grundlegenden Entwicklungsmöglichkeiten der Abnehmerseite beschrieben werden. In einer Matrix wird dann bewertet, ob die in den Szenarien charakterisierten Produkte in dem entsprechenden Marktumfeld erfolgreich platziert werden könnten. Für eine Produktvision werden aufgrund der Parallelität mehrere Produktszenarien kombiniert. So wurden in Abbildung 55 neben dem Produktszenario 3 auch die Szenarien 2 und 4 in die Produktvision integriert.

Bei der zweiten Variante werden bereits alle Elemente einer denkbaren Produktvision – also neben den einzelnen Produkten auch allgemeine Komponenten wie beispielsweise Differenzierungsfaktoren oder notwendige Kompetenzen – in die Szenarioentwicklung einbezogen. Dabei entstehen mehrere *alternative Visionsoptionen*, die jeweils eine denkbare, in sich schlüssige Produktvision beschreiben. Deren Kombination mit den Marktszenarien zeigt in Abbildung 55 exemplarisch, dass die Visionsoption 5 weitgehend der Grundlage des heutigen Produktmanagements entspricht. Die Matrix verdeutlicht nun, dass dies in den Marktszenarien II und III zu Problemen führen wird. Daher sieht das Unternehmen hier eine Veränderung der Produktvision in Richtung der Visionsoption 2 vor, die weitgehend frei von Marktrisiken verfolgt werden kann. Dies ermöglicht dem Unternehmen zudem, sich angesichts zukünftiger Entwicklungen einen Umstieg auf die Optionen 1, 3 oder 4 offen zu halten.

Produktplattform- und Produktfamilienstrategie

Das Kernelement einer Produktstrategie ist die *Produktplattform.* Auf ihrer Basis können effizient und flexibel die einzelnen Produkte einer Produktfamilie geplant, entwickelt und produziert werden. Eine Produktplattform besteht aus einer Gruppe von *Modulen.* Diese sind eng an die Technologien und strategischen Kompetenzen des Unternehmens gekoppelt. Daher wird der langfristige Unternehmenserfolg von der gewählten Plattformstrategie stark beeinflusst.

Das bekannteste Beispiel für Produktplattformen ist die Automobilindustrie. Hier wird auf Basis weniger Plattformen für unterschiedliche Größen eine fast unüberschaubare Zahl an Modellvarianten erzeugt. Damit wird es möglich, schnell und individuell jedes Marktsegment mit speziellen Modellen abzudecken und gleichzeitig die zugrunde liegenden Technologien in der Plattform langfristig weiterzuentwickeln. So werden beispielsweise aus der A-Plattform im VW-Konzern die Modelle der vier Marken *VW*, *Audi*, *Seat* und *Skoda* für unterschiedliche Segmente vom Fließheck über Kombi und Cabrio bis zum Roadster entwickelt.[8]

Die Entwicklung einer Produktplattform ist eine Gratwanderung zwischen Kosteneinsparungen durch Einheitlichkeit und Wiederverwendung von Modulen in verschiedenen Produkten oder Produktgenerationen und der Differenzierung beim Kunden. Diese Erfahrung machte beispielsweise *Volkswagen*, deren einheitliche Plattformen vor allem *Audi* als hochpreisigerer Marke Probleme bereiteten, da sie die Differenzierung der neueren Konzernmarken *Seat* und *Skoda* teilweise erheblich erschwerte. Warum – so fragte eine zunehmende Anzahl von Kunden – sollte man einen *Audi* fahren, wenn es eine nahezu identische technische Lösung in einem *Skoda* wesentlich günstiger gibt?

Häufig reicht daher eine Plattform nicht mehr aus, um alle vom Unternehmen als relevant eingestuften Marktsegmente optimal abzudecken. Dann ist es beispielsweise notwendig, Plattformen als *Baureihen* zu gestalten, um unterschiedliche Leistungsstufen abzudecken. Auch kann der Einsatz unterschiedlicher Technologien ein wesentliches Differenzierungsmerkmal sein. Dann müssen *ver-*

schiedene Plattformen oder *Plattformvarianten* geplant werden. So könnte beispielsweise eine Plattform mit Technologien für einen besonders energiesparenden Einsatz ausgelegt werden und eine andere mit Technologien für eine besonders große Leistung.

Die konkreten Produkte und ihre zeitliche Abfolge werden innerhalb einer *Produktfamilie* festgelegt. Ziel der Produktfamilienstrategie ist es, die verschieden Marktsegmente mit unterschiedlichen Produkten komplett abzudecken. Ein eindrucksvolles Beispiel dafür liefert der Walkman. *Sony* dominierte den Markt mehr als ein Jahrzehnt und konnte diese Spitzenstellung trotz harter Konkurrenz halten. Zwischen 1980 und 1990 bot *Sony* in den USA über 200 Modelle des Walkman an und deckte damit fast jedes Marktsegment ab. Somit fand ein Kunde für jeden Anwendungsfall ein passendes Gerät und bei der Kaufentscheidung standen einem Wettbewerbsgerät immer gleich mehrere Sony-Geräte gegenüber. Diese Vielfalt basierte auf nur drei Produktplattformen, welche Sony die Flexibilität und Reaktionsstärke im Markt ermöglichten.

Grundformen von Produktplattform- und Produktfamilienstrategien

Zur Entwicklung von Produktplattform- und Produktfamilienstrategie müssen sowohl die Produkte einer Produktfamilie als auch die darin enthaltenen Technologien (Produkttechnologien) und die zu ihrer Fertigung notwendigen Technologien (Prozesstechnologien) vorausgedacht werden. Daraus ergeben sich Lebenszyklen für die einzelnen Produkte sowie Technologien und Plattformen. Deren Betrachtung führt zu den verschiedenen Grundformen von Produktfamilien- und Produktplattformstrategien (Abbildung 56):[9]

Einfache Produktfamilienstrategien beruhen auf einem einfachen Erzeugnis ohne Varianten oder Modellwechsel. Dies wird heute häufig durch den englischen Begriff »Commodity« beschrieben. Demgegenüber versuchen *variantenreiche Produktfamilienstrategien*, verschiedene Kundengruppen durch eine größere Zahl von Varianten abzudecken. Bei *dynamischen Produktfamilienstrategien* ermöglichen es häufige Modellwechsel, flexibel auf wechselnde Kundenwünsche zu reagieren. Dies spielt überall dort eine

Abbildung 56: *Formen von Produktfamilien- und Produktplattformstrategien*

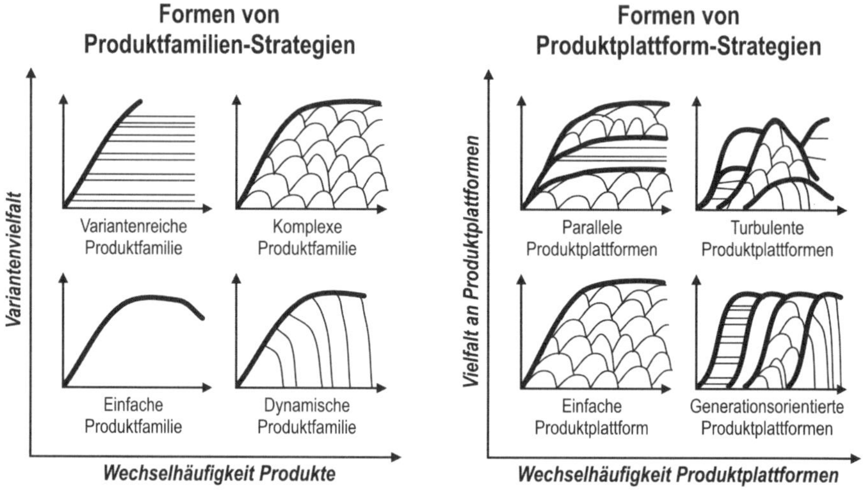

große Rolle, wo modische Entwicklungen die Produktgestaltung beeinflussen. *Komplexe Produktfamilienstrategien* sind eine Kombination der variantenreichen und der dynamischen Ansätze.

Analog werden auch die Produktplattformen geplant. Das Spektrum reicht von einer einfachen Plattform über mehrere Plattformvarianten für unterschiedliche Marksegmente und häufige Generationswechsel der Plattformen in dynamischen Märkten bis zur turbulenten Plattformplanung mit Varianten und neuen Generationen.

Entwicklungsräume für Produktplattformen und Produktfamilien

Eine optimale Marktdurchdringung lässt sich mit vielen Varianten und häufigen Modell- und Generationswechseln erreichen. Aus Sicht des Unternehmens besteht zwischen diesen beiden Zielrichtungen allerdings ein Trade-off. Mit konstanter Entwicklungskapazität kann nur eine begrenzte Zahl an Projekten für neue Varianten oder für neue Modelle durchgeführt werden. In Abbildung 57 wird dieser Zusammenhang erläutert: Für jedes Unternehmen existiert eine Grenze, wie viele Varianten bei welcher Häufigkeit an Modell- oder Generationswechseln möglich sind. Diese *unternehmensspe-*

zifischen Aktionsgrenzen können als Linien dargestellt werden, auf der sich die einzelnen Unternehmen auf Basis ihrer gegenwärtigen Ressourcen positionieren können.

Aus der Summe dieser Grenzen ergibt sich ein Limit für die Branche als Ganzes. Dieses *Branchenlimit* verschiebt sich aufgrund neu erschlossener, technologischer Möglichkeiten (Technology Push) oder zunehmender Kundenanforderungen mit der Zeit zu einer immer größeren Varianz und/oder kürzer werdenden Entwicklungszeiten.

Neben den eigenen Aktionsgrenzen und der über das Branchenlimit beschriebenen Wettbewerbssituation müssen auch die Präferenzen der Abnehmer bei der Entwicklung von Produktplattformen und Produktfamilien berücksichtigt werden. Ein solcher *Präferenzbereich* kann systematisch ermittelt und grafisch dargestellt werden. So zeigt Abbildung 57, wie sich die drei Unternehmen A, B und C entsprechend ihrer eigenen Aktionsgrenzen innerhalb des Präferenzbereiches positionieren.

Abbildung 57: *Entwicklungsräume für Produktstrategien*

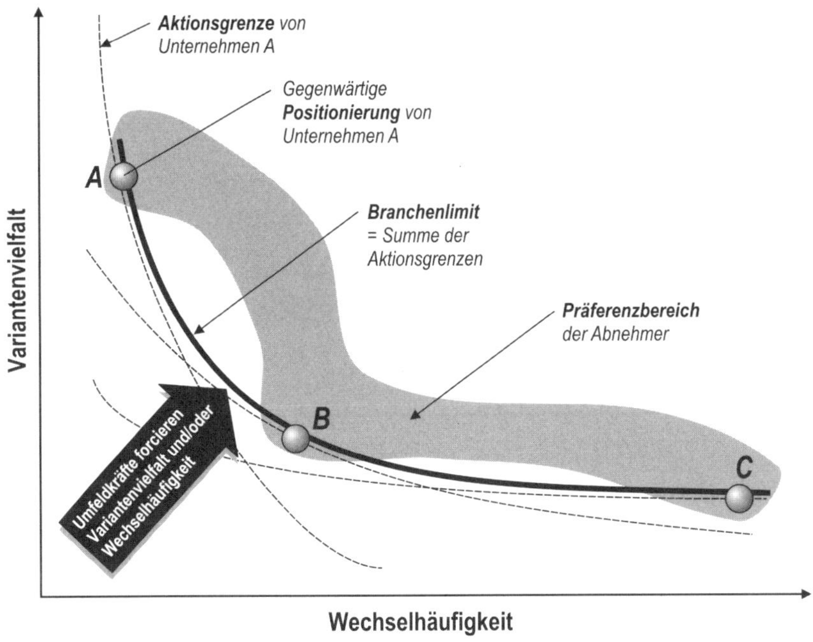

Die Flexibilität eines Unternehmens innerhalb dieses Entwicklungsraumes hängt davon ab, dass es die externen Einflüsse auf Variantenvielfalt und Wechselhäufigkeit erkennt und seine eigene Position hier bewusst gestaltet. Dies erfolgt über flexible Entwicklungspläne – so genannte Roadmaps. In der *Produkt-Roadmap* werden die im Markt befindlichen und für die Zukunft geplanten Produkte über die Zeit aufgetragen. In der *Plattform-Roadmap* werden parallel dazu die Produktplattformen im zeitlichen Verlauf festgelegt. Diese Planung ist die Basis für Entwicklungsprojekte neuer Produkte sowie für die Entwicklung neuer Plattformen und Technologien mit dem entsprechenden Kompetenzaufbau.

Fazit

- Zwei Entwicklungen führen zur Notwendigkeit, sich systematisch mit Technologien auseinander zu setzen: die zunehmende Komplexität vieler Produkte und die Integration und Fusion von Technologien und Komponenten.
- Das Technologiemanagement umfasst vier Elemente: (1) die Technologieanalyse, (2) Entwicklung von Technologieszenarien, (3) die Technologiepotenzialanalyse und (4) die Entwicklung einer Technologiestrategie.
- Ein integriertes Technologieportfolio ermöglicht eine weitergehende Analyse und Bewertung von Technologien.
- Technologieszenarien lassen sich als Technologiefeldszenarien, Prozessketten-Szenarien und Technologie-Roadmaps entwickeln.
- Die Technologiepotenzialanalyse führt zu Innovationsfeldern, innerhalb deren spezifische Zukunftspotenziale identifiziert werden können.
- Steigende Vielfalt und kürzere Entwicklungszeiten veranlassen Unternehmen, einzelne Produkte nicht direkt aus der Produktvision heraus zu entwickeln, sondern sich mittelfristig auf bestimmte Technologiefelder zu konzentrieren (Produktplattformstrategie) und seine Produkte in diesem Rahmen kurzfristig auf einzelne Marktsegmente abzustimmen (Produktfamilienstrategie).
- Produktstrategien bestehen aus einer auf Bedürfniszyklen basierenden Produktvision, einer technologisch geprägten Produktplattformstrategie und einer marktnahen Produktfamilienstrategie.
- Produktvisionen können aus der Strategieentwicklung, dem Business Development und der Geschäftsmodellentwicklung gespeist werden oder auf Basis von Produktszenarien beziehungsweise Visionsoptionen direkt entwickelt werden.
- Die Ausgestaltung von Produktplattform- und Produktfamilienstrategien erfolgt unter Berücksichtigung der Variantenvielfalt und der Wechselhäufigkeit. Dabei ergeben sich Entwicklungsräume, die Unternehmen erkennen und nutzen können.

9 Die Zukunft des Neuwagenvertriebs (Fallbeispiel)

Der Markt für Neuwagen befindet sich derzeit im Umbruch. Im Windschatten der großen Fusionen zeichnen sich Veränderungen ab, die das zukünftige Gesicht der Automobilindustrie nicht weniger stark beeinträchtigen werden. Im Mittelpunkt steht die Frage, wie wir morgen unsere Neuwagen kaufen werden. Damit sind verschiedene Fragen verbunden:

- Welche Absatzkanäle wählen die Automobilhersteller? Dominieren Direktvertrieb oder Vertragshändler?
- Welche Beziehung haben Vertragshändler in der Zukunft zu Konzernen und Marken?
- Wie sehen die Konsumstätten der Zukunft aus? Kann das traditionelle Autohaus überleben? Gewinnt Homeshopping an Bedeutung?
- Wie sieht das zukünftige Leistungsspektrum der Händler aus? Welche Rolle spielen Neuwagenvertrieb und Werkstattleistungen?
- Welche Anreizsysteme stimulieren in der Zukunft den Neuwagenkauf? Welche Rolle spielen Preis und Serviceleistungen?
- Welche Rolle spielen Online-Medien in der Zukunft? Werden Neuwagenkäufe über das Internet getätigt?
- Wer dominiert den Internetvertrieb – Hersteller, Händler oder unabhängige Portal-Anbieter?
- Welchen Stellenwert haben Fahrzeuge in der Zukunft? Werden sie zunehmend als Gebrauchsgegenstände gesehen oder spielen

Marken bei der Kaufentscheidung eine größere Rolle? Wie sind die Marken besetzt – rational oder emotional?
- Wie entwickelt sich das Käuferverhalten? Welchen Stellenwert hat erlebnisorientiertes Shopping im Neuwagenvertrieb? Entsteht eine Werberesistenz?
- Wie werden Neuwagenkunden von den Anbietern gebunden? Sind die Kunden marken- und/oder konzernloyal?
- Wie sieht der Wettbewerb zwischen den Automobilhändlern aus? Findet Wettbewerb innerhalb der Marken und/oder innerhalb einzelner Konzerne statt?

Vor dem Hintergrund dieser sowie einer Vielzahl weiterer Fragen wird deutlich, dass einfache Antworten immer nur einen kleinen Ausschnitt der Zukunft abbilden können. Dies reicht für die Entwicklung zukunftsrobuster Strategien nicht aus. Es bedarf vielmehr eines systematischen Ausleuchtens der zukünftigen Möglichkeiten.

Daher wurden auf Basis des Szenario-Managements sechs Szenarien entwickelt, die die alternativen Entwicklungsmöglichkeiten des Neuwagenvertriebs in den kommenden Jahren darstellen.[1] Dabei war es das Ziel, die vielfältige Gruppe von Entscheidern für die zukünftigen Entwicklungsmöglichkeiten zu sensibilisieren und ihnen eine Ausrichtung an mehreren denkbaren Optionen zu ermöglichen.

Schlüsselfaktoren

Das komplexe Thema »Neuwagenvertrieb« wurde zunächst in Systemebenen und Einflussbereiche zerlegt und anschließend durch 107 Einflussfaktoren beschrieben. Mithilfe einer Einflussanalyse wurde das systemische Verhalten dieser Faktoren ermittelt und in einem Systemgrid visualisiert. Die Diskussion der proaktiven, interaktiven und reaktiven Einflussfaktoren führte zur Auswahl von 18 Schlüsselfaktoren:

- Der Einflussbereich *Automobilvertrieb* wird danach durch die Schlüsselfaktoren Konsumstätten/Autohäuser (S1), Anreizsysteme (S2), Nutzung von Online-Medien im Vertrieb (S3) sowie Online-Anbieter (S4) beschrieben.
- Der Einflussbereich *Automobilhersteller* wird durch die Faktoren Gestaltung der Absatzkanäle (S5), Markenbilder (S6), Leistungsspektrum der Hersteller (S7) und Marketingstrategien der Hersteller (S8) ausgedrückt.
- Der Einflussbereich *Automobilhändler* enthält die Schlüsselfaktoren Vertragliche Bindung zum Hersteller (S9), Leistungsspektrum der Händler (S10), Wettbewerb im Handel (S11) und Kooperationen im Handel (S12).
- Der Einflussbereich *Kunden/Märkte* sowie das *globale Umfeld* werden durch die Faktoren Stellenwert des Automobils (S13), Käuferverhalten (S14), After-Sales-Support (S15), Marken- und Konzernloyalität (S16), Händler- und Handelsloyalität (S17) sowie Internet und elektronische Geschäftsabwicklung (S18) beschrieben.

Zukunftsprojektionen

Anschließend wurden für die 18 Schlüsselfaktoren jeweils alternative Entwicklungsmöglichkeiten aufgezeigt. Diese Zukunftsprojektionen werden nachfolgend vorgestellt.

Schlüsselfaktor 1: Konsumstätten/Autohäuser

Ausgelagerte Multi- und Megastores schaffen Erlebniswelten rund um das Thema Mobilität (Projektion A): Neuwagen werden weit ab von der Innenstadt (auf der grünen Wiese) in großflächigen Megastores präsentiert. Diese Verkaufsstätten umfassen mehrere Marken eines Konzerns (Multistores) oder konzernübergreifende Marken (Megastores) unter einem Dach. Betreiber der Multi- oder Megastores können Vertragshändler sein, die sich zusammengeschlossen haben, oder auch herstellereigene Niederlassungen. Die Multi- oder Megastores sind zum einen Verkaufs- und Servicestätten – zum anderen entwickeln sie sich zu Erlebniswelten rund um das Thema Mobilität.

»Neuwagen-Boutiquen« in der Innenstadt (Projektion B): Elektronische Medien ermöglichen eine Verlagerung des Neuwagenhandels in die Innenstädte – sozusagen »als Boutique zwischen Kaufhof und Benetton«. Diese City-Shops benötigen nur eine relativ geringe Ausstellungsfläche. Durch ihre elektronische Verbindung mit den Vertriebs- und Fertigungssystemen der Hersteller wird den Kunden ein individuell zugeschnittenes Fahrzeug angeboten, bei dem der Zeitraum zwischen Bestellung und Auslieferung nur noch wenige Tage beträgt.

Discount-Autohäuser (Projektion C): Der Neuwagenvertrieb verlagert sich zu großen Discount-Autohäusern, die in der Regel marken- oder konzernübergreifend anbieten. Verbunden ist diese Entwicklung mit einem harten Ausleseprozess unter den traditionellen Anbietern.

Homeshopping gewinnt massiv an Bedeutung (Projektion D): Der Neuwagenvertrieb »wandert ins Netz«. Viele kaufentscheidende Informationen erlangt der Kunde über elektronische Medien. Auch Kaufverträge werden zunehmend elektronisch abgeschlossen.

Keine Veränderung der Konsumstätten (Projektion E): Die Struktur und räumliche Lage der Konsumstätten bleibt weitgehend unverändert. Dies beinhaltet auch das parallele Angebot von Neuwagenvertrieb und Werkstatt- beziehungsweise Serviceleistungen.

Schlüsselfaktor 2: Anreizsysteme

Materielle Anreize über das Internet (Projektion A): Das Internet ermöglicht den Kunden den direkten Vergleich von Produktspezifika und Vertragskonditionen – insbesondere der Preise. Im Wettbewerb stehen dabei unabhängige Car-Broker (Nutzung der relativ geringen Eintrittsbarrieren), traditionelle Händler (Absicherung ihres traditionellen Geschäfts) und Hersteller (Verbesserung der Kostenposition und direkter Kundenkontakt). Die Kunden profitieren vor allem durch günstigere Neuwagenpreise sowie die Vergleichbarkeit der verschiedenen Pre-Sales- und After-Sales-Angebote.

Immaterielle Anreize über das Internet (Projektion B): Das Internet schafft eine neue Dimension der Kommunikation in der Automobilindustrie, die den Kaufvorgang wesentlich beeinflusst. Im Mittelpunkt seiner Nutzung stehen nicht die Preise, sondern die neuen Angebotsmöglichkeiten. So können die Kunden beispielsweise den Produktions- und Lieferstatus ihres Fahrzeugs einsehen.

Bevorzugung altbewährter immaterieller Anreize (Projektion C): Kunden orientieren sich im Rahmen des Kaufprozesses an den langjährig erprobten Anreizsystemen der Händler. Im Mittelpunkt steht dabei nicht der einmalige Kaufpreis des Neuwagens, sondern die langfristigen Vorteile einer Zusammenarbeit während der gesamten Nutzungsdauer des Fahrzeugs. Das Internet bietet hier kaum befriedigenden Ersatz.

Materielle Anreize in realen Welten (Projektion D): Die (realen) Händler halten ein großes Angebot an Neuwagen bereit, die sich die Kunden ansehen können und die sie häufig ohne lange Lieferzeiten bekommen können. Gleichzeitig vermitteln die Händler ein hohes Maß an Zuverlässigkeit und Seriosität, das die Kunden im Internet nicht erhalten. Nicht selten sind die Händler auch in der Lage, mit den entsprechenden Angeboten im Internet gleichzuziehen und so ihren räumlichen Vorteil auszuspielen.

Schlüsselfaktor 3: Nutzung von Online-Medien

Abschluss von Kaufverträgen über Online-Medien (Projektion A): Online-Medien werden nicht mehr nur für die Vor- und Nachkaufsphase, sondern vor allem auch für den eigentlichen Kaufvorgang genutzt.

Online-Medien werden als Verkaufsmedium nicht akzeptiert (Projektion B): Die Datensicherheit ist nicht gewährleistet, wodurch die Hemmschwelle zur Nutzung von Online-Medien im Kaufprozess größer wird. Die Entwicklung der Medien geht weiter, jedoch wird versäumt, diese den Nutzern durch einfache Bedienbarkeit zugänglich zu machen. Der Point-of-Sale sind stationäre und nicht virtuelle Verkaufsstätten.

Akzeptanz der Online-Medien in der Vor- und Nachkaufphase (Projektion C): Der Kauf eines Neufahrzeugs erfolgt noch immer »in der realen Welt« – das heißt vor allem an entsprechenden Verkaufsstationen. Elektronische Medien unterstützen den Kunden in der Vor- und Nachkaufphase. Sie schaffen Transparenz und ermöglichen eine effiziente Koordination und Kommunikation zwischen Hersteller und Kunden.

Schlüsselfaktor 4: Online-Anbieter

Hersteller dominieren Internet-Portale (Projektion A): Die Automobilhersteller dominieren aufgrund ihrer starken Marktpositionen die Internet-Portale. Internetanbieter stellen die benötigte Infrastruktur zur Verfügung, ohne selbst die Inhalte beeinflussen zu können.

Händler dominieren Internet-Portale (Projektion B): Die Hersteller haben es versäumt, ihre Vertriebskanäle auf das Internet einzustellen. So ist es zwar möglich, im Internet Informationen zu beziehen, aber nicht, ein Fahrzeug zu erwerben. Das von den Kunden benötigte Vertrauen in den Kauf kann besser von den Händlern vor Ort befriedigt werden. Diese ermöglichen den Kauf sowohl real als virtuell. Aufgrund dieses kundennahen Agierens dominieren die Händler die Internet-Portale.

Unabhängige dominieren Internet-Portale (Projektion C): Unabhängige Internet-Provider bieten im Netz Neuwagen an. Dies ermöglicht den schnellen und unkomplizierten Kauf von Neuwagen. Dabei werden in den Portalen alle Marken angeboten, die Hersteller liefern somit direkt an die Portale.

Kampf um die Portale (Projektion D): Sowohl die Hersteller als auch die Händler und Internet-Provider bieten Möglichkeiten zum Kauf im Internet an. Aufgrund der parallelen Systeme entwickelt sich kein einheitlicher Standard für den Verkauf im Internet. Vielfach behindern sich die Anbieter gegenseitig.

Schlüsselfaktor 5: Gestaltung der Absatzkanäle

Ausschließlich Direktvertrieb (Projektion A): Die Hersteller selektieren aus ihrem Händlernetz die nach Größe und Standort rentablen Händler heraus und kaufen diese auf. Damit schaffen sich die Hersteller ein eigenes Warenwirtschaftssystem und erhöhen gleichzeitig ihre Kundennähe. Durch Dienstleistungen aus einer Hand verkürzen sich die Absatzkanallänge und auch die Wartezeiten für den Kunden. Der traditionelle Vertriebskanal über Vertragshändler läuft aus. Konsequenz für kleinere Händler ist die Auflösung oder die Umgestaltung in einen firmeneigenen Service-Point.

Parallele Absatzkanäle (Projektion B): Auch hier selektieren die Hersteller die nach Größe und Standort rentablen Händler heraus und kaufen diese auf. Parallel wird allerdings das bestehende Vertriebshändler-Netz in geringerem Umfang beibehalten. Zusätzlich entstehen herstellereigene Car-Broker, die den Vertrieb von Neuwagen für Hersteller und Händler über das Internet unterstützen.

Indirekter Vertrieb bleibt bestehen (Projektion C): Die Hersteller verkaufen weiterhin primär über ihre Vertragshändler, da der Ausbau eigener Warenwirtschaftssysteme für den Direktvertrieb als zu kostenintensiv verworfen wird. Beide Seiten – Hersteller und Vertragshändler – versuchen, das gemeinsame Logistiksystem entsprechend ihren Vorstellungen zu gestalten.

Schlüsselfaktor 6: Markenbilder

Schwache Markenbilder (Projektion A): Die Imagebildung durch Fokus auf die Automarke ist überholt. Insbesondere die emotionale Wirkung der Automarken ist für die meisten Kunden unerheblich. Sie werden nur durch objektive Mehrwertschaffung überzeugt. Daher fokussiert sich der Imageaufbau auf die individuellen und maßgeschneiderten Service- und Dienstleistungsangebote der Hersteller für Kunden.

Starke emotionale Markenbilder (Projektion B): Für die meisten Kunden ist der Status- und Prestigewert der Automarke von großer Bedeutung. Sie wollen sich durch bestimmte Autos hervorheben. Da die Fahrzeuge auf Basis ihrer Funktionalität beziehungsweise ihres objektiven Nutzens nicht mehr in ausreichendem Maße unterschieden werden können, entsteht das Image vor allem auf Basis emotionaler Werte.

Starke rationale Markenbilder (Projektion C): Die Markenbilder haben zwar an emotionalem Wert abgenommen, jedoch wurde dieser durch rationale Werte ersetzt. Das entsprechende Image wird sowohl durch Fahrzeugeigenschaften als auch durch Service- und Dienstleistungsqualität aufgebaut. Die stark rationalen Markenbilder entwickeln sich parallel zur Schaffung greifbarer Mehrwerte für den Kunden.

Schlüsselfaktor 7: Leistungsspektrum der Hersteller

Hersteller beschränken sich auf traditionelle Produktangebote (Projektion A): Die Hersteller konzentrieren sich im Wesentlichen auf die Produktion traditioneller Fahrzeuge. Selbst die Dienstleistungen in der Vor- und Nachkaufphase werden an externe Service-Provider ausgelagert. Dabei können neben den traditionellen Vertragshändlern auch neue Anbieter wie Service-Points oder Car-Broker entstehen.

Neue Services für traditionelle Produkte (Projektion B): Die Hersteller setzen vorwiegend auf traditionelle Fahrzeugkonzepte, die allerdings von einer Vielzahl neuer Dienstleistungen umgeben sind. Dazu zählen auch komplementäre Wirtschaftsgüter wie Kooperationen mit Autovermietern oder Mobilitätsprogramme.

Integrierte Mobilitätsangebote (Projektion C): Die Hersteller setzen verstärkt auf stark veränderte oder völlig neuartige Fahrzeugkonzepte, die in integrierte Mobilitätsangebote integriert sind.

Raum für neue Produkte durch »Back to the plant« (Projektion D): Die Hersteller konzentrieren sich fast ausschließlich auf die Produktion ihrer Fahrzeuge. Dies ermöglicht ihnen die Herstellung stark veränderter oder völlig neuartiger Fahrzeugkonzepte. Im Zuge dieser Rückbesinnung entstehen neben den traditionellen Vertragshändlern auch neue Anbieter wie Service-Points, oder Car-Broker.

Schlüsselfaktor 8: Marketingstrategien der Hersteller

Individualisiertes Marketing auf Basis von Mass Customizing (Projektion A): Die meisten Konsumenten sind resistent gegenüber dem klassischen Massenmarketing geworden. Daher setzen die Hersteller auf *Individualisierungsstrategien*, innerhalb deren die Produkte beziehungsweise die Werbung persönlich auf die Kunden zugeschnitten werden (One-to-One-Marketing). Technische Grundlage ist das Konzept der kundenindividuellen Produktion (Mass Customization), das einen individuellen Zuschnitt der Fahrzeuge auf die Bedürfnisse der Kunden/Nutzer ermöglicht.

Dominanz des Massenmarketings (Projektion B): Die Automobilhersteller verfolgen weiter *Unifizierungsstrategien*, die keine wesentlichen Unterschiede in den Bedürfnisstrukturen machen. Zielgruppen werden nur selten segmentspezifisch angesprochen. Kundenindividuelle Wünsche werden beim Massenmarketing nicht berücksichtigt. Ein Produkt wird hergestellt, und erst dann werden Kunden für dieses Produkt akquiriert.

Kundensegmentspezifisches Marketing (Projektion C): Die Automobilhersteller setzen auf spezifische Marktauftritte für einzelne Kundengruppen. Die Segmentierung im Rahmen dieser *Differenzierungsstrategien* wird zu einem entscheidenden Erfolgsfaktor. Sie kann nach Großkunden, Geschäftskunden oder Privatkunden erfolgen – aber auch nach Lebenslagen oder Bedürfnissen. Die einzelnen Segmente werden unterschiedlich angesprochen.

Schlüsselfaktor 9: Vertragliche Bindung der Händler an die Hersteller

Aufhebung der Markenexklusivität (Projektion A): Um das Jahr 2002 herum wurde die Gruppenfreistellungsverordnung neu verhandelt. Eine direkte Folge war die Aufhebung der Markenexklusivität vieler Händler. Seither sind die meisten Händler nicht mehr primär an einen Hersteller gebunden, sondern verkaufen Neuwagen verschiedener Marken. Gleichzeitig verringerte sich der Einfluss der Hersteller auf die Händler.

Gruppenfreistellungsverordnung und Markenexklusivität blei-

ben bestehen (Projektion B): Die Gruppenfreistellung wurde nicht aufgehoben und die Markenexklusivität blieb bestehen. Die traditionellen Händler sind weiterhin an einen Hersteller gebunden.

Gruppenfreistellungsverordnung wird gelockert, aber nicht aufgehoben (Projektion C): Die Gruppenfreistellung und damit die Markenexklusivität bleiben bestehen. Allerdings dürfen die Hersteller kostenintensive und einseitige Anforderungen nicht mehr auf die Händler abwälzen, ohne diese finanziell zu entlasten. Händler dürfen sich zusammenschließen und bieten zunehmend mehrere Marken eines Konzerns an.

Schlüsselfaktor 10: Leistungsspektrum der Händler

Breites Leistungsspektrum –Verkauf und Dienstleistungen (Projektion A): Die Händler bieten neben dem Verkauf von Neu- und Gebrauchtwagen auch das gesamte Service- und Dienstleistungsspektrum rund um das Fahrzeug. Dabei bleibt das klassische Kerngeschäft (beispielsweise Ersatzteilverkauf) erhalten. Das Leistungsspektrum wird durch die Nutzung elektronischer Medien ergänzt, aber nicht substanziell verändert.

Neues Leistungsspektrum – real und virtuell (Projektion B): Die Nutzung elektronischer Medien hat das Leistungsspektrum der Händler gravierend verändert. So bieten sie weiterhin den Verkauf von Neu- und Gebrauchtwagen sowie ein traditionelles Service- und Dienstleistungsspektrum rund um das Fahrzeug an. Darüber hinaus hat die hohe Internetverbreitung sowohl in Unternehmen als auch in Privathaushalten die ständige Online-Kommunikation mit Herstellern und Kunden – und damit auch die Entwicklung vielfältiger neuer Angebote – ermöglicht.

Fokussierung auf Neuwagenvertrieb – Neue Service-Provider entstehen (Projektion C): Die traditionelle Händlerschaft zerfällt. Viele Vertragshändler sehen erhebliche Potenziale im Neuwagenvertrieb und fokussieren sich auf den Verkauf von Neuwagen. Service- und Dienstleistungen rund um das Fahrzeug werden ausgelagert. Externe Service-Provider (oder sogar die Hersteller) übernehmen die ehemaligen Aufgaben der Vertragshändler.

Fokussierung auf Werkstatt – Neue Verkaufsstellen entstehen

(Projektion D): Das klassische Aufgabenspektrum der Händler wird aufgehoben. Die meisten Händler werden zu reinen Serviceanbietern, die zwar eigene Werkstätten besitzen, jedoch keine Ausstellungsräume, in denen sie direkt Neuwagen an Endkunden verkaufen. Ihr Angebot konzentriert sich auf die Fahrzeugnutzung.

Schlüsselfaktor 11: Wettbewerb im Handel

Markenunabhängiger Wettbewerb steigt (Projektion A): Die Markenexklusivität des Automobilverkaufs ist aufgehoben beziehungsweise gelockert. Die Folge ist der Rückgang der markenexklusiven Händler. Im Gegenzug entstehen starke markenübergreifende Händler, die miteinander im Wettbewerb stehen.

Händler gegen Händler (Projektion B): Die Autohersteller scheuen den Aufbau eigener Vertriebsorganisationen und setzen stattdessen verstärkt auf ihre markenexklusiven Händlernetze. Teilweise werden diese sogar wieder ausgebaut, um so höhere Umsätze zu realisieren. Dabei nimmt die regionale Händlerdichte wieder zu. Folge dieser Entwicklung ist ein harter Kampf zwischen den Händlern einer Marke, da in einer Region »zu viele« Händler angesiedelt sind. Da parallel der Wettbewerb zwischen den Marken anhält, kommt es zu einem Wettbewerb »Händler gegen Händler«.

Kampf um die Marken (Projektion C): Im Wettbewerb zwischen den Herstellern werden die einzelnen Marken stark gegeneinander abgegrenzt. Parallel scheuen viele Autohersteller den Aufbau eigener Vertriebsorganisationen und setzen stattdessen massiv auf ihre markenexklusiven Händlernetze. Teilweise werden diese sogar wieder ausgebaut, um so höhere Umsätze zu realisieren. Dabei nimmt die regionale Händlerdichte wieder zu. Folge dieser Entwicklung ist ein harter Kampf zwischen den Händlern einer Marke.

Konzernunabhängiger Wettbewerb der Marken (Projektion D): Fast alle Automobilkonzerne haben verschiedene Automarken unter einem Dach vereint. Deren Fahrzeuge werden meist auf identischen Plattformen hergestellt und unterscheiden sich vornehmlich durch eine andere Zielgruppenausstattung. Da die Marken weitgehend unabhängig voneinander agieren, nimmt der Wettbewerb innerhalb eines Dachkonzernes erheblich zu.

Wettbewerb zwischen den Vertriebsnetzen der Konzerne (Projektion E): Die Vertriebsnetze der nach dem Fusionsfieber verbliebenen Automobilkonzerne sind hoch entwickelt. Die Markenentwicklung innerhalb der Konzerne erfolgt systematisch. Dabei ist es das Ziel, dass Kunden Markenwechsel lediglich innerhalb eines Konzerns durchführen. Daher sind auch die Händlernetze der Konzernmarken eng miteinander verzahnt. Zentraler Wettbewerber sind jeweils Konkurrenzmarken aus anderen Konzernen.

Schlüsselfaktor 12: Händlerkooperation

Jeder für sich alleine (Projektion A): Zwischen der Vertragshändlern kommt es zu einem harten Verdrängungswettbewerb, der von den Herstellern im Sinne eines gewünschten Selektionsprozesses forciert wird.

Starke Kooperation innerhalb der Marke (Projektion B): Die Hersteller einer Marke schließen sich zunehmend zusammen. Dieser Prozess wird von den markenverantwortlichen Stellen der Hersteller unterstützt, weil er die Positionierung der Marke im Wettbewerb verbessert.

Starke Kooperation innerhalb des Konzerns (Projektion C): Die Hersteller der verschiedenen Marken eines Konzerns schließen sich zunehmend zusammen. Dieser Prozess wird von den Konzernen unterstützt, um deren Positionierung im Wettbewerb zu verbessern.

Marken- und konzernübergreifende Kooperation (Projektion D): Die Hersteller schließend sich zunehmend marken- und konzernübergreifend zusammen, um so ein Gegengewicht gegen die einzelnen Hersteller zu bilden.

Schlüsselfaktor 13: Stellenwert des Automobils

Automobile als hochwertige Imageträger (Projektion A): Der Stellenwert des Individualverkehrs ist hoch. Autos gelten bei den meisten Menschen als sehr moderne und leistungsfähige Produkte, die einen hohen Nutzen haben und einen signifikanten Beitrag zur Statusrepräsentanz leisten.

Automobile werden Modeartikel (Projektion B): Die Kunden haben ein ausgeprägtes Marken- und Modebewusstsein. Daher richtet sich die Ausstattung und die Gestaltung vieler Fahrzeuge zunehmend nach kurzfristigen und aktuellen Modetrends. Zunehmend werden auch modulartig konfigurierbare Fahrzeuge angeboten.

Rückkehr zum Gebrauchsgegenstand (Projektion C): Die Kunden haben bezüglich des Fahrzeugs kein ausgeprägtes Marken- oder Modebewusstsein. Im Mittelpunkt der Kaufentscheidung stehen funktionale Aspekte der Nutzung sowie das Preis-Leistungs-Verhältnis. Die Ansprüche an Gestaltung, Design und Markenqualität sind gering.

Schlüsselfaktor 14: Käuferverhalten

Traditionelles Kaufverhalten (Projektion A): Die Kunden informieren sich ausführlich über den Neukauf ihres Fahrzeuges, indem sie Probefahrten durchführen und Informationsmaterial von Herstellern und Unabhängigen auswerten.

Werberesistente Käufer (Projektion B): Das umweltbewusste Käuferverhalten ist sehr ausgeprägt. Bevorzugt gekauft werden beispielsweise Autos mit wenig Kraftstoffverbrauch. Dabei können die Käufer markenungebunden sein und keine Loyalität gegenüber einer Marke empfinden. Werberesistente Kunden sind aber auch Käufer, die sich aus Tradition an eine einzige Marke binden.

Erlebniskauf und Impulskäufer (Projektion C): Die meisten Käufer sind durch Werbung leicht beeinflussbar. Durch raumgebundene Shopping- oder Erlebniswelten mit entsprechenden Anreizsystemen können sie zu Impulskäufen bewogen werden.

Autokauf im Wohnzimmer (Projektion D): Der Gang zum »Autohaus« findet immer häufiger im Wohnzimmer statt. Durch interaktive Kommunikation via Bildschirm erhalten die Kunden aktuelle Kaufinformationen. Mit wachsendem Angebot »on demand« werden Kundenwünsche individuell und schnell von daheim befriedigt. Interaktives Teleshopping lässt klassische Autohäuser verwaisen.

Stammmarken oder -modelle werden über das Internet bestellt (Projektion E): Viele Kunden beziehen ihre Fahrzeuge traditionell immer bei einer Marke oder einem Konzern. Vor allem Kunden spezieller Segmente, wie zum Beispiel Großkunden oder Geschäftskunden, haben keine Hemmungen, ihre Stammmarken oder -modelle über das Internet komfortabel zu beziehen, ohne sie nochmals real ausprobieren zu müssen.

Schlüsselfaktor 15: After-Sales-Services

Traditionelles Werkstattgeschäft (Projektion A): Das sich an einen Neuwagenkauf anschließende Folgegeschäft besteht im Wesentlichen aus den traditionellen Serviceleistungen der Werkstätten wie Reparatur, Inspektion et cetera.

Online-Überwachung substituiert traditionelle Werkstattleistungen (Projektion B): In einer großen Zahl von Fahrzeugen werden elektronische Sicherungssysteme verwandt, die Schäden sowie mögliche Schäden direkt an eine zentrale Überwachungseinheit weiterleiten, die die daraus resultierenden Serviceleistungen einleitet beziehungsweise koordiniert. Der Werkstattaufwand wird erheblich reduziert.

Mehraufwand durch modulare Fahrzeuge (Projektion C): Eine zunehmende Anzahl von Fahrzeugen wird modular aufgebaut. Dazu zählen verschiedene Gestaltungsmöglichkeiten wie temporäre oder längerfristige Form- und Farbveränderungen sowie Umrüstungen, die beispielsweise aus einem Kombi nach Bedarf ein Cabrio machen können. Solche Konzepte sind mit signifikantem Mehraufwand für die Werkstätten verbunden.

Schlüsselfaktor 16: Marken- und Konzernloyalität

Kundenbindung durch Markenloyalität (Projektion A): Die Strategien und Konzepte der Automobilhersteller werden einander immer ähnlicher. Die Unterscheidung vom Wettbewerb und damit die langfristige Bindung von Kunden erfolgt zum großen Teil über die Entwicklung, den Aufbau und die Pflege attraktiver Marken.

Kundenbindung durch Konzernloyalität (Projektion B): Die Kundenloyalität bezieht sich auf das gesamte Produkt- und Markenspektrum eines Dachkonzerns. Voraussetzung dafür ist die strategische Bindung der Marken an den Konzern. Diese Konzernloyalität wird durch die Nutzung der elektronischen Medien realisiert.

Illoyalität gegenüber Marken und Konzerne (Projektion C): Die Markenloyalität nimmt deutlich ab. Viele Kunden entscheiden nicht nach emotionalen Werten, sondern nach rationalen Kriterien wie Preis/Leistung oder Servicequalität. Mit dieser Werberesistenz wehren sie sich »gegen das Marketing- und Konsumdiktat der Hersteller«. Hinzu kommt die zunehmende Funktionsdiversität und Konzeptvielfalt im Markt, die eine Orientierung an Marken oder Konzernen in den Hintergrund drängt.

Schlüsselfaktor 17: Händler- und Handelsloyalität

Hohe Loyalität gegenüber spezifischen Händlern (Projektion A): Ein großer Teil der Neuwagenkunden weist eine hohe Loyalität gegenüber ihrem spezifischen Händler auf.

Handelsorientierung bei hoher Wechselbereitschaft (Projektion B): Ein großer Teil der Neuwagenkäufe findet beim (realen) Händler statt. Gleichzeitig geht die Bindung der Kunden an einen einzelnen Händler deutlich zurück.

Allgemein geringe Loyalität gegenüber dem Handel (Projektion C): Der reale Neuwagenhandel ist zum Auslaufmodell geworden. Immer mehr Neuwagenkäufe werden über elektronische Medien getätigt.

Schlüsselfaktor 18: Durchdringungsgrad von elektronischer Geschäftsabwicklung

Alter Wein in elektronischen Schläuchen (Projektion A): Viele Standardprodukte und Dienstleistungen werden elektronisch angeboten. Die entsprechenden Geschäftsprozesse sind diesem Kundenbedürfnis angepasst worden, ohne dass dabei die bestehenden Geschäftsmodelle signifikant verändert wurden. Das tägliche Handeln wird von Anpassungsproblemen an die neuen Medien bestimmt.

Elektronische Speziallösungen setzen sich durch (Projektion B): Für spezielle Nischen gibt es Speziallösungen, die hervorragend für elektronische Geschäftsabwicklung geeignet sind. Für diese Bereiche haben sich proprietäre Lösungen herausgebildet. Zu einer weitergehenden Durchdringung ist es nicht gekommen. Mögliche Gründe hierfür sind Schnittstellenprobleme beziehungsweise der Wunsch der Unternehmen, nicht in die Abhängigkeit einzelner IT-Anbieter zu geraten.

Siegeszug elektronischer Komplettlösungen (Projektion C): Breite Bereiche des täglichen Geschäfts werden von elektronischen Lösungen durchdrungen. Komplette Wertschöpfungsketten können in einem Fluss ohne Medienbrüche und Informationsverluste abgewickelt werden.

Szenarien

Als Ergebnis der Szenario-Entwicklung wurden sechs Szenarien für den Neuwagenvertrieb der Zukunft beschrieben. Sie basieren auf der Analyse aller denkbaren Kombinationen der zuvor beschriebenen Zukunftsprojektionen, die zunächst zu konsistenten *Projektionsbündeln* verdichtet und anschließend zu sechs Gruppen – den so genannten *Rohszenarien* – zusammengefasst wurden. Abbildung 58 zeigt die Ausprägungslisten der sechs Szenarien.

Hersteller und unabhängige Provider kämpfen um den Online-Markt (Szenario I)

Die Internet-Ökonomie ist Realität geworden. Die Datensicherheit ist gewährleistet und der Bezahlvorgang über das Netz gehört zum Alltag. Im Neuwagenvertrieb werden Online-Medien nicht nur in der Vor- und Nachkaufphase genutzt – auch Kaufverträge werden über das Internet abgeschlossen. Der reale Handel hat dramatisch an Bedeutung verloren. Durch attraktive Online-Angebote, verknüpft mit aktivem Direktvertrieb ihrer integrierten Mobilitätsangebote – beispielsweise im Rahmen von kundenindividuellen Massenangeboten –, haben die Hersteller vielfach die Kontrolle über die Kundenschnittstelle gewonnen. Bedrängt werden sie vor allem

Abbildung 58: *Ausprägungslisten aller sechs Szenarien*

Ausprägungsliste zum Vergleich der Szenarien

Schlüsselfaktor	Szenario I	Szenario II	Szenario III	Szenario IV	Szenario V	Szenario VI
1 Konsumstätten	D	E	E	B	a,b	C
2 Anreizsysteme	A	C,d	C,d	a,b,c	a,b,c	D
3 Online-Nutzung	A	B	B	C	C	C,b
4 Online-Anbieter	A,c	D	C	A	D	D
5 Absatzkanäle	A	C	C	A	D	D
6 Markenbilder	C	B	A	B	B	A
7 Leistung Hersteller	C	A	A	C	C	A
8 Marketingstrategien	a,c	B	B	A	C	B
9 Vertragsbindung	A	B	B	A	a,c	A
10 Leistung Händler	D	A	A	D	A	B,c
11 Wettbewerb Handel	a,e	c,d	B	E	D	A
12 Kooperation Handel	a,c	a,b	A	C	B,d	D
13 Stellenwert Auto	B	A	C	B	B	C
14 Käuferverhalten	D	A	B,a	C	C	B
15 After-Sales-Service	b,c	A,c	A	C	C	A
16 Markenloyalität	a,b,c	A	C	A	A	C
17 Händlerloyalität	C	A,b	A,b	B	B	B
18 E-Business	C,b	A	A	B,c	B	B,a

=Charakteristische Ausprägung **A** =Eindeutige Ausprägung *a,b* =Alternative Ausprägung

durch unabhängige Portal-Anbieter, die alte Geschäftsmodelle und Vertriebsgewohnheiten infrage stellen und langfristig die Gewinnpotenziale der Hersteller gefährden. Viele bisherige Vertragshändler wurden von den Herstellern aufgekauft und zu Servicepunkten und Werkstätten umgebaut.

Traditionellen Händlern gelingt die Bindung über emotionale Marken (Szenario II)

Das Kaufverhalten der Kunden hat sich nicht wesentlich verändert: Der Neuwagen ist weiterhin ein hochwertiger Imageträger und wird beim traditionellen Vertragshändler gekauft. Dieser bietet vor allem ein breites Leistungsangebot von Service- und Werkstattleistungen. Die Hersteller haben auf den Aufbau eigener Direktvertriebssysteme verzichtet und konzentrieren sich auf ihre Kernkompetenzen in der Entwicklung und Produktion traditioneller Fahrzeuge. Im Gegenzug hat sich eine zunehmende Anzahl von Händlern zu markenorientierten Netzwerken zusammengeschlossen. Dies hat letztlich den konzernunabhängigen Wettbewerb zwischen den Marken angeheizt.

Entscheidungsschlacht zwischen den traditionellen Fahrzeughändlern (Szenario III)

Der Kunde ist skeptisch geworden. Die bunte Werbewelt der Markenhersteller lässt ihn kalt. Im Mittelpunkt seiner Kaufentscheidung steht ein genau evaluiertes Preis-Leistungs-Verhältnis. Da die Fahrzeuge einander immer ähnlicher geworden sind, achtet er besonders auf individuelle und maßgeschneiderte Serviceangebote. Diese findet er – genau wie einen großen Teil der Neuwagen – beim traditionellen Vertriebshändler, der auf den Einsatz von Online-Medien weitgehend verzichtet. Die von unabhängigen Providern betriebenen Portale spielen eine untergeordnete Rolle. Die Hersteller haben sich aufgrund geringer Ertragsaussichten aus dem Neuwagen-Direktvertrieb weitgehend zurückgezogen. Sie konzentrieren sich auf ihre Kernkompetenzen in der Entwicklung und Produktion traditioneller Fahrzeuge. Im Gegenzug hat sich der Wettbewerb zwischen den langfristig an die Hersteller gebunden Vertragswerkstätten erheblich verschärft. Nennenswerte Kooperationen zwischen den Vertragshändlern gibt es nicht.

Kundenindividuelle Fahrzeugkomposition in der Neuwagen-Boutique (Szenario IV)

Für die Kunden sind Status und Prestige ihrer Fahrzeuge von großer Bedeutung. Dabei orientieren sie sich in starkem Maße an emotionalen Markenbildern, die gegenüber den erlebnishungrigen Abnehmern vornehmlich in von den Herstellern direkt betriebenen Neuwagen-Boutiquen positioniert werden. Dort ist immer etwas Neues zu sehen, da die Lebenszyklen der einzelnen Fahrzeugmodelle weiter zurückgegangen sind und die Fahrzeuge gleichzeitig immer modularer werden. Über »Mass Customization« können sich die Kunden ihr Fahrzeug individuell »zusammenstellen«. Unterstützt wird diese Entwicklung durch Pre- und After-Sales-Services der herstellerbetriebenen Online-Portale. Die traditionellen Autohäuser haben sich angesichts dieser Entwicklung auf den lukrativen Service- und Werkstattbereich zurückgezogen. Damit verbunden ist eine (Rück-)Verlagerung der Händlerstruktur von der Marken- zur Konzernorientierung.

Wettbewerb um das Erlebnis »Mobilität« (Szenario V)

Der Automobilhandel hat sich gewandelt und damit seine Position als Schnittstelle zwischen Herstellern und modebewussten sowie erlebnishungrigen Kunden gesichert. Die im Markt verbliebenen Vertragshändler haben sich zu leistungsstarken Netzwerken zusammengeschlossen. So konnten sie – ebenso wie einige Hersteller – ihr Sortiment in großflächige Megastores auf der grünen Wiese auslagern. Häufig umfassen diese segmentspezifischen Erlebnis- und Markenwelten ein vielfältiges Sortiment sowie Servicewerkstätten und Zusatzangebote der Hersteller. Daneben gibt es »Neuwagen-Boutiquen« in den Innenstädten sowie vielfältige Online-Angebote in der Vor- und Nachkaufphase. Hier tobt ein Kampf zwischen Herstellern, Händlern und unabhängigen Portalanbietern.

Abkehr von der Marke bietet Chancen für Fahrzeug-Discounter und serviceorientierte Werkstätten (Szenario VI)

Der Kunde ist skeptisch geworden. Die bunte Werbewelt der Markenhersteller lässt ihn kalt. Im Mittelpunkt seiner Kaufentscheidung steht ein genau evaluiertes Preis-Leistungs-Verhältnis. Diesem Bedürfnis entsprechend sind große, vorwiegend marken- und konzernübergreifende Fahrzeug-Discounter entstanden. Diese werden bei der Unterstützung ihrer Angebote durch Online-Medien von Herstellern und Unabhängigen massiv bedrängt. Parallel dazu bieten spezialisierte Werkstätten günstige Serviceangebote. Die Hersteller haben daher ihre Direktvertriebsnetze nicht weiter ausgebaut. Sie konzentrieren sich auf ihre Kernkompetenzen in der Entwicklung und Produktion traditioneller Fahrzeuge.

Eine Landkarte des zukünftigen Neuwagenvertriebs

Darüber hinaus wurden die alternativen Zukunftsmöglichkeiten zunächst in einem Szenario-Mapping visualisiert. Dieses bildete dann den Ausgangspunkt, um die Szenarien in Form einer »Landkarte der Zukunft« aufzubereiten. So werden in Abbildung 59 die einzelnen Szenarien als Inseln oder Teil von Inseln dargestellt. Charakteristische Ausprägungen werden als Städte dargestellt. Die Zusammenhänge zwischen zwei bestimmten Szenarien zeigen sich entweder dadurch, dass die Szenarien auf einer Insel liegen (siehe Szenario IV und VI) oder durch die Beschreibung der entsprechenden Meerenge (siehe »Direktvertrieb«) oder bei ansonsten sehr unterschiedlichen Szenarien durch Schifffahrtslinien (siehe »Rückkehr zur Funktionalität«).

Abbildung 59: *Landkarte der Zukunft*

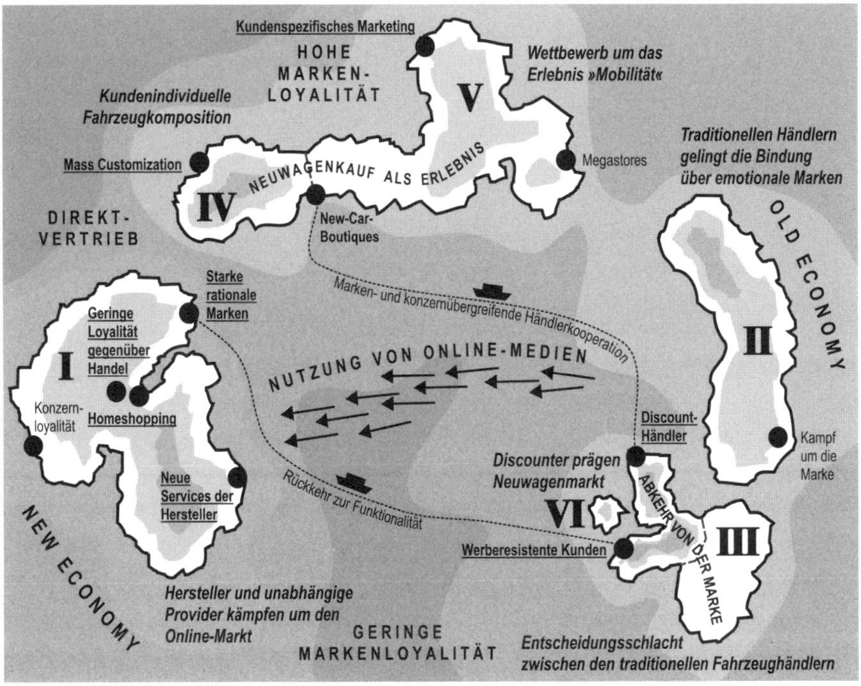

Fazit

- Das Fallbeispiel verdeutlicht, wie sich die Entwicklungsmöglichkeiten eines komplexen Betrachtungsbereichs wie des zukünftigen Neuwagenvertriebs durch Szenarien aufzeigen lassen.
- Die sechs Szenarien und die »Landkarte der Zukunft« zeigen, dass das Szenario-Management zu Szenarien führt, die jeweils eigene inhaltliche Schwerpunkte haben.
- Die Szenarien können nunmehr von verschiedenen Gruppen – beispielsweise Herstellern, Händlern oder unabhängigen Dienstleistern – genutzt werden, um ihre Strategien zukunftsrobust auszugestalten.

Glossar

Future-Warehouse: Ein Future-Warehouse ist ein rechnergestütztes System zur strategischen Vorausschau, mit dem das in einer Organisation vorhandene Wissen über zukunftsrelevante Themen identifiziert, vermehrt, aufbereitet und kommuniziert wird.

Geschäftsmodell: Unter Geschäftsmodellen verstehen wir (gemäß dem Vorgehen bei der Szenario-Entwicklung) systematisch entwickelte Möglichkeiten, wie eine Organisation sich innerhalb eines Geschäftsfeldes ausrichten könnte.

Geschäftssystem: Ein Geschäftssystem beschreibt eine in sich schlüssige Produkt-Markt-Geschäftsmodell-Kombination. Es stellt insofern eine Erweiterung der traditionell auf Produkt-Markt-Kombinationen basierenden strategischen Positionierung von Unternehmen und Geschäftsbereichen dar.

Gestaltungsfeld: Das Gestaltungsfeld beschreibt den Bereich, für den mithilfe von Szenarien bestehende Strategien bewertet oder neue Strategien entwickelt werden.

Issue-Management: Issue-Management beschreibt den Prozess der Integration von relevanten Früherkennungsthemen (Issues) in die Entscheidungsfindung von Unternehmen und Geschäftsbereichen sowie deren strategische Planung.

Strategieoptionen: Unter Strategieoptionen verstehen wir (gemäß dem Vorgehen bei der Szenario-Entwicklung) systematisch entwickelte Handlungsmöglichkeiten eines Unternehmens, die insgesamt den Raum der *eigenen* Möglichkeiten beschreiben.

Strategische Früherkennung: Strategische Früherkennung umfasst die frühzeitige Identifikation von schwachen Signalen aus dem Unternehmensumfeld, die Beobachtung von Kennzahlen und Indikatoren sowie deren Interpretation und Vorausschau. Sie führt zu Themen, die im Rahmen des Issue-Managements weiterverarbeitet werden.

Strategische Navigation: Unter strategischer Navigation verstehen wir die flexible Verknüpfung von strategischer Unternehmens- und Geschäftsplanung, Business Development, strategischer Organisationsausrichtung, Produkt- und Technologiemanagement sowie Logistik und Wertkettenmanagement.

Strategische Vorausschau: Unter strategischer Vorausschau verstehen wir die Verknüpfung von strategischer Früherkennung und strategischer Planung durch den Einsatz von Szenarien sowie Issue-Management und strategisches Umfeld-Controlling.

Szenarien: Ein Szenario beschreibt *eine* von mehreren denkbaren Zukünften komplexer Systeme, die auf der Verknüpfung einer Vielzahl denkbarer und konsistenter Einzelentwicklungen beruht.

Szenario-Feld: Das Szenario-Feld beschreibt den Bereich, dessen mögliche Zukunftsentwicklungen in Form von Szenarien beschrieben werden.

Szenario-Management: Szenario-Management umfasst die systematische Entwicklung und Anwendung von Szenarien zur Identifikation und Erschließung von Erfolgs- und Nutzenpotenzialen.

Szenario-Mapping: Unter Szenario-Mapping verstehen wir die Visualisierung eines Satzes von Szenarien mithilfe statistischer Verfahren (beispielsweise: multidimensionale Skalierung) zum Zweck der Beschreibung grundlegender Zusammenhänge im Szenario-Feld.

Zukunftshorizont: Der Zukunftshorizont definiert den Zeitpunkt in der Zukunft, dessen mögliche Ausprägung durch Szenarien beschrieben wird.

Anmerkungen

Vorwort

1 Rowan Gibson: Rethinking the future – rethinking business, principles, competition, control, leadership, markets and the world, London: Nicholas Brealey, 1997, S. 1

Einführung

1 Vgl.: Hugh Courney/Jane Kirkland/Patrick Viguerie: Strategy Under Uncertainty. In: Harvard Business Review, November-Dezember 1997
2 Siehe zu diesem Fall: Paul Badde: Ende einer langen Nacht. In: Die Welt, 7. Januar 2000, Seite 10
3 Henry Ford: Mein Leben und Werk. Leipzig: Paul List Verlag, 1937, Seite 318 f.
4 Vgl. dazu: Aloys Gälweiler: Strategische Unternehmensführung, 2. Aufl., zusammengest., bearb. und ergänzt von Markus Schwaninger, Frankfurt/Main: Campus, 1991; Ulrich Wolfrum: Erfolgspotenziale: Kritische Würdigung eines zentralen Konzeptes der strategischen Unternehmensführung. München: Verlag Barbara Kirsch, 1993; Rudolf Mann: Das ganzheitliche Unternehmen – Die Umsetzung des neuen Denkens in der Praxis zur Sicherung von Gewinn und Lebensfähigkeit. Bern: Scherz, 1988
5 Zur Entwicklung des Stakeholder-Konzeptes siehe: R. Edward Freeman: Strategic Management. A Stakeholder Approach. Marshfield: Pitman; 1984; Franz Liebl: Zur Karriere des Stakeholder-Konzeptes. In: technologie&management, 2/97, S. 16–19; Ian I. Mitroff: Stakeholders of the Organizational Mind – Toward a New View of Organizational Policy Mak-

ing. San Francisco: Jossey-Bass; 1983; David Wheeler/Maria Sillanpää: The Stakeholder Corporation. A Blueprint for maximizing stakeholder value. London: Pitman, 1997

6 Zum Shareholder-Ansatz siehe u. a.: Geoffrey A. Moore: Living of the fault line – Managing for Shareholder Value in the Age of the Internet. New York: Harper Business, 2000; Tom Copeland/Tim Koller /Jack Murrin: Unternehmenswert. Frankfurt/Main: Campus, 1998; Richard E. S. Boulton/Barry D. Libert/Steve M. Samek: Cracking the Value Code. How Successful Businesses are creating wealth in the New Economy. New York: HarperCollins, 2000

7 Siehe dazu: Jerry Y. Wind/Jeremy Main: Driving Chance. How the best companies are preparing for the 21st century. London: Kogan Page, 1998, S. 54

8 James C. Collins/Jerry I. Porras: Built to Last. Successful Habits of Visionary Companies. New York: HarperBusiness, 1994

9 Das Zitat von Herman Kahn findet sich bei: Steven P. Schnaars: How to Develop and Use Scenarios. In: Long Range Planning; Vol. 20/1, No. 101; February 1987, S. 106. Zur Entwicklung der Szenarienplanung siehe auch: Uwe Götze: Szenario-Technik in der strategischen Unternehmensplanung; 2., aktual. Aufl.; Wiesbaden: Deutscher Universitäts Verlag, 1993

10 Arie de Geus: Jenseits der Ökonomie. Die Verantwortung der Unternehmen. Warum sterben Unternehmen und wie können sie überleben? Stuttgart: Klett-Cotta, 1998, S. 53

Kapitel 1

1 Siehe dazu auch: R. Koselleck: Vergangene Zukunft: Zur Semantik geschichtlicher Zeiten, 1. Auflage, Frankfurt/Main: Suhrkamp, 1979; Jürgen Gausemeier/Alexander Fink/Oliver Schlake: Szenario-Management – Planen und Führen mit Szenarien, 2. Aufl.; München: Carl Hanser Verlag, 1996, S. 23 ff.

2 Platons Entwurf eines Idealstaates im Dialog »Politeia« ist ein Beispiel dafür, wie sich die Erwartungen langsam von den Erfahrungen zu lösen begannen. Siehe dazu u. a.: Ernesto Grassi (Hg.): Der utopische Staat – Morus: Utopia. Campanella: Sonnenstaat. Bacon: Neu-Atlantis. Reinbek bei Hamburg: Rowohlt, 1960

3 Siehe dazu: Georges Minois: Geschichte der Zukunft. Orakel, Prophezeiungen, Utopien, Prognosen. Düsseldorf: Artemis & Winkler, 1998, S. 23 ff., insbesondere S. 74 f. und 107 f.

4 Georges Minois: Geschichte der Zukunft. Orakel, Prophezeiungen, Utopien, Prognosen. Düsseldorf: Artemis & Winkler, 1998, S. 75

5 Ernesto Grassi (Hg.): Der utopische Staat – Morus: Utopia. Campanella: Sonnenstaat. Bacon: Neu-Atlantis. Reinbek bei Hamburg: Rowohlt, 1960, S. 207 f.
6 Siehe: Ossip K. Flechtheim: Futurologie – Der Kampf um die Zukunft, 2. Aufl.; Köln: Verlag Wissenschaft und Politik, 1971, S. 46
7 Zur Entwicklung der Zukunftsforschung nach dem Zweiten Weltkrieg siehe u. a.: Gill Ringland: Scenario Planning. Managing for the future. New York: Wiley, 1998, S. 11 ff.
8 Matthias Horx: Das Zukunfts-Manifest. Wie wir uns auf das 21. Jahrhundert vorbereiten können. Düsseldorf: Econ, 1997, S. 16
9 Vgl: Quinn Spitzer/Ron Evans: Denken macht den Unterschied – Wie die besten Unternehmen Probleme lösen und Entscheidungen treffen. Frankfurt/Main: Campus, 1998, S. 98
10 Siehe dazu: Stuart Crainer: Die 75 besten Managemententscheidungen aller Zeiten. Wien: Wirtschaftsverlag Ueberreuther, 2000, S. 267–268
11 Heinz Metzen: Szenarienplanung im Non-Profit-Bereich – Konzepte und Erfahrungen. in: Jürgen Gausemeier/Alexander Fink/Oliver Schlake: Grenzen überwinden – Zukünfte gestalten, HNI–Verlagsschriftenreihe, Band 44, Paderborn, 1998
12 Quinn Spitzer/Ron Evans: Denken macht den Unterschied – Wie die besten Unternehmen Probleme lösen und Entscheidungen treffen. Frankfurt/Main: Campus, 1998, S. 120 f.
13 Bei dem vorgestellten Modell handelt es sich um eine Weiterentwicklung des Ansatzes der zukunftsorientierten Unternehmensgestaltung aus: Jürgen Gausemeier/Alexander Fink: Führung im Wandel. Ein ganzheitliches Modell der zukunftsorientierten Unternehmensgestaltung. München: Carl Hanser Verlag, 1999
14 Siehe dazu: Watts Wacker/Jim Taylor/Howard Means: Futopia ... oder das Globalisierungsparadies – Die Welt in 500 Tagen, Wochen, Monaten, Jahren. Wien – Signum, 1997, S. 326 ff.
15 Siehe dazu: Michio Kaku: Zukunftsvisionen – Wie Wissenschaft und Technik des 21. Jahrhunderts unser Leben revolutionieren. München: Lichtenberg, 1997

Kapitel 2

1 Siehe: Alexander Fink: Szenariogestützte Führung industrieller Produktionsunternehmen. HNI-Verlagsschriftenreihe, Band 50, Paderborn, 1999, S. 29 ff.
2 Siehe Ian Mitroff: Smart Thinking for Crazy Times. The Art of Solving the Right Problems. San Francisco: Berrett-Kochler, 1998

3 Zur Szenario-Entwicklung siehe auch: Jürgen Gausemeier/Alexander Fink/Oliver Schlake: Szenario-Management – Planen und Führen mit Szenarien, 2. Aufl.; München: Carl Hanser Verlag, 1996
4 Siehe dazu: Oliver Schlake: Verfahren zur kooperativen Szenario-Erstellung in Industrieunternehmen, HNI–Verlagsschriftenreihe, Band 67, Paderborn, 2000
5 Siehe dazu: Tom Ling: A year in the life of Madingley Scenarios. in: Scenarios and Strategy Planning. August/September 1999, S. 7–11

Kapitel 3

1 Siehe dazu: Martin Zips: Bangen um die neue Landebahn – Gutachten gegen Flughafenausbau in Frankfurt bleibt unter Verschluss. Süddeutsche Zeitung, 25.11.1999
2 Henry Mintzberg beschreibt dies am Beispiel des Winnipeg Symphony Orchestra in: Henry Mintzberg: Profis bedürfen sanfter Führung. Harvard Business Manager 3/99, S.9–16
3 Siehe dazu auch: Gary Hamel: Leading the revolution. Boston: Harvard Business School Press, 2000, S. 118 f.
4 J. Higgins/G. Wiese: Innovationsmanagement – Kreativitätstechniken für Unternehmen. Berlin: Springer, 1996, 40 f.
5 Zum Groupthink-Syndrom siehe u. a.: E. M. Griffin: A First Look at Communication Theory – Groupthink-Theory of Irving Janis. New York: McGraw-Hill, 1994; Oliver Schlake: Verfahren zur kooperativen Szenario-Erstellung in Industrieunternehmen, HNI–Verlagsschriftenreihe, Band 67, Paderborn, 2000, S. 99 ff.
6 Richard Bents/Reiner Blank: Typisch Mensch – Einführung in die Typentheorie. 2. überarb. und erweit. Aufl.; Beltz Test GmbH, 1995. Zur Anwendung im Rahmen des Szenario-Managements siehe: Oliver Schlake: Verfahren zur kooperativen Szenario-Erstellung in Industrieunternehmen, HNI–Verlagsschriftenreihe, Band 67, Paderborn, 2000

Kapitel 4

1 Siehe dazu: Michael E. Porter: Nur Strategie sichert auf Dauer hohe Erträge. Die strategische Positionierung ist jetzt die Topaufgabe des Managements. in: Harvard Business Manager 3/97, S. 42–58
2 Zum Technologie-Markt-Portfolio siehe auch: E. G. Krubasik: Strategische Waffe. Wirtschaftswoche, 36. Jg., Nr. 25, 1982, S. 28–33; Jürgen

Gausemeier/Alexander Fink: Führung im Wandel – Ein ganzheitliches Modell der zukunftsorientierten Unternehmensgestaltung. München: Carl Hanser Verlag, 1999

3 Vgl. dazu auch: Scenario Management International AG: Die Zukunft der Kommunen in Deutschland. Future Warehouse-Report 01/99

4 Siehe Interview mit Gerhard Schulmeyer im Manager Magazin 1/1995, S. 52

5 Siehe u. a.: Dieter Hofmann: Kommune 2005 – Entwicklungsmöglichkeiten deutscher Kommunen. In: Jürgen Gausemeier/Alexander Fink/Oliver Schlake: Grenzen überwinden – Zukünfte gestalten. 2. Paderborner Konferenz für Szenario-Management, HNI–Verlagsschriftenreihe, Band 44, Paderborn, 1998, S. 163–180

6 Siehe dazu auch: Gary Hamel: Leading the revolution. Boston: Harvard Business School Press, 2000, S. 118–120

7 Siehe dazu: Kees van der Heijden: Scenarios – The Art of Strategic Conversation. New York: John Wiley & Sons, 1996, S. 37 ff. und S. 273 ff.

8 Aussage von Robert Haas siehe: Jerry Y. Wind/Jeremy Main: Driving Chance. How the best companies are preparing for the 21st century. London: Kogan Page, 1998, S. 100 f.

9 John P. Kotter: Chaos Wandel Führung – Leading Change. Düsseldorf: Econ, 1997

10 Siehe dazu: Alexander Fink: Szenariogestützte Führung industrieller Produktionsunternehmen, HNI–Verlagsschriftenreihe, Band 50, Paderborn, 1999, S. 126 f.

11 Michael E. Porter: Nur Strategie sichert auf Dauer hohe Erträge. In: Harvard Business Manager 3/97, S. 43

12 Zu zukunftsoffenen Portfolios siehe insbesondere: Alexander Fink: Szenariogestützte Führung industrieller Produktionsunternehmen. HNI–Verlagsschriftenreihe, Band 50, Paderborn, 1999, S. 237 ff.

13 Gary Hamel/C. K. Prahalad: Wettlauf um die Zukunft. Wie sie mit bahnbrechenden Strategien die Kontrolle über ihre Branche gewinnen und die Märkte von morgen schaffen. Wien: Wirtschaftsverlag Ueberreuther; 1995, S. 306 f.

14 Siehe dazu: Wigand F. Große-Oetringhaus: Strategische Identität. Orientierung im Wandel. Berlin: Springer, 1996, S. 417 ff.

15 John P. Kotter: Chaos Wandel Führung – Leading Change. Düsseldorf: Econ, 1997, S. 161 ff.

16 Siehe dazu u. a.: Uwe Renald Müller: MachtWechsel im Management – Drama und Chance. Freiburg: Haufe, 1997

Kapitel 5

1 Zur Gliederung der Früherkennung siehe u. a.: W. C. Ashley/J. L. Morrison: Anticipatory Management – Tools for Better Decision Making. in: The Futurist Sept/Oct 1997, S. 47–50; Ulrich Krystek/Günter Müller-Stewens: Frühaufklärung für Unternehmen. Identifikation und Handhabung zukünftiger Chancen und Bedrohungen; Schäffer-Poeschel: Stuttgart, 1993

2 Zum Trendportfolio siehe u. a.: Jürgen Gausemeier/Alexander Fink: Führung im Wandel – Ein ganzheitliches Modell der zukunftsorientierten Unternehmensgestaltung. München: Carl Hanser Verlag, 1999, S. 229–230; Zu wild cards siehe u. a.: John L. Petersen: Out of the blue – How to anticipate Big Future Surprises. Lanham: Madison, 1999

3 Zum Risikoporfolio siehe u. a.: Hans Joachim Fuchs: Risikomanagement als Element der strategischen Unternehmensführung – ein Ansatz von WEDIT Deloitte & Touche. In: Dietmar Fink: Management Consulting Fieldbook. München: Verlag Vahlen, 2000, S. 311–325

4 Wolfgang Reising/Hans-Georg Schnauffer /Eudolf Bandick: Fokussieren – das Ableiten von Indikatoren, S. 108 ff. In: Marcus Klopp/Matthias Hartmann (Hg.): Das „Fledermaus-Prinzip" – Strategische Früherkennung für Unternehmen. Stuttgart: Logis Verlag für Wissenstransfer, 1999

5 Siehe dazu auch: Andreas Siebe: Systematik der Umsetzung von IT-orientierten Veränderungsprojekten in dynamischen Umfeldern. HNI–Verlagsschriftenreihe, Band 53, Paderborn, 1999

6 Siehe dazu: Peter Schwartz: The art of the long view. Planning for the future in an uncertain world. New York: Currency Doubleday, 1991, S. 100–101

7 Siehe auch: Jürgen Gausemeier /Alexander Fink/Oliver Schlake: Szenario-Management. Planen und Führen mit Szenarien, Carl Hanser Verlag, 2. Aufl., München: Carl Hanser Verlag, 1996, S. 232–237

8 Siehe dazu: David A. Patterson: Mikroprozessoren im Jahre 2020. In: Spektrum der Wissenschaft, Spezial 4: Schlüsseltechnologien, 1995, S. 14–17

9 Faith Popcorn: Der Popcorn-Report – Trends für die Zukunft, München: Heyne, 1991, S. 39–47; Faith Popcorn/Lys Marigold: Clicking – Der neue Popcorn-Report, München: Heyne, 1996, S. 52–63

10 In seiner 1962 veröffentlichten „Gutenberg Galaxy" schreibt Marshall McLuhan: „The new electronic interdependence recreates the world in the image of a global village."

11 Zum Issue-Management siehe insbesondere: Franz Liebl: Der Schock des Neuen. Entstehung und Management von Issues und Trends. München: Gerling Akademie Verlag, 2000, S. 70 ff.

12 Siehe auch: Franz Tessun: Scenario Analysis and Early Warning Systems at Daimler-Benz Aerospace. Competitive Intelligence Review, Vol. 8(4), 1997, S. 30–40

Kapitel 6

1 Malcolm McDonald/Ian Dunbar: Market Segmentation. How to do it, How to profit from it. 2. Aufl.; Houndmills: Macmillan Business, 1998
2 Siehe dazu auch: Gerold Behrens: Kosumentenverhalten: Entwicklung, Abhängigkeiten, Möglichkeiten. 2. überarb. und erw. Aufl.; Heidelberg: Physica, 1991
3 Siehe dazu: Malcolm McDonald/Ian Dunbar: Market Segmentation. How to do it, How to profit from it. 2. Aufl.; Houndmills: Macmillan Business, 1998
4 Jerry Yoram Wind/Jeremy Main: Driving Change – How the best companies are preparing for the 21st century. London: Kogan Page, 1998, S. 86 ff.
5 Robert E. Wayland/Paul M. Cole: Customer Connections. New Strategies for growth. Boston: Harvard Business School Press, 1997, S. 157 ff.
6 Falk Ullmann/Alexander Fink/Martin Jansen: Zukünftige Produktionstechnologien im Kfz-Leichtbau. Berlin: INPRO, 1998

Kapitel 7

1 Michael E. Porter: Nur Strategie sichert auf Dauer hohe Erträge. In: Harvard Business Manager 3/1997, S. 42–58
2 Siehe dazu auch: Jeremy Rifkin: The Age of Access – The new culture of Hypercapitalism where all of life is a paid-for experience. New York: Jeremy P. Tarcher/Putnam, 2000
3 Siehe dazu: Philip Evans/Thomas S. Wurster: Web Attack. München: Carl Hanser, 2000
4 Zum Begriff der strategischen Wendepunkte siehe: Andrew S. Grove: Nur die Paranoiden überleben. Strategische Wendepunkte vorzeitig erkennen. Frankfurt/Main: Campus, 1997
5 Porter bezeichnet diese Netzwerke als »Betätigungsraster«. Siehe dazu: Michael E. Porter: Nur Strategie sichert auf Dauer hohe Erträge. In: Harvard Business Manager 3/97, S. 45

Kapitel 8

1 Die Ergebnisse der Untersuchung sind dokumentiert in: Falk Ullmann/Alexander Fink/Martin Jansen: Zukünftige Produktionstechnologien im Kfz-Leichtbau. Berlin: INPRO, 1998
2 Siehe dazu: Robert Lang: Technologiekombination durch Modularisierung. Aachen: Shaker, 2000, S. 1 ff.
3 Fumio Kodoma: Technologiefusion – der Weg zu den Zukunftsmärkten. Harvard Business Manager 1/1993, S. 41–49
4 Marco Iansiti/Jonathan West: Technologie-Integration: Der andere Weg zu neuen Produkten. In: Harvard Business Manager 4/1997, S. 43–53
5 Zur Segmentierung des Technologiespektrums eines Unternehmens siehe u. a.: Hans-Jörg Bullinger: Einführung in das Technologiemanagement – Modelle, Methoden, Praxisbeispiele. Stuttgart: Teubner, 1994, S. 99
6 Siehe dazu u. a.: Dietrich von der Oelsnitz: Als Marktpionier zu dauerhaftem Erfolg. In: Harvard Business Manager 4/1998, S. 24–31
7 Zum Plattform-Gedanken siehe u. a.: Ronald S. Jonash/Tom Sommerlatte: Innovation – Der Weg der Sieger. Wie erfolgreiche Unternehmen Werte schaffen. Landsberg/Lech: Verlag moderne industrie, 2000, S. 48 ff.
8 Nach: Frank Thomas Piller/Daniela Waringer: Modularisierung in der Automobilindustrie – neue Formen und Prinzipien. Aachen: Shaker, 1999, S. 66
9 Siehe dazu: Susan W. Sanderson /Mustafa Uzumeri: The Innovation Imperative – Strategies for Managing Product Models and Families. New York: McGraw-Hill, 1997

Kapitel 9

1 Die Szenarien zur Zukunft des Neuwagenvertriebs wurden von der ScMI Scenario Management International AG in Zusammenarbeit mit dem Fraunhofer-Anwendungszentrum für logistikorientierte Betriebswirtschaft und Branchenexperten entwickelt. Sie sind von der ScMI als Future Warehouse-Bericht 01/2000 veröffentlicht.

Register

Abtasten 27, 184 ff.
Adaptive Strategien 153
Alternativszenario 70
Auswirkungsanalyse 143
Auswirkungsportfolio 187

Bedürfnisfelder 230 f.
Beobachtung 184
Beobachtungssysteme 194 f.
Branchenszenario 138 f.
Business Development 30, 214 ff.

Denkhorizont 24
Diskontinuitäten 43
Dynamik-Wirkungs-Grid 80

Einflussanalyse 79
Einflussbereiche 76
Einflussfaktoren 78
Entscheidungssituationen 73
Entwicklungsräume 272 f.
Erfolg
– Erfolgsfaktoren-Analyse 134, 146 f.
– Erfolgsfaktorenportfolio 135, 173 f.
– Erfolgspotenzial 17
Eventualstrategien 159

Fehlprognose 45
Fortschritt 38
Früherkennung 26, 69, 184 ff.
Früherkennungssystem 202 ff.
Future-Rooms 110 f.
Future Warehouse 207 ff., 297
Future-Warehouse-System 207 ff.
Futurologie 39

Geschäftselemente 240
Geschäftsfeldanalyse 125, 130, 169 f.
Geschäftsfeld-Portfolio 132, 169 f.
Geschäftsmodell 30, 60, 236 f., 243 f., 297
Geschäftsmöglichkeiten 230 ff.
Geschäftsoptionen 241 ff.
Geschäftsstrategien 51
Geschäftsstrukturanalyse 125
Geschäftsstruktur-Matrix 126
Geschäftssystem 246 ff., 297
Geschäftsszenario 137 f.
Gestaltungsfeld 65, 297
Groupthink-Syndrom 116 ff.
Groupware-Systeme 110 f.

Handlungsalternativen 71
Handlungsmöglichkeiten 72

Hauptgeschäftsfelder 126

Indikatoren 193
Innovationsfelder 230, 262
Interpretation 184
Issue-Management 199 f., 297

Kompetenzanalyse 125
Komplexe Szenarien 71
Komplexität 15, 47
Konsistenzmatrix 88

Landkarte der Zukunft 100, 295
Langfristplanung 23
Leistungsportfolio 131, 170 f.
Leitbild 164 ff.
Lenkungsszenario 70

Markt
- Markt- und Wettbewerbsperspektive 218 f.
- Marktchancen 60
- Marktleistungskonzept 225 ff.
- Marktleistungsportfolio 224
- Marktleistungspotenziale 228 ff.
- Marktportfolio 129, 170 f.
- Marktpotenziale 216 ff., 224
- Markt-Produkt-Portfolio 132, 171
- Marktsegmente 219
- Marktsegmente-Umfeld-Matrix 224 f.
- Marktszenario 138
- Marktvolumen 216 f.

Multi-Client-Projekte 109 f.
Myers-Briggs-Typenindikator 119

Nutzenpotenzial 18

Optionsentwicklung 140 ff.

Parallelszenario 71
Planung 23
- Planungshorizont 41, 60
- Planungsperiode 24

Portfolio *siehe auch: Auswirkungsportfolio, Erfolgsfaktorenportfolio, Geschäftsfeld-Portfolio, Leistungsportfolio, Marktleistungsportfolio, Marktportfolio, Markt-Produkt-Portfolio, Risikoportfolio, Technologieportfolio, Trendportfolio, Trend-Unsicherheits-Portfolio, Vernetzungs-Unsicherheits-Portfolio*
Präventive Strategie 153
Proaktive Strategie 153
Produkt
- Produktfamilie 271
- Produktplattform 270
- Produkt-Roadmap 274
- Produktstrategie 30, 265 ff.
- Produktszenario 226
- Produktvision 267 ff.

Prognose 11, 59
Projektionsbündel 89
Prozessketten-Szenario 259

Regionaler Fokus 65
Risikoportfolio 188
Rohszenarien 89

Schlüsselfaktoren 68, 75, 277 f.
Schlüsselunsicherheiten 189
Sensitivitätsanalyse 92
Shareholder 18 f.
Stakeholder 18, 50, 143
Storytelling 95
Strategie *siehe auch: Adaptive Strategien, Eventualstrategien, Geschäftsstrategien, Präventive Strategie, Proaktive Strategie, Produktstrategien,*

Technologiestrategien, Unternehmensstrategie
- Strategiebewertung 161 f.
- Strategieentwicklung 69, 124, 236
- Strategiefindung 26, 151
- Strategieformulierung 162
- Strategiekern 157
- Strategieneurose 178
- Strategieoptionen 142, 148 ff., 157, 297
- Strategie-Optionen-Matrix 157
- Strategieoption-Umfeldszenarien-Matrix 157
- Strategiepfade 150
- Strategische Analyse 125 ff.
- Strategische Diskussion 151
- Strategische Früherkennung 298
- Strategische Kompetenzen 171, 248 ff.
- Strategische Navigation 29, 31, 298
- Strategische Organisationsausrichtung 32, 235 ff.
- Strategische Planung 24 f.
- Strategische Positionierung 167 ff.
- Strategisches Denken 21
- Strategisches Geschäftsfeld 168
- Strategische Stellhebel 146 f.
- Strategische Stoßrichtung 149
- Strategisches Umfeld-Controlling 200
- Strategische Vorausschau 23, 52, 298

System
- Systemebenen 76
- Systemgrid 192
- Systemszenarien 70

Szenario *siehe auch: Alternativszenario, Branchenszenario, Geschäftsszenario, Komplexe Szenarien, Lenkungsszenario, Marktszenario, Parallelszenario, Prozessketten-Szenario, Rohszenarien, Technologieszenario, Umfeldszenario, Unternehmensszenario, Wettbewerbsszenario*
- Szenario-Bildung 68
- Szenario-Dynamics 22
- Szenario-Entwicklung 67
- Szenario-Feld 65, 68, 298, *siehe auch: Szenario-Feld-Analyse*
- Szenario-Feld-Analyse 67 f.
- Szenario-Kommunikation 68, 93
- Szenario-Konferenzen 107, 142
- Szenario-Mapping 92 f., 150, 298
- Szenario-Planning 22
- Szenario-Prognostik 68
- Szenario-Projekte 107
- Szenario-Team 107, 112 ff.
- Szenario-Technik 22
- Szenario-Transfer 67 f.

Technologie
- Technologieanalyse 254
- Technologie-Bedürfnis-Kombination 231 f.
- Technologiefusion 253
- Technologieintegration 253
- Technologiemanagement 30, 252 ff.
- Technologieportfolio 256
- Technologiepotenzialanalyse 261 ff.
- Technologie-Roadmaps 261
- Technologiestrategien 264 f.
- Technologieszenario 258

Trend 83
- Trendanalyse 187
- Trendportfolio 187
- Trend-Unsicherheits-Portfolio 189

Umfeld
- Umfeldalternativen 71

– Umfeldmöglichkeiten 71
– Umfeldszenario 70, 136 ff.
Ungewissheit 12
Unternehmen
– Unternehmensplanung 48
– Unternehmensstrategie 50
– Unternehmensszenario 137 f.

Vernetztes Denken 21, 27
Vernetzungsanalyse 189
Vernetzungs-Unsicherheits-Portfolio 189
Vision 19
Vorausschau 184, *siehe auch: Strategische Vorausschau, Vorausschauteam*
Vorausschauteam 204 f.

Wettbewerb
– Wettbewerberprofile 129
– Wettbewerbsfaktoren 134
– Wettbewerbsstruktur 60
– Wettbewerbsszenario 138 f.
Wild card 57

Zukunft
– Zukunftsforschung 38
– Zukunftshorizont 65, 298
– Zukunfts-Lücke 176
– Zukunftsoffenes Denken 21
– Zukunftsoffenheit 45
– Zukunftsoptionen 157 f.
– Zukunftsprojektionen 68, 82, 278 ff.
– Zukunftswissen 32, 68

Lesen bildet Meinung.
Mit uns garantiert.
Frankfurter Rundschau
Unabhängige Tageszeitung
Die Zeitung zwei Wochen zum Nulltarif.
08 00 / 8 666 8 66